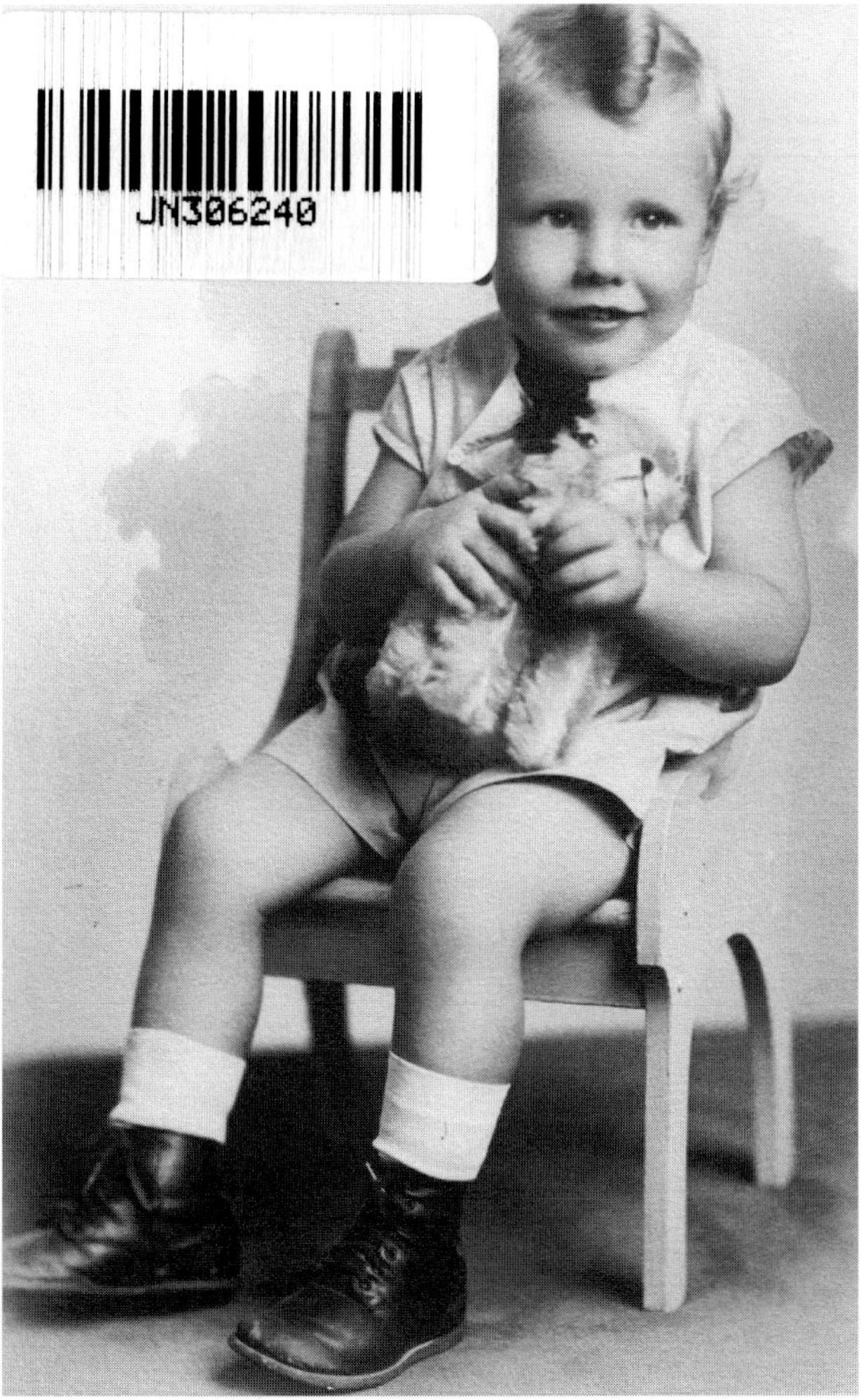

2歳ごろのウォーレン。

2

一家のはじめての自動車、中古のシボレーのステップに座るウォーレン。1933年。

3

父親のニューヨーク出張土産の衣装を着たウォーレン。

孫に囲まれたアーネスト・バフェット(中央)。左端がウォーレンとドリス。バーティはアーネストの膝の上。

4

5

1869年に食料雑貨店をはじめたシドニー・バフェット（右）。写真は1930年に孫娘のアリス・バフェットと撮影。

6

ウォーレンの父ハワード（右後方）。自家用の房飾り付きサリー型馬車で、兄のジョージ、クラレンス、妹アリスと遊んでいる。ハワードの母親ヘンリエッタ（膝に抱かれているのは弟のフレッド）が後部座席に座っている。

7

1913年ごろのスタール家の姉妹。ネブラスカ州ウェストポイントにて。ウォーレンの母リーラは右上。隣に座っているのは妹イーディス、前は姉バーニス。

8

1925年に結婚した直後のハワード（左）とリーラ・バフェット。

9

自家用車ビュイックの前に立つウォーレン（右）とバーティ。1938年ごろ。

10

親子関係が透けて見えるような家族の肖像写真。1937年ごろ。

11

お気に入りのニッケルめっきの小銭入れを握りしめている6歳のウォーレン（左）。1936年から37年にかけての冬に姉妹と撮影。後年、ウォーレンとドリス（中央）は、自分たちの顔に表われている不幸の影を思い起こした。

12

ローズヒル校の8年生のクラス。1943年5月。大失敗に終わった3対3のデートに参加した男女と、ウォーレンのもうひとりの片思いの相手、クロー - アン・カウルがいる。

13

フレッド・バフェット（左）とアーネスト・バフェット。食料品店バフェット&サンの前にて。

14

1945年ごろワシントンで、ドリス（手前）の伴奏に合わせて歌うバーティ（左）、リーラ（中央）、ウォーレン。

15

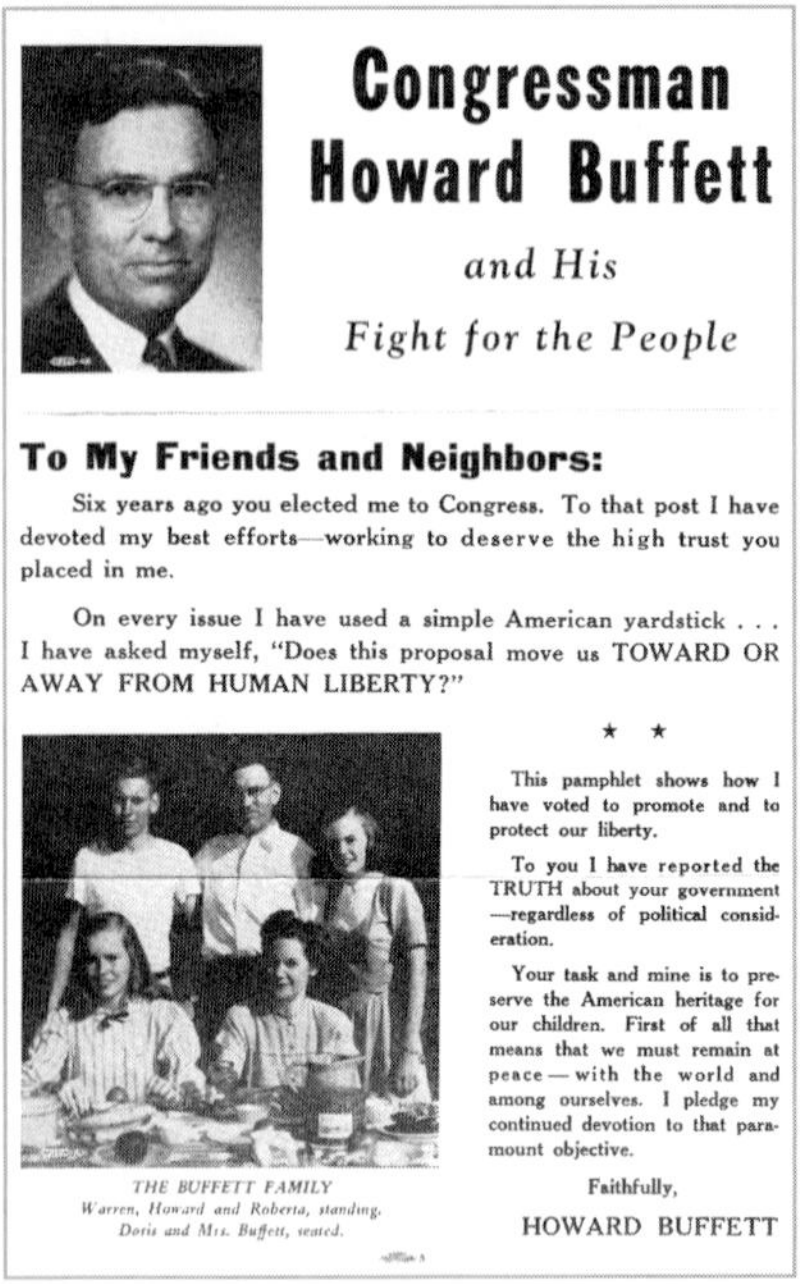

Congressman Howard Buffett

and His

Fight for the People

To My Friends and Neighbors:

Six years ago you elected me to Congress. To that post I have devoted my best efforts—working to deserve the high trust you placed in me.

On every issue I have used a simple American yardstick . . . I have asked myself, "Does this proposal move us TOWARD OR AWAY FROM HUMAN LIBERTY?"

THE BUFFETT FAMILY
Warren, Howard and Roberta, standing.
Doris and Mrs. Buffett, seated.

★ ★

This pamphlet shows how I have voted to promote and to protect our liberty.

To you I have reported the TRUTH about your government—regardless of political consideration.

Your task and mine is to preserve the American heritage for our children. First of all that means that we must remain at peace — with the world and among ourselves. I pledge my continued devotion to that paramount objective.

Faithfully,

HOWARD BUFFETT

ハワードが落選した1948年の選挙のビラ。

16

下院議員時代のハワード・バフェット。

17

1945年ごろにネブラスカ州選出の下院議員団で釣りにいったときのウォーレン（左から2人目）と父ハワード（左から4人目）。バフェット親子は、いやいや参加したかのような表情をしている。

18

10代はじめのウォーレンの初の恋人、デイジー・メイ・スクラッグ。彼女はどんな扱いを受けようともリル・アブナーをひとすじに愛した。

19

1946年1月に議会の問題点についての討論で反対派の立場をとるウォーレン。ワシントンのラジオ放送局WTOPの番組《アメリカの学校放送》で放送された。

20

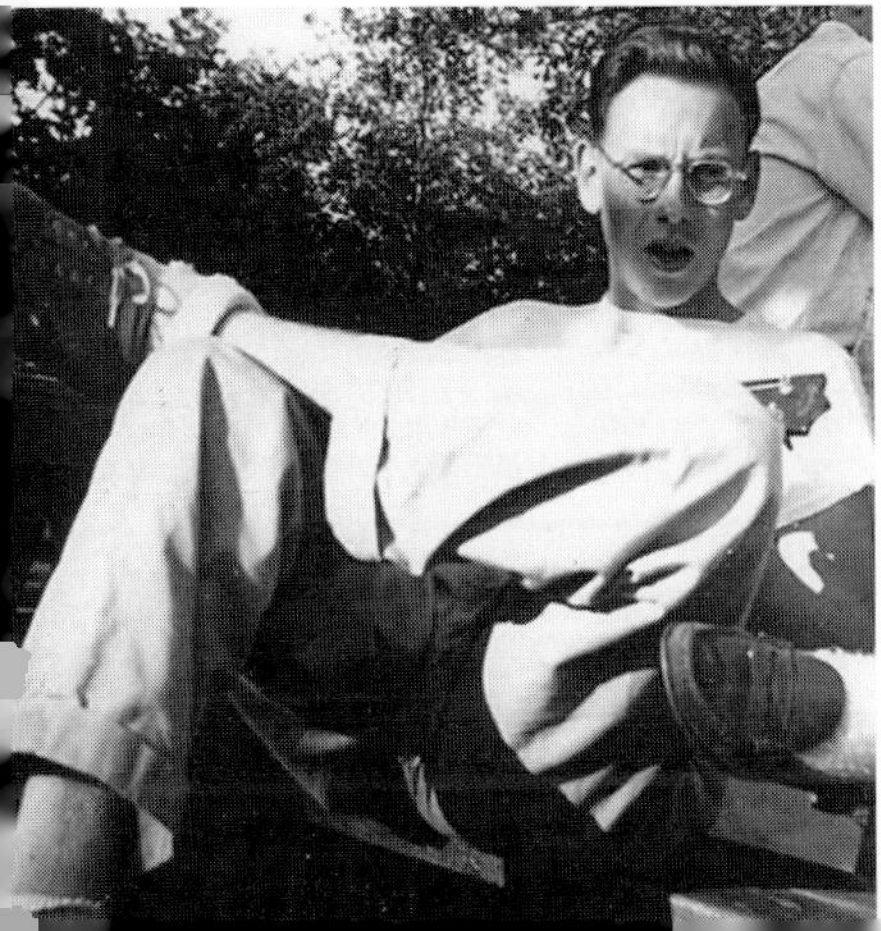

1940年代後半のウォーレン。履き古されたテニスシューズにたるんだ靴下といういつものいでたちでウクレレを弾いている。

21

1950年夏のバフェット一家。「ドリスとバーティはとびきりの美人だった」とウォーレンはいい、自分には社会的適応力がないと感じていた。

22

ウォーレンがペンシルベニア大学の男子学生友愛会、アルファ・シグマ・ファイに入会したときの会員証の写真。1948年1月。ハワード・バフェットも同会の会員だった。

23

スプリングフィールド製ロールスロイス・ファントムⅠブリュースター・クーペの横でポーズをとるウォーレン（左）、ノーマ・サーストン（中央）、ドン・ダンリー（右）。ドンとウォーレンは1948年に、注目を集めるためにこの車を買った。

24

1945年のウォーレン・バフェットとルー・バティストンは、女性重量挙げの草分け、アビー・“ずんぐり（パッジイ）”・ストックトンに取り憑かれていた。

25

1949年、ウォーレン（右）は毎朝勤務前に〈JCペニー〉の地下で行なわれた朝礼でウクレレを弾いて歌った。紳士服と装身具の販売員をしていた。

26

1948年、友愛会の仲間、レニー・ファリーナ（右）のポケットから掏《す》るふりをするウォーレン。

27

1951年、ウォーレンは、1949年の桜祭りの「プリンセス・ネブラスカ」で同年のミス・ネブラスカでもあったバニータ・メイ・ブラウンとデートした。

28

1952年4月19日、結婚式で笑顔を見せるスージー・トンプソン(左)とウォーレン・バフェット。

29

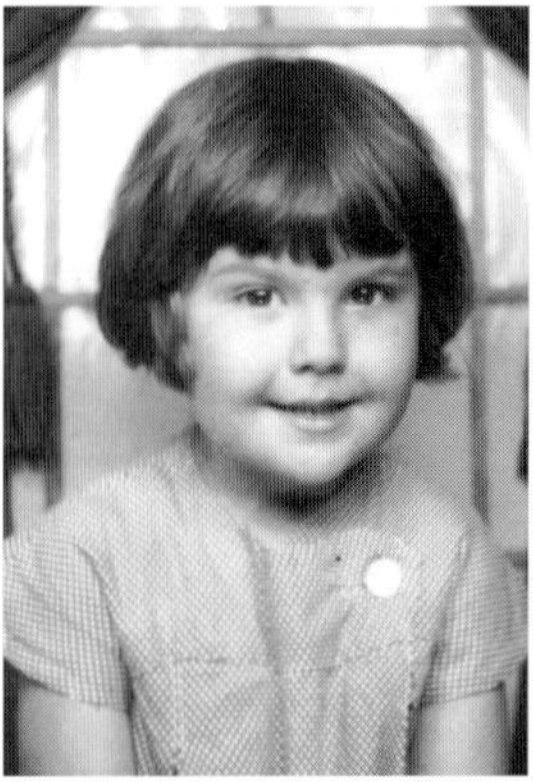

就学前のスージー・トンプソン。

30

1952年4月、ハネムーンで囚人のポーズをとるウォーレン。

31

グレアム - ニューマンのパートナー、ジェローム・ニューマン（左）とベンジャミン・グレアム（日付不明）。

32

1950年代にオマハ大学で初期の投資講座、おそらくは「正しい株式投資」の講義で教えるウォーレン。

33

ベンとエスティ・グレアム夫妻（右）をニューヨークに訪ねた際の写真。スージー・バフェット（左）は娘のリトル・スーズを抱き、エスティはバフェット家の新生児ハウイー・バフェットを抱いている。

34

1960年代半ばのスージーと（時計回りに）ピーター、ハウイー、スーザン・アリス。

35

父のアル・マンガーの腕に抱かれる赤ん坊のチャーリー・マンガー。すでにトレードマークである懐疑的な表情を浮かべている。

36

1980年代のバフェット（左）とパートナーのチャーリー・マンガー。多くの人々はふたりの中身はほとんど同一だと見ている。

37

1968年にサンディエゴのホテル・デル・コロナードでひらかれた“グレアム・グループ”の初会合。左から右に、バフェット、ロバート・ブアスティン（グレアムの友人）、ベン・グレアム、デービッド・“サンディ”・ゴテスマン、トム・ナップ、チャーリー・マンガー、ジャック・アリグザンダー、ヘンリー・ブラント、ウォルター・シュロス、マーシャル・ワインバーグ、バディ・フォックス（横顔）、ビル・リューアン。ロイ・トールズ撮影。フレッド・スタンバックは出席できなかった。

38

1970年代半ばのバフェット家。左から右に、ハウイー（ハミルトンを抱いている）、スージー、ピーター（スージーのうしろ）、ウォーレン、スーザン・アリス。

39

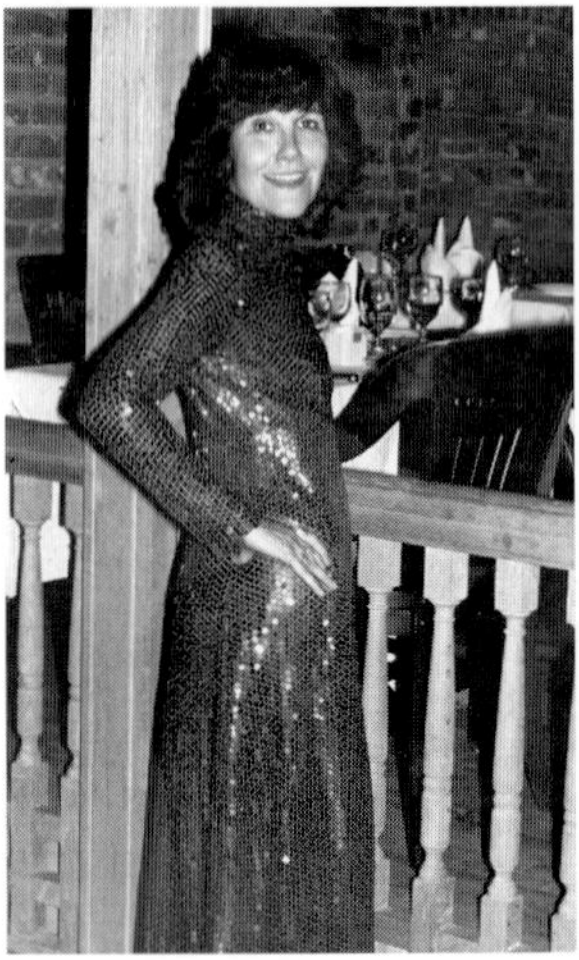

オマハの〈フレンチ・カフェ〉で歌う前、スパンコールがきらめくドレス姿のスージー・バフェット。サンフランシスコに引っ越す直前。

40

ボーイズ・タウンの暴露記事で《オマハ・サン》がピュリツァー賞を受賞したことを祝うバフェット夫妻。

41

1983年11月、アレン・グリーンバーグ（右）との結婚式のスーザン・アリス。アレンはのちにバフェット財団の理事長になった。

42

1973年、バフェット（左）と《ワシントン・ポスト》発行人キャサリン・グラハムとの生涯にわたる親密な友情がはじまった。

43

1974年、28歳のアストリッド・メンクス。この4年後、スージー・バフェットにウォーレンの世話をするよう勧められた彼女は同居をはじめる。

44

苦難を乗り越え、北米最大の家具店をつくりあげたロシア移民ローズ・ブラムキン。103歳まで働いたローズを、ウォーレンはしばしば自分のお手本だと述べている。

45

お気に入りの着古したセーターを着て、自宅のキッチンに立つバフェット。

46

1991年、ジョージ・バーンズ（右から2人目）の95歳の誕生日に、ロサンゼルスのヒルクレスト・カントリークラブでジョージとブリッジで対戦するバフェット。チャーリー・マンガーと“95歳未満は禁煙”という掲示は写っていない。

2003年4月11日、オマハ・ロイヤルズの地元開幕戦で始球式を行なうバフェット。

スノーボール 改訂新版 上

ウォーレン・バフェット伝

アリス・シュローダー
伏見威蕃＝訳

nbb
日経ビジネス人文庫

本文デザイン　アーティザンカンパニー
装幀　金澤孝之

デービッドへ

ウォーレンが九歳の冬のことだった。雪の降る庭で妹のバーティといっしょに遊んでいた。

ウォーレンは雪片を受けとめていた。最初はひとかけらずつ。やがて、両手にいっぱいすくいあげた。それを玉に固めた。雪の玉《スノーボール》が大きくなると、地面に置いた。玉がゆっくりと転がりはじめた。ウォーレンが押すと、玉に雪がくっついてきた。芝生の上をずっと転がして、雪をどんどんくっつけた。すぐに庭の端まで行った。ほんの一瞬迷っただけで、ウォーレンは進みはじめ、雪の玉を隣の庭まで転がしていった。

そのときからずっと、ウォーレンは雪でいっぱいの全世界に目を向けて、進みつづけている。

スノーボール〔上〕目次

第3部　競馬場

中巻　目次

下巻 目次

第1部
バブル

第1章　格好悪いほうの話

――二〇〇三年六月　オマハ

父ハワードのものだった粗末な木のデスクの向こうで、ウォーレン・バフェットが長い脚を組んで座り、体をそらす。高価な〈ゼニア〉のスーツの上着が、出来合いの安物みたいに、肩のあたりでくしゃくしゃになる。一五人いるバークシャー・ハザウェイ本社の社員がどれほどカジュアルな服装をしていようと、バフェットはどんな日でも一日ずっと上着を脱がない。いつも白と決めているワイシャツは襟《えり》をくつろげてあり、小さすぎる襟からネクタイがはみ出している。この四〇年間、首回りを測り忘れているのか、若きビジネスマンのころからずっとおなじワイシャツを着ているように見える。

白くなった髪を梳《す》くようにして、両手を頭のうしろで組んでいる。無造作に梳かれた髪の大きなひと房が、頭のてっぺんでスキーのジャンプ台みたいに跳ねて、右耳の上で空を向いている。べっこう縁の眼鏡の上から覗くもじゃもじゃの右眉が、そっちのほうへ勝手にのびている。この眉毛が、ときに怪しむような、ときに事情を見透しているような、愛嬌のある顔をこしらえる。いまはかすかな笑みを浮かべ、その気まぐれな眉が人好きのする雰囲気をかもし出している。それでも水色の瞳は、一点を見据え、熱がこもっている。

これまでの五〇年を象徴するさまざまな記念品に囲まれて、バフェットは座っている。オフィスの前の廊下には、アメリカン・フットボールのネブラスカ・コーンハスカーズの写真、ソープオペラに出たときの出演料の小切手、ロングターム・キャピタル・マネジメント（ＬＴＣＭ）というヘッジファンドの買収提案書（受諾されなかった）、各地のコカ・コーラ関係の記念品が飾られている。オフィスのコーヒー・テーブルには、昔のコカ・コーラの壜《びん》が置いてある。透明なアクリルの箱には野球のグローブ。ソファの上には、一九五二年一月にデール・カーネギーのスピーチ講座を受講したときの修了証書が掛かっている。本棚のてっぺんには、ウェルズ・ファーゴの西行き駅馬車の模型。彼の投資パートナーシップが所有していたオマハの新聞《サン》が一九七三年に受けたピュリツァー賞の賞状。書物や新聞もオフィスのあちこちに散乱している。家族や友人の写真が、サイドキャビネットやサイドテーブルを埋め尽くし、デスクの脇の本来ならコンピュータを置くべき棚の下にも置いてある。バフェットのデスクの奥の壁には父親の大きな肖像写真が掛かっている。オフィスにはいる人間は、だれでもそれと向き合うことになる。

窓の外では晩春のオマハの朝が差し招いているのに、茶色い木の鎧《よろい》戸《と》が閉まっていて景色が見えない。デスクの正面にあるテレビはＣＮＢＣに合わせてある。音は消してあるが、画面下をゆっくりと流れるティッカーが、一日ずっとニュースを伝えてくれる。長い歳月のあいだ、バフェットはしばしば自分についてのニュースを楽しんできた。

だが、バフェットその人を知る人間は、ごくすくない。私は証券アナリストとしてバークシャー・ハザウェイを取材したのがきっかけで、六年前に知り合った。それからずっと友情をはぐくみ、これからさらに深く彼のことを知ろうとしている。私たちが彼のオフィスで向き合っているのは、バフェットに自叙伝を書く気がないからだ。「きみのほうがずっとうまく書けるよ、アリス。私じゃなくてきみがこの本を書いてくれるほうがありがたいんだ」とくりかえすあいだ、もじゃもじゃの眉毛が、その言葉を強調する。バフェットが固辞する理由は、本書を読み進むうちにはっきりするはずである。まずは、核心からはじめよう。

「どうしてそんなにお金を儲けるのが大事だと思うようになったの？」

バフェットはしばし遠くに目をやり、思いをめぐらす。心のファイルをぱらぱらとめくっている。やがてバフェットが物語をはじめる。「すべての莫大な富の背後には犯罪がある、とバルザックはいった。(註1)それはバークシャー・ハザウェイにはあてはまらない」

その考えの正しさを示すかのようにさっと立ちあがり、大股で二歩進んだ。金襴《きんらん》の肘掛け椅子に腰かけ、七二歳の投資の達人ではなく初恋を自慢するティーンエイジャーみたいに身を乗り出した。その物語をどう解釈するか、ほかのだれをインタビューするか、なにを書くのかは、私に任されている。バフェットは人間の本性や記憶のあやふやさについてしばらく話をしたあとで、こういった。「アリス、私の話とだれかの話が食い違っているときには、格好悪いほうの話を使ってくれ」

数ある教訓のなかでも、もっとも優れた教訓は、バフェットを観察するだけで得られる。教訓その一、謙遜は相手の心を捉える。

結局、格好悪いほうの話を選ぶ理由はあまり見あたらなかったのだが、そういう選択をしたときは、たいがいの場合、あやふやな記憶のせいではなく人間の本性に由来するものだった。一九九九年のサン・バレーがその一例である。

第２章　サン・バレー

——一九九九年七月　アイダホ

ウォーレン・バフェットは、車を降りて、トランクからスーツケースを出した。ゲートを抜けて空港の駐機場に出る。光り輝くガルフストリームⅣ（G・Ⅳ）——一九九九年時点では世界最大のプライベートジェット機のひとつで、大きさは地方路線の旅客機並み——が待っていた。パイロットのひとりがスーツケースを受け取って、貨物室に入れる。はじめてバフェットを乗せるパイロットはだれでも、バフェットがみずから車を運転してきて荷物を運ぶのにびっくり仰天する。折りたたみ式のタラップをのぼり、バフェットは窓ぎわの席に向かうが、フライト中、一度も外を眺めることはないはずだった。バフェットはうきうきしている。この旅を何週間も前から心待ちにしていたのだ。

機内では、長女スーザン・アリスとそのボーイフレンド、次男ピーターとその妻ジェニファー、孫のうちのふたりが、湾曲した壁から離れるように座席をまわしてゆとりをつくっているあいだに、女性客室乗務員《フライト・アテンダント》がギャレーから飲み物を運んできた。ギャレーには家族の好きなスナックや飲み物が用意してある。そばのソファには雑誌が置いてある。だが、バフェットのもとに運ばれてきたのは、ひとかかえの新聞とポテトチップスのバスケットとチェリー・コークだった。チェリー・コークはバフェットが着ているネブラスカ・コーンハスカーズの赤いセーターとおなじ色だ。バフェットはアテンダントに礼をいって、ボスとのはじめてのフライトで緊張している彼女の気持ちをほぐすために、しばらくおしゃべりをする。それから、離陸準備ができたことを副操縦士に伝えてほしいと頼む。そのあとは、飛行機が滑走して高度一万二〇〇〇メートルに上昇するまでずっと、新聞を読みふける。家族六人は二時間ずっと、バフェットのまわりで、ビデオを見たり、しゃべったり、電話をかけたり、がやがやしている。木目の美しい楓《かえで》材のダイニングテーブルにアテンダントがクロスをかけ、蘭を活《い》けた花瓶を置いて、ランチを用意するためにギャレーに戻る。バフェットはじっと座っている。新聞の陰に隠れて、読みつづけている。ひとりで書斎にいるときとまったく変わらない。

一行が乗っている三〇〇〇万ドルの空飛ぶ宮殿は、〝フラクショナル〟ジェット機と呼ばれる。八人の分割所有だが、代替機もあるので、所有者すべてが同時に使用することも可能だ。コクピットにいる正副パイロット、地上整備員、六時間前までの予約に合わせてゲートに飛行機を手配する運航管理者、ランチの給仕をするアテンダントはすべて、バフェットのバークシャー・ハザウェイが所有するネットジェッツの従業員である。やがてＧ・Ⅳが、スネーク・リバー平原を越えて、夏の陽に灼《や》かれたソートゥース山地に近づいた。よく晴れた空のもとでウッド・リバー渓谷にはいったＧ・Ⅳが、高度二四〇〇メートルに降下して、茶色の低山から上昇する乱気流の大波に揉まれはじめた。機体が大揺れし、みんなの体があちこちにひっぱられても、バフェットは平然と新聞を読みつづけている。ふたつめの尾根の上のほうには林が点々とあり、風下の深い谷間から頂上まで松林がつづいている。親も子供もこの先の期待でニコニコしている。前方にそそり立つ峰のあいだをＧ・Ⅳが降下すると、真昼の太陽がアイダホ州の古い鉱山町ヘイリーに長い機体の影を落としてゆく。

　ほどなくしてフリードマン記念空港に着陸した。バフェット一家がタラップを足早に下りて、七月の太陽に目をしばたたいていると、レンタカー会社ハーツの男女社員が運転するＳＵＶ（多目的スポーツ車）が二台、Ｇ・Ⅳに横づけになった。運転手は金と黒のシャツを着ているが、ロゴはハーツではなく〝アレン&カンパニー〟だった。

　パイロットふたりが荷物と、バフェットの赤と白のコカ・コーラのゴルフバッグを積み込むあいだ、孫たちはぴょんぴょん跳びはねていた。バフェット一家はさよならをいって、SUVに乗り込んだ。サン・バレー航空の建物――滑走路の南端にあるちっぽけなトレーラーハウス――の前を通って、ゲートから、山へ向かう道に出た。G・Ⅳの車輪が滑走路に触れてから、二分ほどしかたっていない。

八分後には別のジェット機が定刻どおり到着し、バフェットたちのG・Ⅳにつづいて自分たちの駐機場へと向かっていた。

金色に輝く午後のあいだずっと、そういうふうにつぎつぎとジェット機がやってきた。南や東からアイダホへ飛来し、あるいは西から高い山を巻くように進入してきて、ヘイリーに着陸した。夕方までには、光り輝く巨大な白い飛行機が十数機、政財界の巨頭のおもちゃをならべた店のウィンドウよろしく、駐機場に勢ぞろいしていた。

バフェット一家は、SUVの轍《わだち》が残る山道を空港から約二〇キロメートル走り、ケッチャムという小さな町に達した。エルクホーン峠への分かれ道が、その手前にあった。ダラー山を巻いてしばらく進むと、茶色の斜面に緑のオアシスが現われた。レースのような松や、ちらちら輝くポプラのなかに、この山地でもっとも有名なリゾート、サン・バレーがある。

この火曜日の午後に集まった、バフェット家をはじめとするおおぜいの家族連れはすべて、メディアと情報通信と娯楽業界に特化した投資銀行アレン&カンパニーに、なんらかの形でつながりがある。アレン&カンパニーはハリウッドで最大級の企業合併をまとめた実績があり、一〇年以上も前から顧客や友人たちをサン・バレーに招いてアウトドアの遊びや討論会や講演会を行なう年次会議を開催している。ハーバート・アレンCEOが招待するのは、自分の好きな人間か、そうでなくてもビジネスをやりたいと思っている相手だけだ。

そんなわけで、会議には富裕な有名人がおおぜい参加する。キャンディス・バーゲン、トム・ハンクス、ロン・ハワードといったハリウッドの人々。バリー・ディラー、ルパート・マードック、ロバート・アイガー、マイケル・アイズナーのようなメディアの有力者。トム・ブロコー、ダイアン・ソーヤー、チャーリー・ローズのような折り紙つきのジャーナリスト。ビル・ゲイツ、スティーブ・ジョブズ、アンドリュー・グローブのようなハイテク業界の巨星。毎年、おおぜいの記者が、サン・バレー・ロッジの周囲で、そういった参加者を待ち構えている。

その前日、記者たちはニュージャージー州ニューアーク空港など、ソルトレークシティ行きの便が出る空港へ集結した。ソルトレークシティに着くや、先を争ってコンコースEの待合室へ行き、アイオワ州スーシティなどに向かう旅客がごったがえすなかで飛行機を待ち、サン・バレー行きのプロペラ機に詰め込まれる。一時間のフライトは、揺れがすさまじい。到着した飛行機は空港の反対側のテニスコートほどの広さのターミナルに誘導される。〝SV99〟（サン・バレー99）と記されたパステルカラーのポロシャツに半ズボンといういでたちの、日焼けしたアレン＆カンパニーの若い社員がそこにいて、民間航空会社の便で早く到着した少数の招待客を出迎えている。ほかの乗客とは容易に見分けがつく。男性はウェスタンブーツに〈ポール・スチュアート〉のシャツとジーンズ、女性は山羊革のスエードのジャケットに、ビー玉みたいに大きいトルコ石のビーズの装身具。アレンの社員は、あらかじめ渡された写真で招待客の顔を憶えている。何年もつづけて来ている相手は、古い友だちみたいにぎゅっと抱きしめ、荷物を持ってあげて、すぐ近くの駐車場にとめてあるSUVへ案内する。

記者たちはレンタカー会社へ行って、それからロッジへと車を走らせる。自分たちの社会的ステータスの低さを、早くもひしひしと感じている。それから何日かのあいだ、サン・バレーの多くの区域は〝一般人立入禁止〟となる。ドアは閉ざされて、いたるところにいる警備員と吊るされた花の籠と大きな鉢植え植物などで、詮索の目がさえぎられる。記者たちは、あたりをうろつき、茂みに顔をつっこんでなかの様子をうかがう。(註1)

ディズニーのマイケル・アイズナーとキャピタルシティーズABCのトム・マーフィ

ーが、サン・バレー95（会議はこう呼ばれることが多い。サン・バレーの街全体を会議が飲み込んでいるかのように――事実そうなのだが）で合併合意をひねり出して以来、マスコミの取材合戦は激しくなるいっぽうで、カンヌ映画祭のビジネス版かと思うほどのうわついた騒ぎになっている。サン・バレーはただのディールの場ではないが、報道の大部分はその話題が占めている。アイダホの山中で行なわれるいわくありげな秘密会議でディールが進められているという噂が、毎年沸騰する。そんなわけで、SUVが一台また一台と車寄せにはいってゆくとき、記者たちはだれが乗っているのだろうかとフロントウィンドウから覗き込む。ニュースになる人物が到着すると、カメラやマイクをひっさげた記者たちが獲物を追いかける。

SUVからウォーレン・バフェットが降り立つと、報道陣は即座に気がついた。「この会議にバフェットは必要不可欠だ」と、友人でアレン&カンパニー会長のドナルド・キーオはいう。(註2) 記者たちはたいがいバフェットに好意を持つ。その周囲への気配りに、好きにならずにはいられないのだ。興味をそそる人物でもある。素朴な人間というイメージがあり、気取っていない。それでいて複雑な人生を送っている。家を五軒持っているが、住んでいるのは二軒だ。事実上、ふたりの妻を持つはめになっている。やさしいきらめきを目に宿して、やぼったい警句を吐き、とても忠実な友人たちがいる。それでいてしたたかな、場合によっては冷徹なディールメーカーという評判を得ている。世間の注目を避けようとしているが、世界のどんなビジネスマンよりもはるかに強い注目を浴びている。(註3) G-Ⅳに乗ってアメリカ各地をまわり、しばしば名士のイベントに出席して有名人の友だちをつくる。でも、オマハとハンバーガーと節約が好きだという。自分が成功したのは単純な投資のアイデアと、日々熱意をこめて、立ちどまる間も惜しんでせっせと働いてきたからだという。それがほんとうなら、だれにも真似ができないのはどういうわけだろう?

バフェットは、例によってカメラに快く手をふり、やさしいおじいちゃんのような笑みを浮かべた。記者たちはバフェットを撮ると、つぎの車を覗きにかかった。

バフェット一家は、ハーバート・アレンがVIPに割り当てている〝ワイルドフラワー・コンドミニアム〟まで、そのまま車で行った。部屋のなかにはいつもの宝物がどっさりと用意されている。アレン&カンパニーのSV99というロゴのはいったジャケット、野球帽、フリースのジャケット、年によって色が違うポロシャツ、それにジッパー付きのノート。三〇〇億ドルという資産を所有しているのに——空港に置いてあるG-Ⅳが一〇〇〇機も買える額だ——バフェットは、友人から無料《ただ》のゴルフシャツをもらう程度のことにも喜ぶ。今年の宝物をじっくりと時間をかけて入念に見ていく。しかし、もっと興味を惹かれていたのは、ハーバート・アレンが招待客すべてに宛てたメモと、細部にいたるまで組織立った会議のノートだった――今年のサン・バレーがバフェットのために用意している事柄が記されている。

秒単位の時間割も、とことん組織化されていることも、糊がきいて皺《しわ》ひとつないハーバート・アレンのフレンチカフスとまったくおなじだ。バフェットのスケジュールは、毎日毎時定められている。ノートには会議の講師や議題の説明があり――このノートを見るまで知らされない極秘事項である――出席しなければならない昼食会や晩餐会も記されている。ほかの招待客とは違って、バフェットはそれをあらかた知っていたが、それでもノートに書いてあることを読んだ。

〝サン・バレーの王〟とも呼ばれるハーバート・アレンは、会議の陰の振付師でもあり、このイベントが気楽で贅沢な雰囲気をかもし出すように気配りしている。高潔で聡明で、助言がうまく、心が広いと、だれもが褒めたたえる。「死ぬときにはハーバート・アレンみたいなやつに尊敬されていたいものだ」とまでいった招待客もいた。だいたいの客は会議に招待されなくなるのを怖《おそ》れて、ハーバートは変わりもので、じっとしていられず、短気で、常識では測れない性格の持ち主だ、などと曖昧にほのめかすのがせいぜいだった。背が高く細身のハーバート・アレンのそばに立っていると、機関銃弾みたいに飛び出す言葉を聞き取るのに、必死で耳を傾けなければならない。ハーバート・アレンは命令をがなり、一秒たりとも無駄にしないように相手の言葉を途中でさえぎる。口にできないようなことも平気でいう。みずからウォール街の投資銀行を経営しているのに、「ウォール街は最終的には抹殺されるだろう」と記者に語ったことがある。競争相手のことは、〝ホットドッグ売り屋〟と呼んだ。(註4)

アレンは自社の規模拡大に走らず、部下はディールに自分の金を賭ける。この異色の手法によって、ハリウッドやメディア界のエリートたちを顧客にしながら、彼らの召使ではなく力強いパートナーになった。だから、客たちは、アレンがホストを務める会議に呼ばれたことを特別扱いされたと感じる。山中に閉じ込められてことあるごとにセールスマンの売り込みを嫌々聞かされるとは思わない。アレン&カンパニーは、顧客それぞれの人間関係をよく知っていて、それに応じて毎年のサン・バレー会議の綿密な社交計画を立てる。引き合わせたほうがいいと思われる人々も、そこに参加させる。招待客のコンドミニアムと会議場となるサン・バレー・インとの距離や、どの食事会に招《よ》ばれ、だれと同席するかが、暗黙のうちにヒエラルキーを示すことになる。

バフェットの友人のトム・マーフィーは、この手のイベントを〝象の寄り合い〟と呼ぶ。バフェットはいう。「大物がおおぜい来ると、人が集まるものだ。象の寄り合いに

参加すれば、自分も象だと確信できるからね」(註5)

サン・バレーの信用がきわめて高いのは、たいがいの象の寄り合いとは違って、いくら金を積んでも参加できないからだ。だから、エリートばかりとはいえ〝民主主義的〟なところが生まれる。そこへ行くスリルのひとつは、だれが招ばれなかったかがわかることだ。もっとスリリングなのは、だれが招待を取り消されたかだ。それでも、それぞれの階層のなかで、人々は本物の人間関係をはぐくむ。アレン&カンパニーは、豊富な遊びや娯楽を用意して友好的な雰囲気を盛りあげる。第一夜はウェスタン風の衣装に身を包んだ招待客が、馬が曳《ひ》く昔ながらの駅馬車に乗って、カウボーイたちのあとから曲がりくねった山道を進み、トレイル・クリーク・キャビンの草地へ行った。日が沈むころ、ハーバート・アレンとふたりの息子のうちのだれかが、そこで客をもてなす。カウボーイが子供たちにロープの使い方を教えるあいだ、サン・バレーの古株たちがたがいの再会を祝し、新しい招待客を歓迎する。バフェット一家はいつも、星がちりばめられた西部の空のもとで、友人たちと焚き火を囲むことになる。

水曜の午後までお祭り騒ぎはつづき、特別行事として、さほどの急流ではないサーモン川に漕ぎ出す。ここでまた新しい人間関係が生まれる。船着場まで行くバスの席や、ゴムボートにどういう組み合わせで乗るかということまで、アレン&カンパニーが気配りするからだ。会話をさえぎることのないように、ガイドは黙って谷川でボートをあやつる。地元の人間が監視員に雇われ、だれかが冷たい水に落ちた場合に備えて、ルートのあちこちに救急車が待機している。ゴムボートを降りるとすぐに、招待客には蒸しタオルが渡され、バーベキューを給仕される。

川下りをしない客には、フライフィッシング、乗馬、トラップ射撃、スキート射撃、マウンテンバイク、ブリッジ、自然写真の撮影、戸外リンクでのアイススケート、完璧に手入れされたグリーンでのゴルフといった楽しみがある。ゴルフ場では、アレン&カンパニーの用意した日焼け止め、スナック、虫除けスプレーが、カートに用意されている。(註6)なにもかもがなめらかに粛々と進められて、必要なときには、頼まなくても神出鬼没で現われるスタッフがサービスしてくれる。ＳＶ99のポロシャツを着たスタッフたちが、無尽蔵にいるように思えてしまう。

だが、ハーバート・アレンの秘密兵器は、なんといっても一〇〇人ほどもいるベビーシッターだ。ほとんどがブロンドの日焼けした美人ティーンエイジャーで、やはりポロシャツを着て、アレン&カンパニーのバックパックを背負っている。父母や祖父母が遊んでいるあいだ、ベビーシッターたちは子供たちに遊び相手を見つけてやり、テニス教室、サッカー、自転車、キックボール、馬車、ホースショー、アイススケート、リレー、ボート漕ぎ、釣り、お絵かき、ピザ、アイスクリームなどでもてなす。どの子供も楽しく遊んで来年も再来年も来たくなるように、ベビーシッターはひとりひとり念入りに選ばれる。彼女らは子供ばかりでなく親たちにも楽しみをあたえる――魅力たっぷりの若い女の子をちらちら見ることができ、子供たちのことで後ろめたい思いをせずに、大人同士が思い切り遊べる。

バフェットはずっと、アレンが招待客にさずける数々の特典をたいへんありがたいものだと思っていた。家族のバケーションとして、バフェットはサン・バレーをとても気に入っていた。山のリゾートに孫たちといっしょにいて、好きなことができるといっても、なにをすればいいのかわからない。野外の活動でよく知っているのはゴルフだけだ。スキート射撃やマウンテンバイクはぜったいにやらないし、水は〝刑務所のたぐい〟だから、ゴムボートに乗るくらいなら手錠をかけられて歩きまわるほうがましだと思っていた。だから、米国映画協会のジャック・バレンティ会長とはいつも一ドル単位の賭けでゴルフをやる。メレディス・ブロコーと組んでブリッジもする。あとはたいがい、プレイボーイのクリスティ・ヘフナーCEOやデルのマイケル・デルCEOといっしょにいる。

ゴルフ場のコースを見下ろすコンドミニアムに引きこもっていることも多い。居間で大きな石の暖炉のそばに座って、新聞や雑誌を読み、テレビのビジネスニュースを見る。(註7) 窓の外に見える松林に覆われたボールディ山の眺めにも、宮殿のペルシア絨毯さながらの花壇にも興味がない。「たしかに景色はいいんだろうね」バフェットはいう。彼はハーバート・アレンのつくり出した温かな雰囲気を味わうために来る。(註8) 親しい友人たちに会うのも楽しい――キャサリン・グラハムとその息子のドン、メリンダとビル・ゲイツ夫妻、ミッキーとドナルド・キーオ夫妻、バリー・ディラーとその妻のダイアン・フォン・ファステンバーグ、エヴァとアンドリュー・グローブ夫妻。

だが、バフェットにとってサン・バレーはなによりも家族が集まる機会だった。一家のほとんどがいっしょに過ごすことは、めったにない。長女のスーザン・アリス・バフェットはオマハに住んでいて、すぐ下の弟のハウイーと妻のデボン――ふたりはその年は来られなかった――は、イリノイ州デカターに住んでいる。末弟のピーターと妻のジェニファーは、ミルウォーキーに住んでいる。

バフェットが四七年間結婚している別居中の妻スーザン（スージー）は、サンフランシスコから家族に会いにくる。二〇年以上同居しているアストリッド・メンクスは、オマハの家で留守番をしている。

金曜の晩、バフェットはハワイアンシャツを着て、テニスコートでひらかれる昔ながらのプールサイド・パーティーに妻をともなって行った。ほとんどの招待客がスージーの知り合いで、彼女のファンでもあった。パーティーの人気者のスージーが、きらきら輝くオリンピックサイズのプールのそばで、松明《たいまつ》の明かりのもと、古いスタンダードナンバーを歌った。

今年は、あふれんばかりの仲間意識やカクテルに混じって、よくわからない新しい言葉が飛び交っている――B2B、B2C、バナー広告、回線容量、ブロードバンド――それをアル・オアーレのバンドが盛りあげる。一週間ずっと、ランチでもディナーでもカクテルパーティーでも、握手やキスや抱擁のあいまに、物言わぬ霧のような不安感がそこはかとなく漂っていた。新生ハイテク業界の幹部という新しいグループが、ここではめずらしい威張った態度で、一年前には彼らのことなど聞いたこともなかった人々に自己紹介をした。(註9)サン・バレーのいつもの雰囲気とはそぐわない傲慢さを見せるものもいた。例年なら、揺るぎない礼儀正しさが支配していて、ハーバート・アレンが尊大な態度を禁じる暗黙のルールを敷き、違反者には追放という罰を科していた。

尊大という暗雲がもっとも厚く垂れ込めたのは、会議の核ともいえるプレゼンテーションのときだった。企業幹部や政府高官その他の著名人が、ほかではしゃべらないような話をした。ここで聞いた話は、サン・バレー・インの入口にぶらさがっている鉢植えの花の外でささやかれる気遣いはないからだ。記者は出入りを禁止されているし、有名ジャーナリストやメディア王たちは、講演を聞いても沈黙のおきてを尊重する。こんなふうに、立場をおなじくする人間だけに話をすればよいので、あからさまだったり、微妙だったり、不安を催させたり、皮肉や、誤解を招きやすいために報道陣の前ではぜったいに明言できないような重要な事柄や真実も語られる。こうした情報のおこぼれがもらえることはまずないのだが、それを期待して平凡な記者たちは表で待ち伏せしていた。

この年は、インターネット業界の新手の大物たちが、気取って歩きまわっては、自分たちの合併の成功を吹聴して、聴衆のなかの資産運用責任者《マネーマネジャー》たちから資金を引き出そうとしていた。他人の年金や貯蓄を運用するマネーマネジャーも数多く参加していて、合計すればとてつもない富が集まっていることになる。一兆ドルは軽く超えるはずだ。(註10)一九九九年に一兆ドルあれば、アメリカ全国民の所得税を払うことができる。九つを超える州で各家庭に新車のベントレーを一台ずつ配れる。(註11)シカゴ、ニューヨーク、ロサンゼルスの不動産をすべてひっくるめて買い占めることもできる。プレゼンテーションを行なった企業家のなかには、聴衆から必要資金を提供されることを待望しているものもいた。

週のはじめに、〝インターネットと私たちの生活〟を議題とするトム・ブロコーのパネルで、インターネットが通信ビジネスをどう変えるかを示す一連のプレゼンテーションが行なわれた。経営幹部たちがつぎつぎと自分たちの会社の輝く未来を説明し、倉庫の大きさや地理的距離に制約されない姿を思い描いて、会場は陶然としていた。あまりにもすばらしく空想的なので、まったくの新世界がひらけると確信したものもいれば、昔の怪しげな薬売りの口上を思い浮かべたものもいた。ハイテク企業の経営者たちは、自分たちは卑しい人間に火をもたらしたプロメテウスだと思っていた。自動車部品や芝生用の家具など、ありきたりの必需品をこしらえるのにあくせくしているほかのビジネスは、テクノロジーをどれほど導入できるかが問われている。インターネット関連株によっては、利益などほとんどないのにとんでもない高PER（株価収益率）で取引されているものがあった。いっぽう、物を生み出している〝本物の会社〟の価値が下がっていた。ハイテク関連株が〝オールド・エコノミー〟を圧倒し、ダウ・ジョーンズ工業株三〇種平均*（ダウ平均）はいったんは遠のいた一万ドルの壁を四カ月前に突破し、三年半にして倍になった。

富裕になりたての人たちの多くは、講演のあいまにダック・ポンドの池の近くに仕切られたダイニング・テラスに集まった。捕獲された白鳥が二羽、池を泳ぎまわっている。そこでは一般の招待客が——記者はだめだ——コットンパンツにカシミアのケーブル編みのセーターを着た人々の群れをそっと抜け出して、ビル・ゲイツやアンドリュー・グローブに質問できる。記者たちは、サン・バレー・インとコンドミニアムを行き来するインターネット名士たちを追いかける。それがまた、その年のサン・バレーに充満していた尊大な雰囲気を増長した。

インターネット王のなかには、金曜日の午後にハーバート・アレンにロビー活動をして、土曜日の午後にセレブ専門の写真家アニー・リーボビッツが《バニティ・フェア》向けに撮影するメディア・オール・スター・チームに割り込もうとするものもいた。自分たちは時の人だと思い込んでいて、だれを撮影するかをリーボビッツがすでに決めているのに納得しかねていたのだ。たとえば、どうしてバフェットなんかを入れるんだ？　メディアでの役割はほとんど間接的なものじゃないか――取締役会にいて、広い人脈で影響力を行使しているだけだし、メディアへの投資もそのときどきで変動が大きいじゃないか。それに、古いメディアの人間だ。彼らはそう思っているので、バフェットの顔写真が載った雑誌がいまだに売れるというのが、信じられないのだった。

オールスターを自認しているそういう連中が軽んじられたと思うのは、メディアの注

＊　広く参考にされるアメリカの株式指標。

目がインターネットに大きく傾いているのを重々知っているからでもあった。ハイテク株の企業価値を評価する〝ニュー・パラダイム〟――クリック、ウェブページの訪問者数、現金を稼ぐ能力ではなく遠い未来の成長予測――などまやかしだと、投資銀行家のホストのハーバート・アレンが思っていても、それが世間の流れだった。「ニュー・パラダイムだと」アレンは馬鹿にしたようにいう。「ニュー・セックスみたいなもんだ。そんなものはありゃしない」(註12)

翌朝、オールド・パラダイムの象徴であるバフェットは早起きした。その年の閉会のスピーチを行なうことになっていたからだ。企業の主催する会議で話をするように頼まれても、かならず断るのだが、ハーバート・アレンにサン・バレーで頼まれたときには、つねに快諾する。(註13)土曜日の朝の閉会のスピーチは大会の重要な行事なので、招待客のほとんどが、ゴルフ場へ行ったりせずに、サン・バレー・インに向かい、席につく。きょうのバフェットは、株式市場の話をすることになっていた。

その年は、新規公開株ブームでハイテク株が常軌を逸した急騰を遂げていた。バフェットは内心、それに批判的だった。バフェットの経営するバークシャー・ハザウェイ株は、そういった株の後塵を拝して精彩を欠いていて、ハイテク株を買わないというバフエットの厳格な原則《ルール》は、時代遅れと見られていた。しかし、そういった批判もバフェットの投資のやり方に影響をあたえはしなかった。バフェットは、市場予想はぜったいにやらないと公言していた。だから、サン・バレーで市場の話をするというのは、これまでにないことだった。時勢がそうさせたのかもしれない。バフェットには強い信念があり、真理を説きたいという気持ちがなにものにも勝っていた。(註14)

スピーチの準備には何週間もかけていた。市場はカジノでチップを賭けるように株を売買するだけの場ではないというのが、バフェットの持論だった。チップとは企業のことだ。バフェットはチップ全体の価値について考える。どういう価値があるのか？　つぎにすべてを網羅している頭のなかのファイルをめくって、歴史的視点から検討する。世界を変える新テクノロジーが登場して株式市場を揺さぶっているのは、これがはじめてではない。ビジネスの歴史には、新テクノロジーがふんだんにちりばめられている——鉄道、電報、電話、自動車、飛行機、テレビ。物事を早く結びつける革命的な手段の数々——しかし、投資家のふところを豊かにしたものが、どれだけあっただろうか？　バフェットはそれを説明するつもりだった。

朝食が終わると、クラーク・キーオが演壇へ歩いていった。バフェットはキーオ家とは長年のつきあいがある。オマハでは近所でもあった。クラークの父ドナルドを通じて築いたつながりで、バフェットはサン・バレーに来ている。アイオワ州スーシティの牧場主の息子として生まれたドナルド・キーオは、コカ・コーラの元社長で、一九八二年にコカ・コーラのためにアレン&カンパニーからコロンビア映画を買収したときに、ハーバート・アレンと知り合った。キーオと当時のボスであるロベルト・ゴイズエタＣＥＯは、セールスマンらしからぬアレンの販売手法に感銘を受けて、取締役会にくわわるよう説得した。

ドナルド・キーオはアレン&カンパニーの副会長に就いているため、いまは、厳密にいえばコカ・コーラの経営には参画していないが、いまだに〝本物《ザ・リアル・シング》〟（一九六九年のコカ・コーラのキャッチコピー、It's the Real Thing. から[註15]）とともにあり、強大な力を持っているので、影のＣＥＯなどと呼ばれることもある。

一九五〇年代にキーオ家と近所づきあいがあったころ、バフェットはドナルドに、子供たちの大学の学費をどうやってまかなうつもりかとたずね、自分の投資パートナーシップに一万ドル投資しないかと持ちかけた。だが、ドナルドは当時、週給二〇〇ドルのバターナット・コーヒーのセールスマンで、教区学校に六人の子供を通わせていた。「貧乏でしたよ」クラークが聴衆に語りかけた。「一家にそういう時代があったことを、私たちはけっして忘れません」

バフェットが演壇のクラークのそばに行った。お気に入りのネブラスカ・コーンハスカーズの赤いセーターを、格子縞のシャツの上に着ている。バフェットがその話を結んだ。(註16)

「キーオ家はすばらしい隣人でした。ドンがときどき私に、きみとは違って自分はちゃんとした仕事を持っているといったことは事実ですが、ほんとうに仲がよかったんですよ。あるとき私の妻のスージーが、中西部ではよくやることなんですが、砂糖を一カップ借りにいったんです。ドンの奥さんのミッキーは、ひと袋くれました。それを聞いて、その晩私はキーオ家に行って、ドンにいったんです。〝投資パートナーシップに二万五〇〇〇ドル出さないか?〟。すると、キーオ一家がちょっとよそよそしい態度になって、断られました。

しばらくしてからまた行って、さっきクラークがいったように、一万ドルならどうかときいたんですが、やはり断られました。しかし、私は節操がないものですから、別のときに五〇〇〇ドルではどうかといってみたんです。それでまた、断られました。

そしてある晩、一九六二年夏のことでしたが、キーオ家に行こうとしました。二五〇〇ドルにまで落として提案するつもりだったかどうか、いまとなっては定かではありません。家の前に行くと真っ暗だったんです。なにも見えません。でも、わかっていました。ドンとミッキーは二階に隠れていたんです。だから、帰りませんでした。呼び鈴を鳴らし、ノックしました。返事はありません。でも、ドンとミッキーは二階にいた。家のなかは真っ暗です。

本も読めないくらい暗いし、眠るには早い。きのうのことのように憶えていますよ。一九六二年六月二一日でした。

クラーク、きみが生まれたのは？」

「一九六三年三月二一日です」

「そういうささやかなことが、歴史を動かすんです。きみはお父さんたちが私に一万ドル出資しなかったのをありがたく思ったほうがいいよ」

このやりとりで聴衆の心を惹きつけると、バフェットは本題にはいった。「それでは、きょうのマルチタスクに取りかかるとしましょう。ハーブにスライドを使うようにいわれています。〝使えるのを見せてやれ〟といっていました。ハーブがなにかをいうとき、バフェット家ではほとんど命令なんです」〝バフェット家〟がなんであるかをざっと説明し──自分の一家もほかの家族とおなじようなものだと思っていたので──ハーバート・アレンについてジョークをいった。アメリカ大統領の秘書官が、大統領執務室《オーバル・オフィス》に駆け込んできて、うかつにもふたつの会見が重なってしまったと謝った。大統領は、ローマ教皇とハーバート・アレンのどちらに会うかを決めなければならない。効果を高めるために、バフェットは間を置いた。「〝教皇をお通ししろ〟と大統領はいったんです。〝指輪にキスすればそれで終わりだからな〟

指輪にキスをするみなさんがたに、きょうは株式市場の話をしたいと思います。株価についてお話ししますが、来月や来年の値動きを予想するつもりはありません。価値評価と予想は別物なのです。

市場は、短期的には投票計です。長期的には重量計です。最終的に重さが肝心なのですが、短期的には投票数が重視されます。しかも、まったく非民主的な投票のしかたです。みなさんが身をもって学んできたように、残念なことに投票の質については、読み書き能力テストがありません」

右手の巨大なスクリーンにパワーポイント(註17)のスライドを映すために、バフェットがキーを押した。聴衆として席についていたビル・ゲイツは息を呑んで、不器用なことで有名なバフェットが、最初のスライドをどうにか映し出すのを見守った。(註18)

ダウ平均

一九六四年一二月三一日　八七四・一二

一九八一年一二月三一日　八七五・〇〇

スクリーンのほうへ行って、説明をはじめた。

「この一七年間、経済の規模は五倍になりました。フォーチュン500の売上は五倍以上成長しました。*それなのに、一七年のあいだ、株価はほとんど動いていないのです」

一歩か二歩さがった。「投資とは、消費を延期することです。いまお金を出して、あとでもっと大きなお金になって戻ってくるわけです。ほんとうに大事な問題はふたつだけです。ひとつは、どれだけ戻ってくるか、もうひとつは、いつ戻ってくるか。

さて、イソップは金融の達人ではありませんね。こんなことをいっていますから。〝掌中の一羽の鳥は、藪のなかの二羽に勝る〟。でも、いつかということはいっていません」お金を借りるコスト、つまり金利が〝いつ〟の値段になると、バフェットは説明した。それが金融では物理における重力に相当する。金利は一定ではなく、金融資産――住宅、株、債券――の価値も変化する。つまり、おなじ鳥でも値段が変動する。「ですから、掌中の一羽のほうが藪のなかの二羽よりもいいときもあれば、その逆のときもあるわけです」

抑揚のない鼻にかかった声で、とてつもなく早口でしゃべるため、言葉が重なっているように聞こえることもあった。バフェットは一九九〇年代の大強気相場をイソップになぞらえて、でたらめだと評した。前期よりも利益成長率が鈍化していたのに、藪のなかの二羽のほうが値打ちがあったのは、金利が低かったからだ。そんな低利では、現金――掌中の一羽――をほしがるものはほとんどいない。そこで、投資家たちは藪のなかの鳥のために途方もない額を払った。バフェットはさりげなく、これを〝貪欲ファクター〟と呼んだ。

世界を変えながら大強気相場で富を得ているハイテク業界のグルを中心とする聴衆は、静まり返っていた。彼らは、過分な評価で売買されている株式がぎっしり詰まったポートフォリオの上に乗っかっている。それをすばらしいことだと思っていた。それがニュー・パラダイム、インターネット時代の夜明けだ、と。長年にわたって金を蓄え、ほんのすこししか手放そうとしないバフェットに、貪欲といわれる筋合いはないというのが、彼らの態度だった。なにしろバフェットは、自動車のナンバープレートの文字に〝倹約（Thrifty）〟という言葉を選ぶくらいのケチで、四六時中金儲けのことばかり考えている。

＊《フォーチュン》は年間売上にもとづいて五〇〇社をランキングし、フォーチュン500と称している。この五〇〇社はアメリカを基盤とするビジネスのおおまかな代表と見なされる。

ハイテクブームではしくじって、船に乗り遅れたものだから、水を差すようなことばかりいっているのだと思っていた。

　バフェットは話しつづけた。株式市場が年一〇パーセント以上の上昇をつづけられる条件は三つしかない。ひとつは金利が史上最低レベルに下がり、それが持続すること。つぎは、経済的なパイの取り分のうち、労働者や政府その他ではなく投資家に帰属する分が、すでに史上最高レベルになっている現状からさらに増えること。(註19) あるいは、経済が通常よりもずっと早く成長しはじめること。(註20) こうした楽観的な想定を用いるのは〝希望的観測〟だと、バフェットは評した。

　市場全体が繁栄することなどありえないと考えている人間もいる、とバフェットはいった。彼らは値上がりする株を見つけ出すことができると固く信じているようだ。オーケストラの指揮者よろしく両手を大きくふって、別のスライドを映しながら、バフェットは説明した。イノベーションは世界を貧困から救うかもしれないが、歴史を見るなら、イノベーションに投資した人々は、その後、かならずしも満足してはいない。

「アメリカの自動車メーカーをリストアップすると、かつては七〇ページもあったのが、いまはページの半分にすぎません」全メーカーのリストをふってみせた。「二〇世紀前半でもっとも重要な発明だったといえる自動車のメーカーは、かつて二〇〇〇社ありました。自動車は人々の生活にものすごく大きな影響をあたえました。自動車がはじめて登場したときにあなたがそこにいて、この国がずっと自動車と強く結びついて発展すると見抜けたなら、〝これぞ自分のやることだ〟というはずです。しかし、二〇〇〇社あった自動車メーカーのうち、ほんの数十年前からいままで生き延びたのは、わずか三社でした。（註21）そして、この三社も純資産以下で売られることがしばしばあったのです。会社に注ぎ込まれて残っているはずのお金よりも、低く見積もられたわけです。つまり、自動車はアメリカに多大な影響をあたえましたが、投資家にあたえた影響はそれとはまったく逆方向のものでした」

リストを置き、片手をポケットに突っ込んだ。

「さて、ときには敗者を見つけるほうが簡単な場合もあります。その当時は、これしかないという判断があったと思うのです。それに、もちろん馬は空売りすべきでしたね*」

カチッ。馬についてのスライドが映し出された。

＊　空売りするときには、株を借りて売る。その株が値下がりするほうに賭けることになる。株を安く買い戻すことで利益を得る。株価が上がると損をする。空売りはふつう危険が大きい。市場の長期の傾向に反して賭けるからである。

アメリカの馬の頭数
一九〇〇年　一七〇〇万頭
一九九八年　五〇〇万頭

「正直いって、この期間ずっとバフェット家が馬を空売りしてこなかったのは無念でなりません。敗者というのは、いつの世もいるものですなあ」

聴衆が小さな声でくすくす笑った。たとえいまは会社が損失を計上していても、自分たちは勝者だという確信が胸のうちで脈打っていた。天空に起こった重大な変化の先頭で、ハイテクの超新星は輝きつづける。

カチッ。つぎのスライドが現われた。

「二〇世紀前半のもうひとつの偉大な発明は、飛行機でした。一九一九年から三九年にかけて、約二〇〇社がありました。ライト兄弟のキティホーク号の時代にいたら、航空産業の未来をどう思い描いたでしょうね。夢にも思わなかったような世界がひらけたわけです。だれもが親類を訪れたり親類から逃げるために飛行機を使いたいと思っているのを見たら、先見の明のある人はこれぞ自分のやることだと判断するでしょう。既存の航空産業におけるすべての株への投資をひっくるめても、二、三年前の時点で、それまでにあげた儲けはゼロなのです。

ですから、卑見ながら申し上げよう。キティホークの時代に私がその場にいて、充分に先見の明があって、公共心が旺盛であったなら、オービル・ライトを暗殺していたはずだと。未来の資本家の利益のためにね(註22)」

また小さな笑い声。カビの生えた古い例にうんざりしているものもいた。だが、バフェットに敬意を表して、じっと話を聞いていた。

つぎは聴衆たちのハイテク業界の話題に移った。「新しい産業を売り込むのはすばらしいことです。売り込みやすいものですからね。ありきたりの製品に投資するよう売り込むのはたいへんです。部外者には難解な製品を売り込むのはたやすい。ことに損失をともなうものであってもそうです。量的指針がないからです」聴衆を刃物でえぐるような手厳しい言葉だった。「それでも、人間は性懲りもなく投資します。死んで天国へ行った石油探しの山師の話を思い出しますね。天国で聖ペテロにこういわれるんです。〝あんたを徹底して調べた。天国への必要条件はすべて満たしているんだが、ひとつだけ問題がある。ここには厳しい建築規制があってね。石油関係の山師はあっちの檻なんだが、見てのとおり満杯だ。あんたのはいる余地がない〟

すると山師がいった。〝ふたことみこと、いってもいいですか？〟

聖ペテロがいった。〝別にかまわんだろう〟

そこで山師は、手をメガホンにして叫んだ。〝地獄で石油が見つかったぞ！〟

もちろん檻の鍵がはずれて、石油探しの山師たちはいっせいに下におりていった。

聖ペテロがいった。〝うまい手を使ったな。それじゃ、ゆっくりしてくれ。がらがらになったからな〟

山師はしばし口ごもっていたが、こういった。〝いや、みんなといっしょに行きますよ。噂にも一分の真実ありっていいますからね〟(註23)

まあ、人間は株についてそんなふうに思っているもんです。噂にも一分の真実があると信じやすいものなんです」

少しばかり軽い笑い声が起きたが、きみたちは小噺の山師とおなじように噂にくっついていって地獄で石油を探そうとしている、というバフェットの皮肉に気づいて、すぐに静かになった。

藪のなかの鳥の寓話に戻って、バフェットは話を締めくくった。ニュー・パラダイムなどない、といい切った。最終的に株式市場の価値は、経済の生産高のみが反映される。

一枚のスライドを映写して、ここ数年、市場の評価が経済成長を大きく追い越してしまったことを浮き彫りにした。要するに、今後一七年間は、ダウ平均がほとんど伸びなかった一九六四年から八一年にかけての長い期間とどっこいどっこいかもしれない——むろん、大暴落しなければの話だ。「この期間でもっとも妥当なリターンは」バフェットはいった。「六パーセントあたりでしょう(註24)」ところが、最近のペイン・ウェーバーとギャラップによる調査では、投資家は一三パーセントから二二パーセントのリターンを望んでいるという(註25)。

バフェットは、スクリーンに近づいた。もじゃもじゃの眉毛を動かしながら、株式市場についての伝説的名著『投資家のヨットはどこにある?』から引用した裸の男と女の漫画を指差した(註26)。「男が女にいいます。〝言葉や絵ではバージンにきちんと説明できないことがあるものなんだ〟」聴衆はバフェットのいいたいことを理解した。インターネット関連株を買うものは、生娘みたいに〝やられちゃう〟。水を打ったように静かになった。だれも笑わなかった。忍び笑いも、含み笑いも、馬鹿笑いもなかった。

バフェットは素知らぬ顔で演壇に戻り、バークシャー・ハザウェイから持ってきた〝お土産袋〟の話をした。「分割所有のジェット機を販売しているネットジェッツを買収したところです。みなさんにガルフストリームⅣの四分の一の所有権を差しあげようと思ったんですが、こちらの空港に到着して周囲を見ると、それではみなさんにとって一歩後退になると気づきました」これには聴衆が笑った。バフェットはそこで言葉を継ぎ、宝石店で使われているルーペを差しあげることにしたといった。よその奥さんの指輪を調べるのに使うといいですよ――ことに三番目の奥さんの。

これが大受けした。聴衆が爆笑して拍手喝采した。やがて静かになった。不満が澱《おり》のようにわだかまっていた。株式相場の行き過ぎについて一九九九年のサン・バレーで説教するのは、風俗街で宣教師が福音を説くようなものだった。聴衆は演説に釘付けになっていたかもしれないが、よからぬ行為をやめる気になるとはかぎらない。

だが、価値ある話を聞いたと思ったものもいた。「すばらしい。株式市場の基本についての講義だった。一度ですべてが解き明かされた」と、ビル・ゲイツは思った。(註27) 割安株を探している多くのマネーマネジャーたちは、ほっとするとともに、心が洗われたような気がした。

バフェットは一冊の本を掲げた。「この本は、一九二九年の株式ブームの際に理論的裏付けになっていました。エドガー・ローレンス・スミスの『普通株の長期投資』は、株はいつでも債券より利益が大きいことを証明しています。その理由としてスミスは五つ挙げていますが、もっとも斬新なのは、利益をあげた企業が、その利益を投資にまわせるという主張です。それが再投資です――一九二四年にこんな斬新な提案があったんですよ！　しかし、私の師匠ベン・グレアムは、よくいっていました。〝まずいアイデアよりもいいアイデアのほうが、厄介なことになりやすい〟と。いいアイデアにも限界があることを忘れてしまうからです。ケインズ卿は自著のまえがきで述べています。〝過去から類推して未来の成果を期待するのは危険である〟と[註28]」

　ここ数年の株価上昇から推論してはならないという、先ほどの話題にようやく戻ったわけだった。「さて、私にこきおろされなかったかたが、どなたかおられますか？[註29]」間を置いた。返事を期待していたわけではなかった。だれも手を挙げなかった。

「ありがとう」といって、バフェットは話を終えた。

　〝褒めるときは名指しし、批判するときは分野の不特定多数を批判する〟というのが、バフェットの鉄則だった。そのスピーチは、刺激的なものであっても、相手を不快にさせるものではなかった――バフェットは自分がどう思われるかに気を配っていた。だれかを名指しで批判することはなかったし、ジョークも我慢してもらえるだろうと思っていた。自分の理論は論破できない強力なもので、たとえ真意が気に入られなくても、その力は認めてもらえると考えていた。それに、聴衆が落ち着かない気分になったとしても、そのことを口にすることはなかった。バフェットは最後まで質問に答えた。聴衆が立って、スタンディングオベーションでたたえた。どう見られたにせよ――投資についての考え方を浮き彫りにする名人芸か、あるいは年老いたライオンの最後の咆哮か――あらゆる基準からして名演説だった。

五年間好成績をあげれば優秀といわれる投資ビジネスで、バフェットは四四年のあいだトップを維持している。しかし、記録が伸びれば伸びるほど、疑問もふくらむ。バフェットはいつ衰えるのか？　いつ自分の時代が終わったことを認めるのか？　あるいは激しい変化によってトップの座から滑り落ちるのか？　いよいよその時が来たと思っているものもいる。パソコンのような重要な発明に、インターネットというテクノロジーの普及が重なると、さしものバフェットも倒れるかと思われた。だが、無料《ただ》で手にはいる情報を、バフェットはずっと見落としてきたようだし、迫りくる二一世紀の現実もはねつけている。「すばらしいスピーチでした、ウォーレン」と慇懃《いんぎん》につぶやく若きライオンたちが、そわそわと徘徊している。そんなわけだから、休憩時間の女性用洗面所でも、シリコン・バレーの妻たちが皮肉混じりの意見をいい交わしていた。（註30）

バフェットがただ間違っているというのではない。たとえ彼の予想がやがて正しかったと証明されたとしても――そうなると考えるものもいた――投資の未来を悲観的に予想するのは、これまでの伝説的な過去とあまりにも違いすぎる。バフェットの最初の全盛期、株は割安で、手づかみ状態だった。黄金のリンゴがだれにも拾われず道に転がっているのを、ひとりでせっせと見つけていた。歳月が流れるにつれてハードルが高くなり、投資がやりづらくなった。人より優位に立ち、だれも知らないことを工夫するのは、そう簡単にはいかない。だから、おれたちに説教するとは、バフェットは何様なんだ？と思うものたちもいた。こんどはおれたちの出番だ。この最高の市場からもぎとれるだけもぎとれるときに、儲けてはいけないなんて、なにをいってるんだ。

ゆったりした午後のあいだ、ハーバート・アレンの客たちは、最後のテニスやゴルフを楽しんだり、ダック・ポンド・ローンでのんびりおしゃべりをしていた。バフェットの古い友人たちは、彼のスピーチの成功に祝いの言葉を述べた。聴衆に訴える説得力のある話をしたと、バフェットは確信していた。記録に残るような堂々たる根拠をたくさん示したスピーチは、それまで一度もやったことがなかった。

人に好かれたいと思っているバフェットには、ささやきよりもスタンディングオベーションが印象に残った。しかし、納得していない人が多かったという見方もできる。そういった人々は、バフェットがハイテクブームに乗り遅れた言い訳をしていると見て、間違った予言や予測を口にしたことに唖然とした。バフェットの耳に届かないところでは、喧々囂々《けんけんごうごう》のやりとりがあった。「ウォーレンじいさん、船に乗り遅れたんだ。どう

してハイテクの波に乗れなかったんだろう？　ビル・ゲイツが友だちなのに」(註31)

数キロメートル離れたリバー・ラン・ロッジでは、その晩、ひそかに招待客のための閉会ディナーがふたたび開かれた。ハーバート・アレンが最後に話をして、一週間をふりかえりながら、さまざまな人々に感謝の言葉を述べた。やがてスージー・バフェットが、砂利の転がるビッグ・ウッド川に面した窓ぎわのステージにあがって、また古いスタンダード曲を歌った。そのあと客たちはサン・バレー・ロッジのテラスに戻って、オリンピックのスケート選手たちが土曜の夜のアイスショーでアクセルやアラベスクを演じるのを眺めた。

会議の終わりを告げる花火が夜空にあがるころには、サン・バレー99はまたもや、栄光に満ちたきらびやかな五日間という評判をものにしていた。しかし、参加者の多くの記憶に刻み込まれたのは、川下りでもアイスショーでもなく、株式市場についてのバフェットのスピーチ——三〇年来ではじめての予想——だった。

第3章 習慣の生き物

――一九九九年七月　パサデナ

バフェットのビジネス・パートナーのチャールズ・T・マンガーの姿は、サン・バレーのどこにも見あたらなかった。アレン&カンパニーの会議事務局もマンガーは招待していない。マンガーもそのほうがありがたかった。サン・バレーには、金を払ってでも出たくなかった。人を喜ばせようとする式次第になっている(註1)。人を喜ばせるのは、バフェットの役目だ。聴衆に手厳しいことをいうときですら、個人的には好かれるように気を配っている。かたやマンガーが望むのは敬意だけだったし、だれにくそ野郎と思われようが気にならなかった。

しかし、多くの人々はふたりの中身はほとんど同一だと見ている。バフェット自身も自分たちのことを、「ほとんど双生児」だという。ぎこちなく、よたよた歩くところまで似ている。おなじような硬い生地のグレーのスーツを着て、スポーツやアウトドアの活動をあまりやらず、本や新聞ばかり読んでいる人間らしく体が硬い。白髪をおなじような感じに梳《と》かしつけ、クラーク・ケントみたいな眼鏡もおなじなら、目に熱意のきらめきが宿っているのもそっくりだ。

考え方も似ていて、ビジネスは一生をかけて解決するパズルだと惚れ込んでいる。ふたりとも、合理性と正直が最大の美徳であり、興奮や自己欺瞞は過ちを犯す大きな原因だと見ている。成功の原則《ルール》を導き出すために、失敗の理由をじっくり考える。「私はずっと、逆の方向から知恵を探し求めるようにしている。偉大な代数学者カール・ヤコビの勧める集中したやり方で」とマンガーはいう。「逆から、つねに逆からです」賢い農民の寓話で、それを説明してくれた。農民はいう。〝私が死ぬ場所を教えてください。そうしたらそこへは行きません〟(註2)。マンガーはこれを比喩として使っているのだが、バフェットは字義どおりに受けとめる。マンガーの繊細な宿命観がバフェットにはない。ことに自分の寿命が話題の場合には。

しかし、ふたりとも説教熱に取り憑かれている。マンガーは、自分は「教師ぶっている」という。ときどき、人生に成功するコツについてスピーチをすると、その洞察力に感動した人たちから口づてにひろめられ、しまいにはインターネットでだれでも読めるようになるのだった。そういうスピーチに熱心になるあまり、バフェットにいわせると「自己陶酔」して、壇上から引きずりおろさなければならなくなることがあるという。

だが、マンガーはアマチュア科学者・建築家を自負していて、アインシュタイン、ダーウィン、合理的な思考の習慣、サンタバーバラの分譲地における理想的な住宅の間隔についてよどみなく解説するいっぽうで、自分がある程度時間をかけて学んでいる事柄から大きく離れた領域へは手をひろげないように用心している。ハーバード・ロースクール時代の同級生がいう〝靴ボタン・コンプレックス〟に陥るのを怖《おそ》れているからだ。「同級生の父親は、毎日おなじ人たちと通勤していた」マンガーはいう。「通勤仲間のひとりが靴ボタンの市場を独占した――ほんとうに小さい市場だが、それをぜんぶ握った。その男は、ありとあらゆる問題について、偉そうな態度で論じるようになった。靴ボタンの市場を制覇したことで、あらゆることの権威になったと思い込んだわけだ。ウォーレンも私も、そういう態度をとるのは大きな間違いだとつねに思っている」(註3)

バフェットは、靴ボタン・コンプレックスに陥る心配はない。鼻持ちならないやつだと見られたり、権威ぶっていると見られるのをなによりも怖れている。〝能力の範《サークル・オブ・コンピ》囲《タンス》〟と呼ぶものを自分のまわりに描いて、自分が間違いなく専門家だと思う三つの事柄――お金、ビジネス、自分の人生――の範囲にとどまる。

それでも、マンガーとおなじように自己陶酔することがないわけではない。マンガーは、場に合ったスピーチをするものの、話を終わらせるのが苦手だ。いっぽうバフェットは、結論を導くのは得意だが、説教をせずにいられない。

バフェットは、演説をする。記事を書く。論説を書く。パーティーに人を集めて教訓を垂れる。法廷で証言する。テレビのドキュメンタリー番組に出演し、テレビのインタビューに応じ、旅行にジャーナリストを同行させる。あちこちの大学で講義をする。大学生に遊びに来るようにという。家具店の開店、保険の電話販売センターの開業、ネットジェッツの顧客勧誘のためのディナーで、教訓めいたことをいう。フットボール選手と男同士の話をする。下院議員とランチを食べる。新聞の編集会議で社員の教育をする。自社の取締役会で教訓を垂れる。株主への手紙や株主との会議では、ことに教師の衣を身にまとう。バークシャー・ハザウェイは、バフェットの〝システィナ礼拝堂〟だ――もちろん芸術作品という意味ではなく、バフェットの信念の挿絵入り教科書で、マンガーはそれをバフェットの「説教中心の事業」と呼んでいる。

一九五九年に共通の友人を介してはじめて知り合ったときからずっと、ふたりはおたがいの最良の聞き役だった。客がふたりの話を聞くのに疲れ果てて席をはずし、テーブルでふたりきりになっても、べらべらとしゃべりつづけた。バフェットとマンガーは、そのときから何十年ものあいだ話をつづけてきた。やがて相手の心が読めるようになり、しゃべるのをやめて、テレパシーで伝え合った。だが、そのころにはふたりの話の聞き手は、友人たちからビジネスのパートナー、株主にまで拡大していた――そう、全世界がふたりの話を聞くようになっていた。バフェットのオフィスからよろよろと出てきた人々も、マンガーの演説を聞いてふらふらになった人々も、心のなかで自分の額をぴしゃりと叩き、「恐れ入った！」とつぶやく。とうてい歯が立たないと思っていた難問を解く糸口を、バフェットやマンガーが見抜いたからだ。しかし、時が流れて結果論で考えると、しごく当然の解決策だったとわかる。ふたりがどれだけ話をしても、ふたりの言葉への需要は高まるいっぽうだった。ふたりの人生におけるさまざまな物事同様、そういう役割などお安い御用だと、ふたりは気楽に引き受けている。長年の習慣で、それが身についている。

だが、習慣の生き物呼ばわりされると、バフェットは心外だという顔をする。「私はそうじゃない。でも、チャーリーは――チャーリーは習慣の生き物だよ」

マンガーは朝起きると、白内障の手術後に使う古めかしい分厚いレンズの眼鏡をかける。毎日おなじ時刻に車に乗り、父親のブリーフケースを助手席にそっと置き、パサデナからロサンゼルスのダウンタウンに向かう。[註4] 追越車線に変更するときには、バックミラーに映っている車の数を数え、追い越されるのを見ながら、はいり込める車間距離があるかどうかをたしかめる[註5]（ガソリンスタンドに寄るのを忘れた場合に備え、何年ものあいだトランクにガソリンの缶を入れていたが、この習慣だけはやめるようにと説得された）。ダウンタウンに着くと、古風で趣のあるアールデコ様式で砂色の煉瓦造りのカリフォルニア・クラブで——ときにはだれかといっしょに——朝食をとる。三階のエレベーター脇の壁から突き出たテーブルから新聞を何種類か取ると、ダイニングルームの一番テーブルにすたすたと歩いてゆく。クリスマスの朝にプレゼントの包装紙を剝がすみたいに乱暴に新聞をめくり、しまいにはそれがまわりに散らばっている。

「おはようございます、マンガーさん」ロサンゼルス財界の人々が、もうちょっと下級のメンバー向けのテーブルへ行くときに恭しく挨拶をする。マンガーが憶えていて、ふたことみことやりとりができると、彼らはうれしそうな顔をする。

マンガーは右目で彼らをじっと見る。左目は白内障の手術がうまくいかず、義眼にしている。[註6] しゃべりながら、周囲を見まわし、ようすを見てとるあいだ、左のまぶたは半分垂れ下がったままだ。首をまわして片目でぎょろりと見るせいで、いつも用心おこたりなく、何者をも見下しているような印象をあたえる。

ブルーベリーを食べ終えると、オフィスに向かう。自身が一九六二年に創立し、その三年後に辞めた法律事務所マンガー・トールズ&オルソンから借りている、質素で雑然としたオフィスへ行く。その番人が長年秘書を務めているドイツ系のドロシー・オバートである。科学書、歴史書、ベンジャミン・フランクリンの伝記などにくわえて、警句家にして辞書編纂者のサミュエル・ジョンソンの巨大な肖像画、最近取引した不動産の設計図や模型がある。窓ぎわには頭でっかちのフランクリンの胸像。そういったものに囲まれて、マンガーはくつろぐ。プロテスタントの中産階級の価値観を唱えながら、自分の好きなように人生を送ったフランクリンを、マンガーは尊敬している。フランクリンの言葉を引用することが多いが、ほかにもキケロやマイモニデスのような〝偉大なる死者〟の研究にも時間を割いている。バークシャー・ハザウェイの子会社ウェスコ・ファイナンシャルと、マンガーと彼のパートナーが支配する法律関係の出版社デイリー・ジャーナルも経営していた。家族や親しい友人やビジネス相手を除けば、おしゃべりをしようとしてやってくる連中は、ドロシーの難解で皮肉混じりの警句や意気をくじく言葉に出合うことになる。

マンガーはほとんどずっと四つの大義のために働いている。自分が決めたときには、びっくりするほどの気前のよさで援助する。しかし、〝くずの街〟と呼んでいる部分の人々への同情心は持ち合わせず、マンガーの慈善事業は、進化論者さながらに最優秀の人々を後押しするという形をとっている。グッド・サマリタン病院、ハーバード・ウェストレーク高校、ハンティントン図書館、スタンフォード大学ロースクールが、その恩恵を受けている。これらの組織は、マンガーのお金と献身には、それなりの説教と、〝チャーリー流〟に物事をやるようにという強要がともなっていることを承知している。

マンガーは、スタンフォード大学ロースクールの学生寮の建設に喜んで寄付するが、そのかわり大学は、部屋の広さ、窓の位置、寝室とキッチンとの距離をマンガーの指定したとおりにしなければならないし、駐車場も指定の場所に準備しなければならない。マンガーは、上流の人間には誇り高くふるまう義務があるという古めかしい考え方を信奉していて、寄付に際しては受益者のための条件が事細かに定められている。なにが最善であるかは、マンガーが知っているからだ。

ほかにもさまざまな活動を監督しているにもかかわらず、マンガーは早めに仕事を切りあげて、仲良し連中とロサンゼルス・カントリークラブでちょっとゴルフを楽しむこともままある。そのあとは、自分が設計したパサデナの自宅で妻のナンシーと食事をすることもあるが、長年の友人たちと、カリフォルニア・クラブかロサンゼルス・カントリークラブで食事をすることのほうが多い。一日の締めくくりは読書だ。八人の子供や義理の子供や孫たちと、ミネソタ州のスターアイランドにある山荘でしばしば休暇を過ごす。そこでは父親がそうだったように釣りに熱中する。大型の双胴船チャネル・キャット号に何十人も招待してもてなすこともある（ある友人はこの船を〝浮かぶレストラン〟と呼んでいる。おもにそういう使い方をする）。要するに、奇人のようではあるが、マンガーはまっとうな家庭人で、友人、クラブ、慈善事業が大好きなのだ。

バフェットも友人やクラブは好きだが、慈善事業にはほとんど関わっていない。バフェットのほうがずっと人間は複雑にできているが、生活はマンガーよりもはるかに単純だ。ほとんどずっとオマハにいるが、取締役会や友人を訪ねるといった日程が、月の満ち欠けみたいな悠然としたサイクルで進められる。地元にいるときは、四〇年近く住んでいる家からキューイット・プラザにあるオフィスまでの二・五キロメートルほどを車で往復する。そのオフィスも四〇年近くになるが、八時三〇分にはかつての父親のデスクに向かっている。そこで音を消したテレビをCNBCに合わせてつけ、デスクの山のような新聞を取りあげる。ときどきテレビを見ながら、デスクの印刷物をせっせと読んでゆく。《アメリカン・バンカー》《エディター&パブリシャー》《ブロードキャスティング》《ビバレッジ・ダイジェスト》《ファニチャー・トゥデイ》《AMベスト損害保険レビュー》《ニューヨーカー》《コロンビア・ジャーナリズム・レビュー》《ニューヨーク・オブザーバー》、株式・債券市場の尊敬するライターからのニュースレター。

そのあとは、バークシャー・ハザウェイの所有する企業からファックス、郵便、電子メールで届く、月、週、日ごとの報告書をじっくりと読む。そういった会社は毎年増えるいっぽうだ。ガイコが先週どれだけ自動車保険を販売したか、保険金をどれだけ払ったか。シーズ・キャンディーズがきのういくつ売れたか。刑務所から看守用制服の注文がフェックハイマー・ブラザーズに何着あったか。ヨーロッパとアメリカでのネットジェッツの貸し出し時間数はどれぐらいだったか。その他もろもろ——日よけ、充電器、電力、コンプレッサー、婚約指輪、リースのトラック、百科事典、パイロット訓練、住宅用家具、心肺機器、養豚小屋、船舶ローン、不動産情報、アイスクリームサンデー、ウィンチ、ガス、排水ポンプ、電気掃除機、新聞の広告、卵《エッグ》カウンター、ナイフ、レンタル家具、看護師の靴、電気機械部品。あらゆるもののコストと売上などの数字がオフィスに殺到し、それをバフェットはほとんどそらんじている。(註7)

空いている時間には、まだ投資していない数百社の決算書を食い入るように読む。興味があるからだが、買収する場合への備えでもある。

バフェットは政府高官や経営幹部などがオマハに詣でてくるようなとき、スチールブルーのリンカーン・タウンカーをみずから運転して、二・五キロメートルほどのダウンタウンを抜け、空港へ迎えにいく。この心づくしに相手はびっくりするとともに、すっかり魅了される。だが、一時停止の標識や信号をバフェットがほとんど意に介さず、しゃべりまくりながら頻繁に車線変更して走るので、すぐに気が気ではなくなる。のろのろ運転だから事故を起こしてもたいしたことはないといって、バフェットはこの注意散漫を正当化している。(註8)

バフェットはたいがいオフィスに客を案内して、自分の仕事人生を物語る記念品を見せる。それから腰をおろして身を乗り出し、客の質問や要望に耳を傾けながら手を組み、同情するように両眉を上げる。どの相手にもぶっつけ本番で機知を働かせ、ビジネスの提案にはすばやく決断を下し、真情のこもった助言をする。帰るときには、空港へ送ってゆく前にマクドナルドでランチを食べて、有名な政治家や大企業のCEOたちを驚かせる。

書類に目を通し、調査し、ときおり会議に出るあいま、電話は一日中鳴りつづけている。バフェットの番号にはじめてかけた人は、「もしもし！」という力強い声を聞いてびっくりし、それが本人だと気づくと、たいがいどぎまぎする。感じのいい秘書のデビー・ボサネクが、バフェットが受けきれなかった電話の伝言を伝えるために、オフィスを小走りに出入りしている。サイドキャビネットのもう一台の電話がときどき鳴る。そっちはトレーダーからの電話なので、即座に出る。「はいはい……うーむ……ああ……いくら……うーむ……やってくれ」といって、電話を切る。それからもう一本の電話に出るか、書類を読むか、ＣＮＢＣを見てから、五時三〇分きっかりに退社する。

家で待っている女性は、バフェットの妻ではない。一九七八年以降、いっぷう変わった三者の取り決めでいっしょに暮らすことになったアストリッド・メンクスについて、バフェットはなにひとつ隠し立てしていない。バフェット夫人のスージーも認めていることで、むしろこれは夫人が決めたといってもいい。それでいて、バフェットも夫人も、自分たちはれっきとした婚姻関係にあると強調し、バフェットの人生ではすべてがそうであるように、夫婦としてやることは予定どおりきちんとこなしている。この間、バフェットは公には、「私たち三人のことをよく知っていれば、納得してもらえるはずだ」と説明するにとどめている。(註9)たしかにそうかもしれないが、それでは好奇心を満足させるのは無理だ。なぜなら、スージーとアストリッドの両方をよく知っている人間などひとりもいないし、そもそもバフェットのことすらよくわかっていない。さまざまな人間関係をバフェットは別にしているが、ふたりとの関係も別にしている。それでいて、アストリッドとスージーは友だちなのだ。

夜はたいがい自宅でアストリッドといっしょに食事をする――ハンバーガーやポークチョップのようなものを食べる。二時間ほどして、毎晩インターネットでブリッジをはじめる。週に一二時間くらいはこれに割いている。テレビの音を聞きながら、コンピュータの画面に釘付けのバフェットを、アストリッドはほうっておくが、ときどきバフェットが、「アストリッド、コークを持ってきてくれ」と頼む。ゲームが終わると、ブリッジのパートナーで親しい女友だちのシャロン・オズバーグと電話でしばらく話をする。アストリッドはのんびり家事をする。一〇時になるとバフェットは再保険ビジネスを任せているアジート・ジャインと夜の電話会議をする。いっぽうアストリッドは街へ行って、朝刊の早版を買ってくる。それをバフェットが読んでいるあいだに、アストリッドがベッドにはいる。それが、世界有数の大金持ちの単純で平凡な暮らしらしい。

第4章　ウォーレン、どうしたんだ？

――一九九九年八月～一二月　オマハとアトランタ

バフェットの三〇〇億ドル強の全財産のほとんど――九九パーセント――は、バークシャー・ハザウェイの株式に投資されていた。市場の重量計のほうが投票計よりも重要だと、サン・バレーでバフェットは力説した。だが、投票計というオピニオンによって立場が高まったおかげで、バフェットの説は力を得たのだ。人々がバフェットの意見に耳を傾けるのは、金持ちだからだ。だから、市場は投資家を一七年ものあいだ失望させることがあると唱えるとき、(註1)自分が崖っぷちに立っていることをバフェットは重々承知している。それが間違っていたら、サン・バレーで笑い者になるだけではすまず、世界の億万長者ランキングでの順位が急降下するかもしれない。それに、バフェットはそういう順位をたいへん気にしている。

年間株価上昇率						
	1993年	1994年	1995年	1996年	1997年	1998年
BRK	39%	25%	57%	6%	35%	52%
S&P(註2)	10%	1%	38%	23%	33%	29%

一九九〇年代を通じて、BRK（バークシャー・ハザウェイの銘柄記号《ティッカー・シンボル》）は市場平均をしのぐ成績を収め、それによってバフェットの人望は急上昇した。一九九八年には一株八万九〇〇ドルの最高値をつけている。バークシャー・ハザウェイの一株で小さなコンドミニアムが買えるわけだが、これはアメリカの企業ではきわめて異例なことである。バフェットにとってこの株価は、自分の成功の単純明快な物差しになっている。一株七ドル五〇セントではじめて買ってからずっと、BRKは上昇カーブを描いている。一九九〇年代後半の市場変動は激しかったが、一九九九年までは右肩上がりにBRKを買った投資家を裕福にしつづけていた。

だが、バフェットはいま不人気銘柄の沈みゆくプラットホームに立ち、テクノロジーと通信株の上昇を見守っている。一九九九年八月、BRKは六万五〇〇〇ドルにまで落ち込んだ。毎年四億ドルの利益があがる定評のある大企業の適正株価とは？　損を出しつづけている新興中企業の適正株価とは？

・トイザラスは、年間売上一一〇億ドル、利益四億ドル
・eトイズは、年間売上一億ドル、損失一億二三〇〇万ドル

市場の投票計は、eトイズは四九億ドルの価値があり、トイザラスはそれよりも一〇億ドル安いと判断した。eトイズがインターネットの利用によりトイザラスを叩きつぶすという思い込みがあった。(註3)

市場にはちょっとした暗雲が垂れ込めていた。それはカレンダーにまつわるもので、専門家は一九九九年一二月三一日午前零時に大事件が発生すると予測していた。世界中のコンピュータの日付が二〇〇〇年以降に対応していなかったからだ。パニックを怖《おそ》れた連邦準備制度理事会（FRB）は、国内のATMがいっせいに停止した場合に現金が不足しないように、通貨供給量を増やしはじめた。このため、サン・バレー会議の直後、市場は独立記念日の打ち上げ花火みたいに急上昇した。ハイテク銘柄の多いナスダック総合指数に一月に一ドル投資していたなら、それが一ドル二五セントになった。BRKに投資したら、八〇セントにしかならない。一二月末、ダウ平均は二五パーセントの上昇で年を終えた。ナスダック総合指数は四〇〇〇ポイントを突破、八六パーセントとい

う信じられない上昇率だった。BRKは五万六一〇〇ドルまで下がった。それまで五年間ずっと市場をひっぱってきたBRKは、この数カ月のあいだに津波に飲み込まれた。

経済評論家たちは、一年以上ものあいだバフェットを過去の人、昔日の象徴だとして、からかいの種にしていた。そしていま、ミレニアムを目前にして、ウォール街の必読週刊紙《バロンズ》がバフェットを表紙に載せ、〝ウォーレン、どうしたんだ?〟という見出しをつけた。本文ではバークシャー・ハザウェイがひどく「よろめいている」と書いた。マスコミにこれほど批判の材料を提供するはめになるのは、いまだかつてなかったことだった。「そのうち変わるとわかっている」と、バフェットはいいつづけた。「いつかはわからないが」(註4)図太い神経が、反撃しろとがなりたてた。だが、バフェットはなにもしなかった。反応しなかった。

一九九九年の年末が近づくと、バフェットの流儀に従ってきた長年の〝バリュー投資家〟たちまでもが、投資をやめたり、ハイテク株を買ったりした。バフェットは買わなかった。内なるスコアカード――はるか昔に体に染みついた、投資判断にまつわる強靭な信念――のおかげで、気持ちが揺らぐことはなかった。

「私はシスティナ礼拝堂のなかであおむけになって天井の絵を描いているようなもんなんだ。〝いやあ、とってもきれいな絵ですね〟と人々がいってくれればうれしい。しかし、それは私の絵だから、〝青ではなくもっと赤を使ったほうがいいんじゃないか〟という人がいたら、さようならといってやる。私の絵なんだ。人がどういう値段をつけようが関係ない。この絵は永久に完成しない。それがすばらしいところだ。(註5)

人がどうふるまうかを大きく左右するのは、内なるスコアカードがあるか、それとも外のスコアカードがあるかということなんだ。内なるスコアカードで納得がいけば、それが拠り所になる。いつもこんなふうに説明する。〝世界一すばらしい恋人なのに、みんなには世界一ひどい恋人だと思われるほうがいいか？　それとも世界一ひどい恋人なのに、みんなには世界一すばらしい恋人だと思われるほうがいいか？〟。なかなかおもしろい問題だろう。

別のいい方もある。自分の出した結果が世界に見えないとき、世界最高の投資家だと思われているのに、実際には世界最悪の記録を残しているほうがいいか？　それとも、世界最悪の投資家と思われているのに、実際には世界最高の記録を残しているほうがいいか？

子供を教育すると、両親が重んじる事柄を子供はいち早く吸収する。世界にどう思われるかだけを重んじる親なら、子供は本来の自分のふるまい方を忘れてしまい、外のスコアカードに動かされるようになる。私の父は、内なるスコアカードが一〇〇パーセントの人だった。

つまり、徹底した一匹狼だったんだ。だが、一匹狼であることが目的の一匹狼ではなかった。人にどう思われるかを気にしなかっただけだ。人生をどう生きるべきかということは、父に教わった。父のような人にはその後、一度も会ったことがない」

第2部

内なるスコアカード

第5章 説教癖

——一八六九年～一九二八年　ネブラスカ州

新世界にやってきた最初のバフェット家の先祖ジョン・バフェットは、織物職人で、フランスのユグノーだったようだ。宗教的な迫害から逃れるために一七世紀にアメリカに渡り、ロングアイランドのハンティントンに農民として入植した。

アメリカでのバフェット家の最初期については、農民だったということ以外はほとんどわかっていない(註1)。だが、ウォーレン・バフェットの説教癖が一族の遺風であることは間違いない。最初の例はジョンの息子で(註2)、ロングアイランド海峡を船で北へ渡って、コネティカット州沿岸部の開拓地へ行き、山に登って異教徒に改宗を求める説教をしたといわれている。だが、グリニッジの無法者や追放者や不信心者が彼の言葉を聞いて悔い改めたとは思えない。なぜなら、即座に雷に打たれて死んだことが歴史に記されている。

数世代を経て、ロングアイランドのディクスヒルズに住む農民ゼブロン・バフェットが、バフェット家のもうひとつの特質――自分の親類に対して極端なまでにしみったれであること――を示す最初の例として、家系図に痕跡をとどめている。孫のシドニー・ホーマン・バフェットが、あまりにも給料が安いのに嫌気がさし、ゼブロンの農場で働くのをやめたという話が残っている。

痩せっぽちでのっぽのシドニーは、西のネブラスカ州オマハへ行った。母方の祖父ジョージ・ホーマンが、そこで貸し馬屋をやっていたので、それを手伝うことにしたのだ。(註3) 一八六七年のことだった。オマハは丸太小屋の多い開拓地だった。だが、南北戦争が終わって、変わりはじめていた。大陸横断鉄道が、ふたたび統一された国家の両端を結ぶところで、オマハは全鉄道の中心になるはずだった。ユニオン・パシフィック鉄道の開通によって、オマハでは商業の機運が一気に湧きあがり、西部開拓は神にあたえられた使命だとする意識も高まっていた。

シドニーは貸し馬屋を辞め、舗装された道のない町ではじめての食料品店をひらいた。堅気ではあるがささやかな商売で、果物、野菜、鳥獣を毎晩一一時まで商った。ソウゲンライチョウが一羽二五セント、ノウサギが一羽一〇セントだった。(註4) 祖父ゼブロンは、シドニーの行く末を案じて、助言の手紙をつぎつぎと送った。たったひとつの目立ったた例外を除けば、子孫はいまなおその原則《ルール》を守っている。

取引は几帳面にやること。反りが合わない相手もいるだろうが、そういう相手とはできるだけ取引をしないようにする……信用を大事にすること。それがお金よりも大切だ……商売をやるときには、ほどほどの儲けで満足するように。早く金持ちになろうとしてはいけない……死ぬまで健康第一で暮らしてほしい。(註5)

上昇機運に乗っている自由な場所で、ほどほどの儲けで満足するうちに、シドニーはしだいに店を繁栄させていった。(註6)イブリン・ケッチャムと結婚して、六人の子供をもうけ、そのうち数人は幼いうちに死んだ。生き残ったきょうだいのなかに、アーネストとフランクがいた。(註7)

〝アーネスト・バフェットは、その名のごとく真正直《アーネスト》な人物だった〟といわれている。(註8)一八七七年に生まれ、初等学校の八年生まで教育を受けると、一八九三年の恐慌のさなかに父親の店を手伝いはじめた。フランク・バフェットは、生真面目なアーネストとは違って奇矯なところがあり、太鼓腹の大男だった。ピューリタンの家族のなかでただひとり不信心者で、ときどき酒を飲んだ。

ある日、はっとするくらい美しく若い女性が、店に仕事を探しにきた。ヘンリエッタ・デュバルという名前で、意地悪な継母から逃れるためにオマハまでやってきたのだ。(註9)フランクとアーネストは、たちまち夢中になったが、美男子のアーネストが一八九八年にヘンリエッタを妻にした。結婚してから一年とたたないうちに長男クラレンスが生まれ、つづいて息子三人と娘ひとりが生まれた。この恋の鞘《さや》当てのあと、アーネストは父親シドニーと共同経営を行なうようになり、その後、独立して自分の食料品店をひらいた。フランクは一生のほとんどを独身で過ごし、ヘンリエッタが死ぬまで二五年間、アーネストとはひとことも口をきかなかったようだ。

アーネストの新しい店では、「働く時間は長く、賃金は安く、意見は鉄のように固く曲がらず、愚行は皆無だった」(註10)。こざっぱりしたスーツ姿のアーネストが、中二階の帳場から睨みをきかせて、店員が怠けないように見張りながら、「セロリをどうか早く送っていただきたい」と仕入れ先に慇懃《いんぎん》に要求する手紙を書いている(註11)。女性客には愛想がいいが、人を見る目は厳しく、いつも持ち歩いている小さな黒い手帳に、腹立たしい人間――民主党員や、つけを払わない連中――の名前を書き記す(註12)。世間は自分の意見を必要としていると確信していたアーネストは、各地の会議に出かけていって、おなじような考え方のビジネスマンとともに、国の情けない現状を嘆いた(註13)。「自分を疑うことのできない人物だった。つねに強調してものをいい、自分が最高だというのを相手が当然認めるものと思っていた」とバフェットは評している。

息子や嫁に宛てた手紙では、いつも現金をいくらか用意しておくようにと助言し、バフェット家は中産階級そのものだと表現している。

莫大な遺産を遺したバフェット家の人間はひとりもいないかもしれないが、なにも遺さなかったものもいなかった。稼ぎを使い果たすことはなく、つねに一部を貯めておいた。それでずっとうまくいっているのだ。(註14)

〝使う金はいる金よりもすくなく〟が、じっさいにバフェット家代々の標語であったかもしれない。そこに〝借金をつくらない〟という当然の結果がくわわる。ヘンリエッタもフランスのユグノーの家系で、夫とおなじように倹約家で意志強固で絶対禁酒主義だった。アーネストが店にいるときには、房飾りのついた四輪馬車に子供たちを乗せ、農場を一軒一軒まわって小冊子を配った。

バフェット家は一介の商人で、豪商や知識人の階層ではなかったが、オマハに居を定めた開拓者として、自分たちの地位を強く意識していた。一族にはまだ大学を出たものがいなかったので、ヘンリエッタは、息子四人と娘ひとりには大学を出てほしかった。男の子たちは幼いころは店で働かされた。やがて、クラレンスは地質学を専攻し、石油業界に職を得た。(註15)次男のジョージは、化学で博士号を得て、東海岸に移住した。その下のハワード、フレッド、アリスは、すべてネブラスカ大学を卒業した。フレッドは家業を継ぎ、アリスは家庭科の教師になった。

三男でウォーレンの父にあたるハワードは、一九〇三年に生まれた。一九二〇年代はじめのセントラル高校で、のけ者《アウトサイダー》になったように感じたという嫌な思い出がある。オマハは、家畜一時飼育場《ストックヤード》や銀行や百貨店を所有しているごく少数の一族や、当時は禁酒法によって閉鎖されていたビール醸造所の富を受け継いだ人間によって牛耳られていた。「私の服はほとんどが兄たちのおさがりだった。こっちは商店主の息子で、新聞配達をしている。高校の男子学生友愛会《フラタニティ》の連中は、こっちを見向きもしなかった。仲間とは見なされなかった」冷遇されたことを、ハワードは強く意識し、生まれながらの階級や特権への激しい嫌悪が焼きついた。(註16)

ネブラスカ大学で、ハワードはジャーナリズムを専攻し、大学新聞の《デイリー・ネブラスカン》に参加した。実力者の動向を報じたいというアウトサイダーの嗜好と、政治に熱中する一族の性向が、そこでうまく嚙み合った。ほどなくハワードは、リーラ・

スタールと出会う。リーラは家庭の事情からやはり新聞に興味を持ち、社会階層についての意識も強かった。

リーラの父ジョン・スタールはドイツ系アメリカ人の子孫で、感じのいい丸顔の小柄な男だった。バッファロー革の膝かけをかけ、一頭立ての軽装四輪馬車でネブラスカ州カミング郡に地方教育委員会の教育長として出張していた。（註17）一族の歴史によれば、マリオンという息子ひとりとバーニス、リーラ、イーディスという娘三人をもうけてくれた妻のステラにぞっこんだったという。ステラはイギリス人の子孫で、ドイツ系アメリカ人の垢抜けない主婦たちが住むネブラスカ州ウェストポイントでの暮らしがつらく、情緒不安定になった。一九〇九年にステラは神経衰弱になった。ステラの母親のスーザン・バーバーは〝精神に異常をきたした〟と診断されてネブラスカ州立精神病院に入院し、一八九九年にそこで亡くなっているから、家族の不吉な歴史のくりかえしかと思われたに違いない。言い伝えによれば、ステラが火かき棒を持ってイーディスを追いまわすということがあってから、ジョン・スタールは子供たちの世話をするために出張をあきらめたという。ステラは明かりを消した部屋に閉じこもることが多くなり、鬱《うつ》状態で髪を引きむしった。そうやってひとりきりになっていないときには、夫や子供たちに残忍な態度をとった。（註18）母親と子供たちだけにしてはおけないと悟ったスタールは、家で働けるように《カミング郡民主党員》という新聞を買収した。リーラが五歳のころから、三人の姉妹で家事のほとんどをやり、父親の新聞製作を手伝った。活字を組むことを通じて、リーラは綴りを憶えた。一一歳のときにはライノタイプ鋳植機《ちゅうしょくき》で組んだ版を輪転機にかけて印刷できるようになっていた。金曜日にはいつも学校を休んだ。木曜の晩に新聞を発行しなければならず、そのために頭痛を起こすせいだった。ネズミだらけの家の仕事場の二階で暮らしていた一家は、弁護士になるために勉強している頭のいい兄マリオンに、すべての希望を託していた。

第一次世界大戦中、スタール家の苦難はいや増した。《カミング郡民主党員》が、ドイツ系アメリカ人の町でドイツに批判的な論調をとると、購読者の半分がやめて、《ウエストポイント共和党員》に切り替えた——スタール家は財政難に陥った。ジョン・スタールは、民主党の大物政治家ウィリアム・ジェニングス・ブライアンの熱心な支持者だった。二〇世紀初頭、ブライアンはその時代のもっとも重要な政治家で、大統領に当選してもおかしくなかった。最盛期には一種の〝ポピュリズム〟の立場をとり、もっとも有名な演説でつぎのように述べている。

国家による統治にはふたつの考え方がある。いっぽうは、富裕層をつくりあげて、その豊かさが下へと浸透するような法制を目指すものだ。民主党の考え方は、大衆を豊かにするような法制を敷けば、それが大衆の上のすべての階層へと上がってゆくというものだ。(註19)

スタール家の人間は、自分たちは大衆の一部だと考えていた。ほかの階層はその上に乗っている。その重荷に耐える力は、けっして強くはなかった。一九一八年、一六歳になる長女バーニス——IQ一三九なのに、姉妹のなかでいちばん頭が悪いと思われていた——が、生きる意欲を失ったようになった。バーニスは、祖母や母親とおなじような病気になって、祖母のようにネブラスカ州立精神病院で死ぬと思い込んでいた。(註20)この時期、家庭生活がめちゃめちゃだったことはリーラの進学の遅れが物語っている。父親を手伝うために、リーラは大学入学が二年遅れた。ネブラスカ大学リンカーン校で一学期学んだあと、また手伝いのために一年間家に帰っている。(註21)エネルギッシュで、姉妹のなかでいちばん頭がいいと見なされていたリーラは、その後、この話を違うふうにいい表わし、家族にはなにも問題はなかったが授業料を稼ぐために三年のあいだ休学したといっている。

一九二三年に入学したとき、リーラには周囲も認めるはっきりとした大望があった。

それは夫を見つけることだった。すぐに大学新聞の編集部へ行き、仕事はないかとたずねた。(註22) 柔らかな茶色の髪をボブにしていて華奢な体つきのリーラは、春のコマドリみたいにちょこまかと立ち働いた。愛嬌のある笑みが、鏃《やじり》のように鋭い双眸《そうぼう》を和らげていた。《デイリー・ネブラスカン》のスポーツ担当から編集長へと昇格していたハワード・バフェットは、即座にリーラを雇った。

黒髪の美男子で教授のような雰囲気のあるハワードは、ハーバード大学やエール大学の名誉団体にならって創設された、わずか一三人の優秀な学生だけが加入できるイノセンツという団体のメンバーだった。一三代までのインノケンティウス（ローマ教皇）にちなんで命名されたイノセンツは、悪と戦う闘士を自負していた。学年末の舞踏会や同窓会も主催した。(註23) そんな大物学生のハワードを見出したリーラは、すぐさま彼を捕まえた。

卒業を控えていたハワードは、どういう方面に進むかを父親と相談した。ハワードはお金にはあまり興味がなかったのだが、アーネスト(註24)の強い勧めもあり、志は高いが収入のすくないジャーナリズムはやめて、保険会社にはいるためにロースクールに行くことにした。

新婚の夫婦は、オマハにある四部屋の白塗りの小住宅に越した。アーネストが結婚祝いとして、食料品と日用品を山ほど運んできた。リーラは家中の家具を三六六ドルでそろえた――〝卸値〟程度で買った、とリーラはいっている。(註25)リーラは自分のエネルギーや野心、ハワードよりも格段に優れている数学の才能を、夫を出世させるために注ぎ込んだ。(註26)

一九二八年はじめ、長女のドリス・エレノア・バフェットが生まれた。(註27)その年末にバーニスが神経衰弱になって、教師の仕事を辞めた。だが、リーラは母親や姉をさいなんだ気鬱とは無縁のようだった。つむじ風のようなエネルギーを発散させて、何時間でもしゃべりつづけた（おなじ話のくりかえしが多かったとはいえ）。ハワードはリーラを〝大竜巻〟と呼んでいた。

ふたりの新婚生活が落ち着くと、リーラはハワードをファーストクリスチャン教会に入信させ、教会の執事になったときには〝日記〟にそのことを誇らしげに書いている。(註28)依然として政治に関心の深かったハワードは、一族に共通する説教癖を示すようになっていた。やがて、リーラは夫の新しい政治活動に合わせて転向し、熱心な共和党支持者になっていた。〝アメリカ国民の最大の仕事はビジネスである〟(註29)と唱えるカルビン・クーリッジ大統領をふたりは絶賛し、規制を最低限にする小さな政府が望ましいという信念にも賛同していた。クーリッジは減税を実施し、アメリカ先住民には市民権をあたえたが、寡黙な人で、あまり目立とうとしなかった。一九二八年に商務長官ハーバート・フーバーが次期大統領に選ばれ、クーリッジの企業重視の政策を踏襲すると確約した。クーリッジ政権下で株式市場は好調だったので、フーバーがそれを持続してくれるものと、バフェット家は期待していた。

ウォーレン・バフェットは語る。「子供のころ、いいことばかりに囲まれていた。いろいろおもしろい話をする人たちがいる家だったのは、ありがたいことだった。それに、両親は知的で、私はいい学校に行けた。あれほど理想的な親はほかにはいないと思う。それがとても大切なことだった。両親から財産をもらってはいないし、もらいたくもなかった。でも、生まれた場所と時期がすばらしかった。いってみれば、〝卵巣の宝くじ〟で大当たりしたんだ」

バフェットはいつも、自分の成功の大部分を運のおかげにする。しかし、家族のことを回想する段になると、自分なりの現実をつくりあげるようだ。あれほど理想的な親はいないというのは、いささか疑わしい。子供を育てるときに親が内なるスコアカードを持っていることが重要だという話をするとき、バフェットはいつも父親の内なるスコアカードを引き合いに出す。けっして母親のことはいわない。

第6章 バスタブ障害物競走

——一九三〇年代　オマハ

一九二〇年代、シャンパンの泡のようにうわついた株式市場が、一般市民をはじめて投資に引き込んだ。(註1) 一九二七年、ハワード・バフェットはそれにくわわろうと、ユニオン・ステート銀行の株式仲買人《ブローカー》の職に就いた。

お祭り騒ぎは二年後にしぼんだ。一九二九年一〇月二九日、いわゆる〝暗黒の火曜日《ブラック・チューズデー》〟に、市場は一日にして時価総額で一四〇億ドルを失った。(註2) アメリカの連邦国家予算の四倍に相当する富が、数時間のうちに消滅したことになる。(註3)

破産と相次ぐ自殺のさなか、人々は現金を貯め込み、株には見向きもしないようになった。(註4)

「父がつぎに売買できたのは四カ月後だった。最初の手数料は五ドルだった。母は夜、路面電車に乗っていっしょに出かけてゆき、父が訪問販売をしているあいだ、外で待っていた。父が落ち込んで家に帰ってくることがないように」

大暴落から一〇カ月後の一九三〇年八月三〇日、ハワードとリーラの第二子、長男のウォーレン・エドワード・バフェットが生まれた。五週間の早産だった。

家計が心配になったハワードは、家業の食料品店に雇ってもらえないかと思い、父親に会いにいった。バフェット一族のものは、ほかに仕事があるものもくわえて、店で毎週割り当てられた仕事をしていた。フルタイムで働いていたのはフレッドだけだったが、給料はほんとうに安かった。(註5) アーネストはハワードに、もうひとりの息子に給料を出す余裕はないと告げた。

ほっとしたようなところもあった。ハワードは店で働くことから「逃げて」いたし、二度と店に戻りたくはなかった。(註6) しかし、家族を飢えさせてしまうのではないかと心配になった。「食べ物のことは心配するな、ハワード」アーネストがきっぱりといった。「つけを溜めてもかまわん」

「祖父はそういう人間だった」とウォーレンはいう。「〝つけを溜めてもかまわん〟」アーネストは、家族を愛していないわけではなかった。「でも、愛情をもっとしょっちゅう見せてほしかった」

「ウェストポイントの実家に戻ったほうがいい」ハワードはリーラにいった。「そうすれば一日三度の食事ができる」だが、リーラはとどまった。路面電車の切符代を節約し、歩いて〈ロバート牛乳店〉のつけを払いにいった。コーヒーを交替で用意するための二九セントが工面できなかったので、教会の集まりに行けなくなった。(註7) バフェット一族の店のつけを溜めたくなかったので、ハワードを食べさせるために自分が食事を抜いた。(註8)

ウォーレンの満一歳の誕生日の二週間前にあたる土曜日、ダウンタウンに行列ができていた。三七、八度の暑さのなか、人々は汗を流しながら、信用に不安のある地元銀行から預金を下ろそうとならんでいたのだ。早朝から午前一〇時まで、列がのろのろと進むあいだ、自分の前に何人ならんでいるかを何度も数え、心のなかで金融の神のロザリオをまさぐっていた。神さま、どうか私の番までお金を残しておいてください。(註9)

その祈りが聞き届けられるとはかぎらなかった。その月に銀行四行が破綻し、預金者は払い戻しができなくなった。ハワード・バフェットが勤めていたユニオン・ステート銀行もそこに含まれていた。(註10) ウォーレンは一族の言い伝えを述べる。「一九三一年八月一五日、父は銀行へ行った。父の誕生日の二日後だったが、行ってみると閉まっていた。仕事はないし、お金はその銀行にある。幼い子供ふたりを養わなければならない。(註11) どうしていいかわからなかった。すぐに仕事が見つかるわけもなかった」

だが、二週間後にハワードとふたりのパートナー、カール・フォークとジョージ・スクレニカは、証券会社バフェット・スクレニカ&カンパニーを開業するための申請書を提出した(註12)。じつに一匹狼的な決断だった——だれも株を買いたがらない時期に、株式仲介業《ブローカー》をはじめようというのだ。

三週間後、イギリスが〝金本位制〟を離脱した。* 債務超過に陥っている国の財政破綻を避けるために、通貨発行量を増やして債務を返済するという手段に出たのである。当時、世界でもっとも信用されていて流通していた通貨の発行国が、〝赤字小切手を切りますが、受け取るかどうかはそちらの自由ですよ〟といったようなものだ。金融制度の信用がたちまち打ち砕かれた。世界中の金融市場が暴落した。

すでにふらついていたアメリカ経済のエンジンが止まり、まっさかさまに墜落した。その渦に吸い込まれるように銀行がつぎつぎと破綻した(註13)。だが、この大渦巻のさなか、ハワードの会社は成功を収めていた。最初の顧客は、ほとんどが一族の知り合いだった。ハワードは、公共事業株や地方債のような安全な証券を売っていた。開業してから一カ

* 当時は政府の保有する金の量が、通貨発行量を左右していた。〝金本位制〟は、政府が通貨発行量を増やすことによるインフレを抑止していた。

月のあいだ、金融パニックが世界にひろまっていたが、ハワードは手数料で四〇〇ドルを稼いだし、会社は利益をあげていた。(註14) その後も預金者のお金が消滅し、銀行の信用ががた落ちになるなか、ハワードは地歩を固めるのに役立った保守的な投資にこだわりつづけ、着実に顧客を増やし、会社を成長させた。(註15)

一家の運が好転した。やがて、ウォーレンの二度目の誕生日がめぐってくる一九三二年の三月、一歳八カ月のチャールズ・リンドバーグ・ジュニアが誘拐されて殺害された。〝孤高の鷲〟の赤子の誘拐は、〝キリストの復活以来の大事件〟だったと、批評家のH・L・メンケンは述べている。国中が誘拐をむやみと怖《おそ》れるようになり、誘拐の恐ろしさを親が子供たちに吹き込んだ。バフェット家も例外ではなかった。(註16) そのころハワードは、リーラが救急車を呼ぶほどひどい発作を起こしていた。メイヨ・クリニックがその後、心臓病という診断を下した。(註17) そのときから、生活に制限がくわえられるようになった。重いものを持ってはいけないし、走ったり泳いだりするのも禁じられた。リーラにとって、ハワードはなくてはならない存在だった――なにしろ、ライノタイプ鋳植機や輪転機を動かす惨めな運命から救い出してくれた美しい王子様なのだ。そのハワードの身になにかが起きるかと思うと、リーラはさぞかし恐ろしかったに違いない。

ウォーレンはそのころから用心深い子供で、歩き出したときも膝を曲げて地面からあまり離れないようにしていた。母親に教会の集まりに連れていかれるようになると、母親の足元におとなしく座っていた。ウォーレンの気をまぎらすのに、母親はその場その場で思いついたものを玩具としてあたえた。たとえば歯ブラシをあたえると、ウォーレンは二時間ほどじっと眺めている。(註18)棒と刷毛でできているそれをじっと眺めて、いったいなにを考えていたのだろう？

その年の一一月、アメリカが危機から抜け出せない状態にあるとき、フランクリン・デラノ・ルーズベルトが大統領に選ばれた。特権階級で庶民のことなどなにも知らない人物だから、アメリカの通貨をだいなしにして、国を荒廃させるに違いないと、ハワードは考えていた。(註19)最悪の事態に備え、ハワードは砂糖の大袋を地下室に貯蔵した。ビジネススーツを着た当時のハワードは、すこし若々しいクラーク・ケントのような風貌だった。近眼なので鉄縁眼鏡をかけ、黒い髪で額が広く、誠実な笑みを浮かべて、物腰もやわらかい。だが、政治のこととなると激昂し、夕食のときにはその日のニュースを大声で批評する。夕食が終わると、偉大な怖い父親が居間のラジオのそばにある革の肘掛け椅子に座って、夕刊や雑誌を何時間も読みふけるのを、ドリスとウォーレンは見ていた。

バフェット家では、夕食の席で政治、金、哲学を論じるのはよくても、情緒的なことは許されなかった。[註20] 親があまり愛情をあらわにしない時代だったとはいえ、ハワードとリーラの温かみのなさは際立っていた。バフェット家ではだれも〝愛している〟とはいわなかったし、子供たちにキスをして寝かしつけるということもなかった。

しかし、家族以外の人々にとって、リーラは非の打ちどころのない母親であり、妻であった。元気がよくて、明るくて、母親らしく、やさしく、〝おしゃべり〟だと人は評していた。[註21] リーラは自分の生い立ちの話をするのが好きで、かんばしくない部分は糊塗してしまい、すばらしいクリスチャンの両親に育てられて幸運だったといういい方をした。自分とハワードの苦労話をするのも好きだった――学費を稼ぐために自分が大学を三年間休学したことや、ハワードが四カ月間も株を売れなかったことだ。神経痛の発作（偏頭痛と間違われることがある）は、子供のころにライノタイプ鋳植機を力いっぱい打たなければならなかったせいだともいった。[註22] とはいえ、なんでも自分がやらなければならないとでもいうように、がむしゃらに働いた。人を訪ねるのも、クッキーを焼くのも、メモをとるのも、人一倍やった。妊娠中は、せっけんのにおいを嗅いで朝の吐き気をこらえながら、ひとりで家族の食事をこしらえた。[註23] ほかのことはさておいてもハワードのためならなんでもやるというのが、リーラの姿勢だった。「リーラは自分を犠牲にしていたわ」と、義妹のケイティ・バフェットはいう。[註24]

だが、リーラの責任感と犠牲には、別の暗い側面があった。子供たちを叱り、恥を知れとののしるのだ。毎朝ハワードが路面電車で出勤し、ドリスとウォーレンが遊んでいるか服を着ているると、突然リーラが爆発する。声の感じで導火線に火がついたとわかることもあったが、たいがいなんの前触れもなかった。

「いつも私たちのやったことや、いったことのせいで、急に炸裂して、しばらく収まらない。それまでの罪がすべて持ち出される。とにかく延々とつづくんだ。神経痛のせいだと母はいうこともあったが、よそではけっしてそういうところを見せなかった」

怒り狂っているとき、リーラは子供たちを何度も罵倒する。いつもおなじだった。子供たちの暮らしを、自分の犠牲と比べた。おまえたちは役立たずで、恩知らずで、わがままだ。恥を知りなさい。ほんとうの欠点、想像上の欠点を、あらいざらいとがめた。ほとんどの場合、責められるのはドリスで、リーラはおなじことを一時間以上くりかえす。二時間に及ぶこともあった。ふたりの子供が「打ちのめされて」あられもなく泣き出すまでやめなかった、とウォーレンはいう。「相手を泣かせないと満足しないの」とドリスはいう。ウォーレンは、姉を守ることもできず、自分が標的になりたくないので、母親の爆発を見ているしかなかった。計算ずくの攻撃で、ある程度自分で抑えがきいていたようではあったが、親として自分のそういう態度をどう思っていたかは定かでなかった。だが、それをリーラがどう思っていたにせよ、ウォーレンが三歳になり、バーティという愛称の妹ロバータ・バフェットが生まれたころには、「取り返しがつかなくなっていた」とウォーレンは、ドリスのことも代弁して語っている。心の傷が深く刻まれてしまっていた。

リーラの暴発を父親が察しているのはわかっていたが、子供たちは父親に助けを求めなかった。「ママは戦いに備えているぞ」といって、もうすぐ怒り出すことを教えることはあっても、ハワードは干渉しなかった。リーラの爆発はたいてい、ハワードの耳に届かないところで行なわれていたし、ハワードが標的になることはなかった。ハワードは子供たちを救いはしなかったものの、ハワードの存在は安全を意味していた。そばにいさえすれば心配がなかったからだ。

バーカー・アベニューのこぢんまりとした白い住宅の外では、ネブラスカは無法化していた。ウォーレンが三歳になるころまで、オマハでは酒の密造が横行していた。(註25) 農業地帯では、借金の担保にしたほとんど無価値の農地を差し押さえられそうになった農民たちが立ちあがり、市民的抵抗を行なった。(註26) 農民五〇〇〇人が州都リンカーンでデモを行ない、狼狽した州議会はあわてて債務支払猶予法案を成立させた。(註27)

一九三三年一一月、冷たい風が太陽に灼《や》かれた西部の山肌から砂塵を激しく巻きあげ、それが黒い雲となって、時速一〇〇キロメートルというすさまじい速度で東のニューヨークにまで飛んでいった。《ニューヨーク・タイムズ》はこれをクラカトアの火山噴火になぞらえた。砂塵嵐の年が、それから何年もつづいた。(註28)

二〇世紀最悪の旱魃《かんばつ》のさなか、リーラは毎朝ポーチの赤茶けた土を掃き出した。ウォーレンの四歳の誕生日には、赤い土がバフェット家のポーチを埋め、パーティーテーブルの紙皿やナプキンが風に吹き飛ばされた。(註29)

砂塵とともにすさまじい猛暑が何年もつづいた。一九三四年夏、オマハの気温は摂氏四七度を記録している。ネブラスカのある農民は、自分の牛が遠い刈り株畑の割れ目にはまっているのを見つけた。からからに乾いた大地に亀裂ができ、そこに落ちて出られなくなったのだ。(註30)家にいるとオーブンで焼かれているようなので、裏庭で寝たり、セントラル高校の校庭でキャンプしたり、ジョスリン美術館の芝生で夜を過ごしたりするものも多かった。ウォーレンは水浸しにしたシーツをかけて眠ろうとしたが、なにをやっても、二階の部屋に蒸気みたいに立ちこめる熱気を冷ますことはできなかった。

一九三四年の記録的な猛暑(註31)や旱魃でバッタが大発生し、からからに乾いたトウモロコシや小麦を刈り株になるまで食べ尽くした。(註32)リーラの父親ジョン・スタールは、その年に発作を起こした。ウェストポイントの祖父の家へ行ったとき、貪欲なバッタの羽音がたえず聞こえていたのをウォーレンは憶えている。ひどいときには柵の杭や干してある洗濯物まで食べた。最後には共食いをしたり、トラクターのエンジンをだめにしたりした。雲のように群れて、車も見えないくらいだった[註33]。

一九三〇年代はじめは、不安の時代だっただけではなく、じっさいに恐ろしいことが多かった[註34]。経済は悪化していた。その時代のもっとも凶悪な犯罪者たち――アル・カポネ、ジョン・デリンジャー、ベビーフェイス・ネルソン――を真似たやからが、中西部に殺到し、すでに弱体化していた銀行を襲撃した[註35]。親たちは、砂塵嵐で家を失って放浪している人々のことが心配だった。狂犬病が蔓延するおそれがひろまり、子供たちが家のなかに閉じ込められることもあった。ポリオ（小児麻痺）が懸念されて、夏には公共のプールが閉鎖された[註36]。それでもネブラスカ人は、苦難には歯を食いしばって楽天的に立ち向かうことを、生まれたときから叩き込まれている。バフェット家の幼い子供たちは、学校にあがり、友だちと遊んだ。食べ物を持ち寄って近くにピクニックへ行くと、気温三五度以上もあるなかで何十人もの子供たちと走りまわった。父親はみんなスーツを着ていたし、母親はワンピースにストッキングをはいていた。

近所の人々は苦境にあえいで生活水準を落としていたが、食料品店主の息子のハワードは、安楽に暮らせる中流階級《ミドルクラス》のなかほどまで一家を押しあげていた。「苦しい時代でも、私たちは着実に努力していた」とバフェットは回想する。「極端なくらい質素なやり方でね」質素というのは謙遜にすぎるかもしれない。〈バフェット&サン食料品店〉のトラックを運転する週給一七ドルの仕事に五〇人が列を成しているとき、ハワードはかたくなに訪問販売をつづけ、いまではバフェット&カンパニーと社名を変えた証券会社を成功させていた。(註37) 路面電車の暴力的なストのために、オマハではしばらく戒厳令が敷かれたが、ハワードは新車のビュイックを買った。地元の共和党で政治活動もしていた。ずっと父親を崇拝していたドリスは、七歳のときに父親の未来の伝記を書こうと思い立ち、ノートの表紙に〝ハワード・バフェット、政治家〟と書いた。(註38) 一年後、まだ大恐慌の余波が残っているときに、ハワードはオマハ郊外のダンディーにそれまでの家よりも大きい煉瓦造りのチューダー式建築風の二階家を建てた。(註39)

引っ越しの準備をしているとき、リーラは兄のマリオンが完治できない癌にかかっているという知らせを受けた。三七歳のマリオンは、ニューヨークで弁護士として成功していた。「マリオン伯父さんは、母の実家の自慢の種だった」(註40) バフェットはいう。明るい性格で一族の名声を受け継いでくれる希望の星でもあった。その一一月にマリオンが子供を残さずに亡くなったことが、一家を打ちのめした。つぎの悪い知らせは、リーラの父ジョン・スタールがその年にまた発作を起こして衰弱したことだった。家で介護していた長女バーニスは、ますます落ち込むことが多くなった。教師をしている三女イーディスは、三人姉妹のなかでもっともかわいらしく勝気で、自分が三〇代になるかバーニスが結婚するまで独身でいると決意していた。だが、頭がよく世知にたけたリーラは、実家の災難に巻き込まれまいとした。なにがなんでもやり抜くつもりだった。ふつうの暮らしを築き、ふつうの家庭をつくりたかった。(註41) リーラは、引っ越しと新しい家具をそろえる準備をした。大きな進展は、パートタイムの家政婦エセル・クランプを雇う余裕ができたことだった。

母親としての経験も積み、一家も栄えるようになると、リーラは末っ子のバーティとは健全な関係を結ぶことができ、爆発の回数も減った。母親が癇癪《かんしゃく》持ちだというのをバーティは知っていたが、愛されていると感じたという。ウォーレンとドリスは、そう感じたことはない。しかもバーティがかわいがられているのだから、みじめさはつのるばかりだった。(註42)

新しい家は一家の発展を示していたものの、リーラが子供たちにあたえる贈り物は、思い出に残らない実用的でつましいものや、返品不可のセール品の服や、最低限の必需品ばかりだった——子供の空想に応えるものは皆無だった。ウォーレンは楕円形の線路をぐるぐるまわるだけのHOゲージの模型列車を持っていて、ダウンタウンの〈ブランダイス百貨店〉で見たもっと精巧なものがほしくてたまらなかった。何台もの機関車が曲がりくねった線路を走り、信号や閃光灯のあいだを通り、雪に覆われた山を越えてはトンネルにはいり、小さな村を通過して、松林に見えなくなるというような模型だった。しかし、それが載っているカタログを買うのが精いっぱいだった。

「ちっちゃな楕円形の線路しか持っていない子供がそういうものを見たら、度肝を抜かれる。一〇セント出して模型列車のカタログを買い、じっと空想にふけるんだ」

内気な子供だったウォーレンは、模型列車のカタログを何時間も眺めていればそれでよかった。しかし、学校にあがる前には、友人のジャック・フロストの家に「隠れた」ことがあった。ジャックのやさしい母親へイゼルに、子供ながらに「思いを寄せた」のだという。時がたつにつれて、近所や親戚の家で過ごすことが多くなっていった（註43）。好きな親戚は父親ハワードの妹アリスだった。背が高い女性で、未婚のまま父親の家で暮らし、家庭科を教えていた。叔母アリスはウォーレンを温かく包み込んだ。ウォーレンのやることになんでも興味を示し、やる気を起こすように配慮した。

幼稚園にはいった（註44）ころのウォーレンの趣味や興味は、数にまつわるものだった。六歳ごろには秒単位で正確に時間をはかるのに熱中し、ストップウォッチをほしがった。アリスは抜け目なく、そんな大事な贈り物をあたえるときにはいつも条件をつけた。「アリス叔母さんは私にぞっこんだった」バフェットはいう。「でも、いくつか条件をつけた。アスパラガスを食べなければならない、というようなことだ。そう仕向けられた。でも、最後にはストップウォッチを手に入れたよ」

ウォーレンは、ストップウォッチを持って、姉と妹をバスルームに呼び、自分が考えた新しいゲームに参加させた。(註45) バスタブに水を張り、ウォーレンはビー玉をいくつか持つ。ビー玉のひとつひとつには名前がついていた。それをバスタブの平らな縁にならべる。そして、ストップウォッチをスタートさせると同時に、ビー玉を水に落とす。陶器のバスタブの斜面をカチカチぶつかりながら転げ落ちたビー玉が、水に飛び込む。そのあとも先を争うように栓に向かって転がってゆく。先頭のビー玉が栓にぶつかったところで、ウォーレンがストップウォッチをとめ、勝者の名を告げる。記録を縮めようとしながらウォーレンがビー玉の競争を何度もやるのを姉妹は見守った。ビー玉は疲れを知らないし、ストップウォッチはけっして過ちを犯さない。何度くりかえしても——観客である姉妹と違って——ウォーレンは飽きないようだった。

ウォーレンはどこにいても数のことばかり考えていた。教会にいるときもそうだった。説教は好きだったが、ほかの儀式には退屈した。讃美歌集に載っている作曲者の生年と没年から寿命を計算して時間をつぶした。信心深い人たちは信仰によってなにか得をするべきだという思いがあった。讃美歌の作曲者は平均よりも寿命が長いはずだと思った。平均よりも長く生きることは、自分にとって重要な目標のように思えた。しかし、敬虔なら長生きできるとはかぎらないようだった。神の恵みがことさら感じられないので、信仰に疑いを持ちはじめた。

しかし、バスタブ障害物競走と、讃美歌の作曲者について集めた情報で、ウォーレンは貴重なことを教わった。確率を計算することを学んだのだ。ウォーレンはまわりに目を向けた。確率を計算する機会はいたるところにあった。肝心なのは、できるだけ多くの情報を見つけて集めることだった。

第7章 休戦記念日

——一九三六年〜一九三九年　オマハ

一九三六年にローズヒル校の一年生になると、(註1)ウォーレンはすぐに学校が好きになった。ひとつには、母親と昼間に家でいっしょにいなくてすむからだった。学校のおかげでまったく新しい世界がひらけたし、すぐにボブ・ラッセルとステュ・エリクソンという友だちができた。ウォーレンはボブ・ラッセルのことを〝ラス〟と呼び、いっしょに通学した。放課後にウォーレンがラッセルの家へ行くこともあったし、質素な木造の家に住んでいるステュが、ハッピー・ホロー・カントリークラブに近いウォーレンの煉瓦造りの新しい家に遊びにくることもあった。学校から帰ってきて、父親が仕事から戻るまでのあいだ、ウォーレンにはかならずなにかやることがあった。学校のほかの子供たちともつねに仲がよかった。友だちがいれば安全だった。

ウォーレンとラスは、ラッセル家のポーチに何時間も座って、ミリタリー・アベニューを通る車を眺めていた。ふたりはノートに車のナンバープレートの文字と数字を書きとめ、行がびっしりと埋まっていった。変な遊びだが、ふたりとも数字が好きなせいだろうと、どちらの家族も考えた。ナンバープレートの文字と数字の頻度をウォーレンが計算するのが好きなことを、家族は知っていた。ウォーレンもラスも、ほんとうの理由は明かさなかった。ラッセル家の前の通りは、ダグラス郡銀行がある袋小路から出る唯一のルートだった。銀行が強盗に襲われたとき、警察はナンバープレートの情報をもとに強盗を捕まえられる、とウォーレンとラスは考えていた。その際、警察が事件を解決するのに必要な証拠は、自分たちだけが知っているのだ。

数字を集め、勘定し、記憶するのにまつわるすべてのことが、ウォーレンは好きだった。早くも切手やコインを熱心に収集していた。新聞や聖書にどの字がもっとも頻繁に出てくるかを数えた。本を読むのが好きで、ベンソン図書館から借りた本を何時間も読みふけった。

だが、バフェット家もラッセル家も知らなかった犯罪捜査とナンバープレートについての大げさな空想は、ウォーレンの別の性格の表われでもあった。ウォーレンは警官ごっこが好きで、服装を変えてさまざまな役割を演じることも含め、注目されるのが大好きだった。学校にあがる前は、ハワードがニューヨークに出張するとウォーレンとドリスに仮装の衣装を買ってきた。ウォーレンはインディアンの首長やカウボーイや警官になった。就学すると、自分でとてつもないアイデアを思いつくようになった。

だが、ウォーレンの好きな遊びは競争で、競争相手は自分ひとりでもよかった。ビー玉のバスタブ障害物競走はヨーヨーへ、さらにバンバンボールへと進歩し、ゴム紐につないだボールをラケットで一〇〇〇回も打った。土曜日の午後、ベンソン劇場で映画――三本立てで五セント、シリーズもののおまけ付き――のあいまにほかの子供たちと舞台に立ち、だれがいちばん長くボールを打っていられるかを競った。しまいにはみんな疲れ果てておりたが、ウォーレンひとりは舞台で打ちつづけていた。

ときどき意地悪もしたが格別に親密な関係だった妹のバーティに対しても、対抗意識をあらわにした。バーティが怒るのを承知で〝でぶちん〟と呼び、家の決まりに反するのに夕食の席で歌うように仕向けた。しょっちゅうゲームをしたが、三つ年下のバーティにぜったいに勝たせなかった。でも、やさしいところもあった。母親に対して癇癪《かんしゃく》を起こしたバーティが、大切にしている赤ちゃん人形をくずかごに投げ捨てたことがあった。ウォーレンはそれを拾い出して、サンルームにいるバーティのところへ持っていった。「くずかごにはいっていたよ。くずかごに入れたらかわいそうじゃないか」(註２)子供心に、兄の機転をバーティは察した。

バーティは自信を持っている勝気な子だったので、だから母リーラがめったに叱らないのだろうと、ドリスとウォーレンは考えていた。バーティは考え方がしっかりしていて、母親が重視する世間体を保てるのは自分だけだと思っているようだった。

リーラがもっとも重視していたのは、他人から尊敬されることだった。ウォーレンがその後〝外のスコアカード〟と呼ぶようになる姿勢が備わっていた。近所にどう思われるかをいつも気にしていて、娘たちにはきちんとした格好をするようやかましくいった。

「私は正しいことをやろうとすごく気をつけていたから、ぜったいにそういう目に遭いたくなかった」とバーティはいう。リーラの非難を浴びたくなかったという意味だ。

ドリスは反抗的だった。幼いころから好みがうるさく、ひどく興奮するたちだったので、バフェット家の静かな日常やけちけちしたやり方とは反りが合わなかった。風変わりで、流行《はや》りものや新奇なことに、ドリスは魅力を感じた。いっぽう母親のリーラは、謙遜の衣に身を包み、意識して禁欲的にふるまい内面を見せないようにしていた。だから、ドリスの存在そのものが自分にとっては侮辱であり、ふたりはたえず衝突していた。リーラのときおりの癇癪は、前とおなじように激しかった。ドリスは愛らしい子供になった。しかし、「かわいくなればなるほど、あれがひどくなった」とバフェットはいう。

ウォーレンは幼いころから人あしらいが上手だったが、競争心が旺盛で早熟な子供でもあった。知的なことには積極的だが、体を使うほうでは引っ込み思案だった。八歳のときに両親がボクシングのグラブを買ってやったときには、一度レッスンを受けただけで、二度とはめようとはしなかった(註3)。スケートもやってみたが、足首ががくがくした(註4)。スポーツが好きで身のこなしがうまかったのに、ほかの子供たちと通りで遊ぶことはしなかった。そうして一対一の戦いを避けていたが、例外は卓球だった。バフェット家が卓球台を買うと、両親の友だちや学校の仲間など、挑戦する相手と夜も昼も打ち合って、しまいにはラケットを持った疫病神になった。殴り合いになりそうなことが一度あったのをみんなが憶えている。そのときには小さなパーティが出てきてウォーレンのためにとりなした。意地悪をされると、ウォーレンはすぐに泣いた。好かれようとがんばって、みんなと仲良くしようとした。しかし、陽気な態度にもかかわらず、どこか孤独の影があると友だちに思われていた。

一九三七年のクリスマスに、バフェット夫妻は三人の子供の写真を撮った。バーティは幸せそうに見える。ドリスは惨めそうだ。ウォーレンはアリス叔母さんにもらったお気に入りのニッケルめっきの釣り銭入れを抱え、クリスマスにはそぐわない、あまりうれしくなさそうな顔をしている。

ウォーレンが八歳のときに、あらたな不幸が母の実家スタール家を襲い、ノーマン・ロックウェルの絵にありそうな完璧な家庭を築くというリーラの決意は、いっそう強まった。リーラの母ステラの病状が悪化し、ノーフォーク州立病院に入院させることになった。かつてリーラの祖母が死んだネブラスカ州立精神病院は、そう名を変えていた。(註5)その妹イーディスが病院で三カ月付き添い、虫垂炎から腹膜炎を起こして死にかけた。そのあとでイーディスはなんとしても結婚しようと決意し、自分を笑わせてくれた怪しげな経歴の男と結婚した。リーラは、イーディスが義務よりも冒険に興味があるのを、よく思っていなかったが、その危惧が的中した。

いっぽう、ハワードは学校の理事に選ばれ、このあらたな地位が家族の自慢になった。(註6)バフェット家の発展とスタール家の衰退のさなか、ウォーレンは母親を避けて家から離れた場所にいることが多かった。(註7)近所をあちこち訪ねて、よその家の親と仲良くなり、政治についての話に耳を傾けた。うろついているあいだに、壜《びん》の王冠《キャップ》を集めはじめた。客が炭酸飲料の栓を抜くと、そこに落ちるようになっていた。町中のガソリンスタンドへ行って、アイスボックスの下のくぼみから王冠を拾った。バフェット家の地下で、王冠の山がしだいに大きくなった。ペプシ、ルートビア、コカ・コーラ、ジンジャーエール。王冠集めに、ウォーレンは取り憑かれていた。無料《ただ》の情報が手つかずで転がっている——だれもそれを取ろうとしない！　すごいと思った。夕食のあと、居間に敷きつめた古新聞の上に王冠をならべて、分類し、数えた。(註8)王冠を勘定すると、どの飲み物がいちばん人気があるかがわかった。それに、分類して数えると気が休まった。王冠でそれをやらないときには、収集しているコインや切手でおなじことをやった。

学校はだいたいにおいてつまらなかった。シックスタン先生の四年生のクラスでは、ボブ・ラッセルやステュ・エリクソンが同級生だった。授業中は時間つぶしに算数ゲームをやったり、頭のなかで計算した。だが、地理は好きだったし、綴り字《スペリング》には興奮した。

しかし、なんといってもウォーレンがやる気を出したのは、黒板を使う計算だった。二年生になると、生徒はふたりずつ黒板に駆けていく。最初は足し算の速さを競い、つぎは引き算をやり、最後は掛け算と割り算をやる。計算して黒板に書きつける。ウォーレン、ステュ、ラスは、クラスでもっとも頭がよかった。最初はほぼおなじ点数だったが、やがてウォーレンがすこし抜け出た。そして練習をして、さらに差をつけた。(註9)

ついにある日、シックスタン先生がウォーレンとステュに、放課後残るようにといった。ウォーレンはどきどきした。「なにか悪いことをしたのだろうかと思った」とステュはいう。ところが怒られることはなく、シックスタン先生はステュとウォーレンに、教室の4Aの席から4Bの席に移るようにと告げた。(註10)半分だけ学年を特進したのだ。ボブ・ラッセルはそのままだった。

ウォーレンはふたりとずっと友だちでいたが、それぞれと別につきあうようになった。どちらもウォーレンの友だちだったが、ステュとラスはほんとうの友だちとはいえなかった。

細かいことが好きだというウォーレンの性向はいっそう強まった。両親やその友人たちは、〝ウォレニー〟と呼び、パーティーの余興に州都をそらでいわせて楽しんだ。五年生になると、一九三九年版『世界年鑑』を読みふけり、たちまちそれが愛読書になった。ウォーレンは、すべての都市の人口を暗記していた。人口一〇〇万人を超える世界の都市をどれだけいえるかを、ステュと競い合った(註11)。

ところがある晩、ウォーレンは激しい腹の痛みのために、『世界年鑑』や王冠のことが考えられなくなった。医者が往診に来て帰っていったが、気になったため再度往診に来て、ウォーレンを入院させた。ウォーレンは夜中に虫垂炎の手術を受けた。

あやうく手遅れになるところだった。ウォーレンは重体でカトリック系の病院に数週間入院していた。だが、看護婦のシスターたちに世話をされるうちに、病院は心安らぐ別天地だと思うようになった。快復しはじめると、別の楽しみが訪れた。まず、勉強するようにと、自分用の『世界年鑑』を買ってもらった。そして教師がクラスの女子生徒全員に、お見舞いの手紙を書かせた。(註12) ウォーレンのことをよく理解しているイーディス叔母さんが、おもちゃの指紋採取セットをくれた。ウォーレンはそれの使い道を心得ていた。シスターひとりひとりに、自分の病室に寄ってもらい、指にインクをつけて指紋を採った。家に帰ると、ちゃんと整理してとっておいた。どうせ遊びだろうと家族は思っていた。シスターの指紋なんか、だれが必要とするのか？　だが、シスターのだれかがいずれ犯罪を犯すかもしれないというのが、ウォーレンの理屈だった。その場合、ほかならぬウォーレン・バフェットだけが、下手人の身許を突き止める手がかりを握っている。(註13)

退院後まもない一九三九年五月の異様に寒く風の強い日、両親はウォーレンにきちんとした服を着るようにと命じた。そこへ祖父アーネストが現われた。立派なシングルのスーツに身を包み、胸ポケットにスカーフを入れたアーネスト・ピーボディ・バフェットの姿は、ロータリークラブの会長のような風格ある人物の肖像画のようだった。じっさい、アーネストは会長を務めていた。

アーネストはいかめしい雰囲気とはうらはらに子供のあしらいがうまく、孫たちを楽しませるのが好きだった。パーティには崇拝されていた。「きょうはシカゴに行くぞ、ウォーレン」アーネストがいった。列車に乗り、カブスとブルックリン・ドジャースの試合を見にいった。これが長ったらしい大試合になり、延長一〇回のあいだ点がはいらず、九対九のまま日没のために引き分けた。試合時間は四時間四一分を記録した。(註14) メジャーリーグをこうしたはらはらする試合ではじめて知ったウォーレンは、一九三八年のシーズンを記録した二五セントの本をアーネストに買ってもらい、大喜びした。ウォーレンはそれについて、「私にとってもっとも大切な本だった」と回想している。「全チームの全選手の成績を知っていたし、そこに書いてあることをひとつ残らずはっきりということができた。眠っていてもわかっていた」

アリス叔母さんが、ブリッジの本を買ってくれて、別の興味を引き出してくれた。たぶんカルバートソンの『コントラクトブリッジ大全：ビッドとプレイのゴールドブック』だっただろう。(註15) 知的な社交の手段であるコントラクトブリッジは心理ゲームの要素が強く、問題を突き止めることが、それを解決するのとおなじくらい重要になる。当時はブリッジが全米で流行していたし、ウォーレンはチェスよりも自分に合っていると思った。(註16)

その他の多くの趣味のひとつに音楽があった。数年前からコルネットを習っていた。ウォーレンの英雄のなかには、トランペット奏者のバニー・ベリガンやハリー・ジェイムズもいた。楽器の練習をするには家にいて、母親と顔をつきあわせることになる。けっして喜んでもらえない母親の機嫌をとらなければならない。それでもがんばって、リーラにさんざんけなされながら長時間つらい練習をした甲斐あって、選ばれて学校の休戦記念日の式典で演奏することになった。

第一次世界大戦を終結させた条約の締結を祝う一一月一一日の休戦記念日に、ローズヒル校の生徒たちは全員が体育館に集まり、戦死者を英雄としてたたえる式典に参加する。この毎年の行事で、トランペット奏者が体育館のドアの左右に立ち、葬送のラッパのプァー、プァー、プァーという三音階をかけあいで吹くのが、学校では習わしになっていた。

その年、ウォーレンのコルネットの技術は、かけあいの第二奏者を務めるぐらいに上達していた。式典の日の朝、起きたときは、生徒全員の前で演奏できると思うとうれしくてたまらなかった。大事な瞬間がやってきて、準備は整った。

ウォーレンはコルネットを持ってドアの横に立った。第一奏者がプァー、プァー、プァーと吹いた。

ところが、第一奏者が三音階の二番目の音を間違えた。

「私の全人生が走馬灯《そうまとう》のように目の前を駆け抜けた。かけあいをどう吹けばいいのかわからなかった。不意を衝かれた。凍りついたんだ――大事な瞬間に」

第一奏者の間違えた音を真似て吹くか、それとも正しい音を吹いて恥をかかせるか？ウォーレンは追いつめられた。その場面は一生記憶に焼きついている――ただ、じっさいどう吹いたかは憶えていない。何年かたつと、どちらの道を選んだかは――かけあいを吹いたとしての話だが――記憶からかき消えた。

ただ、ひとつの教訓を学んだ。二番手になって真似をするという人生を送るのは簡単だが、一番手が間違った音を吹いたらそれはだいなしになる、ということを。

第8章　一〇〇〇の方法

――一九三九年～一九四二年　オマハ

チューインガムを売って得た数セントが、ウォーレンが最初に儲けた金だった。六歳のときに売りはじめたころから、後年の流儀を髣髴《ほうふつ》させる姿勢を守り、けっして顧客に妥協しなかった。

「五つに仕切られた小さなグリーンのトレイを持っていた。イーディス叔母さんがくれたんだと思う。五種類のガムを入れる部分があった。ジューシーフルーツ、スペアミント、ダブルミントといったぐあいに。祖父のところでガムを仕入れ、近所を一軒一軒まわって売った。たいがい夜にやった（註1）。

バージニア・マクーブリーという女性が、〝ジューシーフルーツを一枚ちょうだい〟といったことがあった。〝バラ売りはしません〟と私はいった。つまり、私には原則があった。いまも憶えているが、マクーブリーさんは一枚だけほしいといった。だめです、五枚入りのパックでしか売れません、と答えた。五枚入りは五セントだが、マクーブリーさんは一セントしか出したくなかったんだ」

売りたくはあっても、原則を変えてまで売るつもりはなかった。バージニア・マクーブリーに一枚だけを売ったら、半端な四枚をだれかに売らなければならなくなる。一枚だけ売ったのでは、これまでの努力やほかのだれも買ってくれないかもしれないという危険性に見合わない。一パックの利益は二セントだった。ウォーレンは儲けた一セント玉を何枚も握り締めた。しっかりと硬く、重かった。それが最初の元手だった。その雪のひとかけらを転がすうちに、雪の玉《スノーボール》は大きくなっていったのだ。

コカ・コーラの赤いカートンのほうは、喜んでバラ売りした。夏の夜に家々を売り歩いた。家族で旅行に行くときも、アイオワ州オコボジ湖の岸で日光浴をしている人々のそばへ行って売った。炭酸飲料のほうが、ガムよりも儲けが大きかった。六本入りカートンの一本当たりの利益は五セントで、野球場で売り子が使うベルトにつける釣り銭入れに得意げに収めた。《サタデー・イブニング・ポスト》や雑誌の《リバティ》を訪問販売するときも、その釣り銭入れをつけていた。

釣り銭入れを持っていると、プロの気分になれた。販売でもっともウォーレンが好きな部分――回収――を、それが象徴している。そのころは壜《びん》の王冠《キャップ》やコインや切手も収集していたが、おもに集めていたのは現金だった。硬貨は家の机の引き出しにしまい、ときどき銀行に預け入れて、六歳の誕生日に父親にもらった二〇ドルの貯金に足した。すべて小さな栗色の貯金通帳に記録されていた――それがウォーレンの最初の銀行口座だった。

九歳か一〇歳のころ、ウォーレンとステュ・エリクソンは、エルムウッドパーク・ゴルフ場で古ボールを売っていたが、だれかが通報して、警官に追い出された。しかし、警察から話を聞いたハワードとリーラは、すこしも不安に思わなかった。息子には大望があると思っただけだった。バフェット家の早熟なひとり息子だったウォーレンは、「後光が射していて」なにをやってもまんまと逃れられる、と姉も妹もいっていた。(註2)

一〇歳になると、オマハ大学（現在のネブラスカ大学オマハ校）のフットボールの試合でピーナッツやポップコーンを売る仕事を見つけた。スタンドに立ち、「ピーナッツ、ポップコーン、一セント玉五枚、五セント玉一枚、一〇セント玉の半分、二五セント玉の五分の一、ピーナッツとポップコーンはいかがですか！」と叫んだ。一九四〇年の大統領選挙運動が行なわれていたときで、共和党の大統領候補ウィルキーと副大統領候補マクナリーのいろいろなバッジをシャツにつけていた。彼の好きなバッジには、〝ワシントンはやろうとしなかった、グラントにはできなかった、ルーズベルトはやるべきではない〟と書いてあった。三期目に出馬しようとしたルーズベルトの言語道断の決断――バフェット家はそう見なしていた――のことだ。合衆国憲法は大統領が三期務めることを禁じてはいなかったが、国民はそれまでずっと〝帝国大統領〟という考えなど断固拒絶してきた。(註3)

大統領候補ウェンデル・ウィルキーは、ハワードの個人的な好みからするとリベラル色が強かったが、ルーズベルトを退陣させられるのであればだれでもいいと思っていた。父親の政治思想に従っていたウォーレンは、スタジアムでウィルキーとマクナリーのバッジを見せびらかすのが楽しかった。ところが、マネジャーにオフィスに呼ばれ、「それをはずせ。ルーズベルト支持者になにかされるぞ」といわれた。

ウォーレンはバッジをエプロンに入れた。一〇セント玉や五セント玉が、バッジの裏側にいくつかはまりこんでいた。ゲームが終わってオフィスへ行くと、マネジャーがポケットの中身をいっさいがっさい出せといった。そして、バッジもろとも小銭もカウンターからさらってしまった。「それが私の〝ビジネス入門〟だった」バフェットはいう。「とても悲しかった」ルーズベルトが前例のない三選を果たしたとき、バフェット家はいっそう悲しんだ。

だが、ハワードにとっては政治が一番の関心で、お金は二の次だったが、ウォーレンの場合はそれが反対だった。機会あるごとに古くて立派なオマハ・ナショナル銀行ビルにある父親のオフィスに長居して、《バロンズ》の〝トレーダー〟というコラムや、父親の書棚にある本を読んだ。ハワードのオフィスの二階下にある地方の証券会社ハリス・アパム＆カンパニーの顧客専用室に陣取ることもあった。この証券会社で、ウォーレンは大恐慌の影響で取引が不活発な土曜の朝に〝ボードに記録する〟――株価をチョークで書き記す――のを許され、それをとても光栄な仕事だと思っていた。当時は土曜日にも二時間の取引があった。この仕事にしがみついている男たちは、ほかにやることもないので、顧客専用室に椅子を半円形にならべ、主要市場の株価情報を表示するトランス・ラックス電光表示システムをのろのろと流れる数字を眺めていた。（註４）ときどきだれかがぱっと立ちあがっては、のろのろと出てくるティッカー・テープをむしり取る。ウォーレンは父方の大叔父フランク・バフェットに連れられてそこへ行った。はるか昔に亡くなったヘンリエッタを兄アーネストと争って負けてから、フランクは、傷心のあまり厭世家になっている。母方の大叔父ジョン・バーバーもいっしょだった。（註５）ふたりともそれぞれ長年のあいだにひとつの考えにこり固まっていて、その方向でしか物事が考えられなかった。

「フランク大叔父さんはこの世に関して完全に弱気、ジョン大叔父さんは強気だった。

私があいだに座ると、ふたりは私の気を惹こうとして、自分が正しいと説得しようとする。大叔父さん同士は仲が悪くて、おたがいに口をきかない。フランク大叔父さんは、この世のものはすべてだめになると考えていた。

だから、ならべた椅子の向こうのカウンターにだれかが行って、〝USスチールの株を二三ドルで一〇〇株買いたい〟というと、フランク大叔父さんはきまってこう大声でどなる。〝USスチール？　ゼロになるぞ！〟」これでは商売には迷惑だ。「連中もフランク大叔父さんをつまみ出しはしなかったが、そこにいてもらいたくなかったようだ。空売りで儲ける投資家向けの証券会社じゃなかったから」

この大叔父ふたりのあいだに挟まって、ウォーレンはぼやけた数字を眺めていた。トランス・ラックスが見えにくいことから、近眼だというのが家族にわかった。眼鏡をかけたウォーレンは、数字が不変の法則に従って変化していることに気づいた。ふたりの大叔父は、ウォーレンをそれぞれの――両極端の――見解に引き寄せようとしていたが、頭上のトランス・ラックスを流れる数字とふたりの意見はまったくつながりがないのではないかと、ウォーレンは感じていた。パターンを探り出そうとしたが、どうやればいいのかはわからなかった。

「フランク大叔父とジョン大叔父は、どちらが私をランチに連れていくかを競っていた。

それで相手を打ち負かしたつもりになれるからだ。フランク大叔父のときは、古いパクストン・ホテルへ行って、前日の料理の残りを二五セントで食べた」

大人といっしょにいるのが好きなウォーレンは、ふたりの大叔父の取り合いの対象になっているのが楽しかった。相手がだれでも、そういう対象になるのがおもしろかった。ほかの親類や両親の友だちに関心を持たれたいと思っていたが、ことに父親の気を惹きたかった。

三人の子供たちはそれぞれ、一〇歳になると、ハワードに東部へ旅行に連れていかれた。それが重要な行事だった。ウォーレンにはやりたいことがあった。「父に三つ見たいものがあるといった。切手とコインのカタログを出しているスコット社、鉄道模型メーカーのライオネル社、ニューヨーク証券取引所が見たい、と。スコット社は四七丁目、ライオネル社はそれよりも南の二七丁目、証券取引所はもっと南のダウンタウンにあった」

一九四〇年代のウォール街は、大暴落の痛手から立ち直りはじめていたとはいえ、それでもかなりの傷痕が残っていた。そのころのウォール街の人々は、同志のほとんどが戦争で斃《たお》れたあとも戦いつづける勇猛な傭兵たちの趣があった。一九二九年の大暴落が大衆の意識に生々しい記憶として残っていたので、株で暮らしを立てるというのは、あまり外聞のよいものではなかった。しかし、会社の外ではけっして吹聴しなかったものの、この傭兵たちのなかにはかなりいい暮らしをしているものもいた。ハワード・バフェットは、息子をロワーマンハッタンに連れていって、最大手の証券会社のトップのところに寄った。幼いウォーレン・バフェットは、証券会社の金メッキのドアのなかを覗いた。

「そこでシドニー・ワインバーグと出会った。ウォール街きっての有名人だ。父は一度も会ったことはなかった。オマハでほんとうにちっぽけな会社をやっているだけだったから。でも、ワインバーグは会ってくれた。小さな子供がいっしょだったからかもしれない。三〇分ぐらい話をした」

ワインバーグは、投資銀行ゴールドマン・サックスのシニア・パートナーで、一九二九年の大暴落の際に子会社を利用した悪名高い投資信託の販売で投資家を欺き、信用失墜した会社の評判を回復させようと、一〇年のあいだ懸命に努力していた。(註6)ウォーレンはもちろんそんなことは知らなかったし、ワインバーグが移民の子供で、ゴールドマン・サックスの用務員見習いからはじめて、痰壺《たんつぼ》を洗ったりパートナーたちのシルクハットにブラシをかけたりしていたことも知らなかった。(註7)だが、クルミ材の鏡板張りのオフィスにはいり、エイブラハム・リンカーン直筆の手紙や書類や肖像画が壁に飾られているのを見て、シドニー・ワインバーグが大物であることは間違いなく理解した。そして、訪問の終わりにワインバーグがやったことが、深く印象に残った。「帰るときに、ワインバーグは私の肩に手をまわしてきいた。〝きみはどの株が好きかな、ウォーレン？〟

向こうは翌日には忘れただろうが、私は永久に憶えている」

ウォール街の大物であるワインバーグが、自分にそんなふうに興味を持ってくれて、意見を聞きたいそぶりを示したことが、バフェットには忘れられない出来事になった（註8）。

ゴールドマン・サックスを出たハワードは、ウォーレンをブロード通りに連れてゆき、ニューヨーク証券取引所のコリント式円柱のあいだを通った。お金の神殿であるそこでは、あちこちの錬鉄製の取引ポストで鮮やかな色のジャケットを着た男たちが叫び、走り書きしている。事務員が走りまわり、床には紙くずが散乱している。それよりも証券取引所のダイニングルームの光景が、ウォーレンの心を捉えた。

「アト・モルというオランダ人といっしょに、証券取引所でランチを食べた。証券取引所の会員でとてもかっこよかった。食べ終えたときに、いろいろな種類のタバコの葉を載せたトレイを持った男がやってきた。アト・モルが葉を選び、男がそれで葉巻をこしらえた。これだ、と思った。これ以上のものはない。特別あつらえの葉巻——自分の好みの葉巻をこしらえさせるなんて」

特別あつらえの葉巻。葉巻を見て、数学に強いウォーレンの脳裏に映し出されたものがあった。葉巻を吸うことにはこれっぽっちも興味がなかった。だが、逆にたどっていくと、この仕事に人を雇える理由が浮かびあがる。アメリカの大部分がいまなお大恐慌の泥沼から抜け出せずにいるときに、そんな経費を使えるのは、葉巻を巻く男の雇い主が大金を稼いでいるからだ。ウォーレンは即座にそれを見抜いた。証券取引所にはお金がふんだんに流れているに違いない。お金の川、泉、滝があるから、証券取引所の会員を喜ばせるために、特別あつらえの格好のいい手巻きの葉巻をこしらえるためだけに人を雇えるのだ。

その日、葉巻をこしらえる男を見ているあいだに、ウォーレンの未来像が確立した。オマハに帰っても、その未来像をずっと持ちつづけていた。もう自分の大目標を整理してもっと系統的に追求できるような齢《とし》になっていた。ふつうの子供とおなじように遊んで、バスケットボールや卓球をしたり、コインや切手を集めたりしているときも、やさしい小柄な祖父ジョン・スタールが七三歳で亡くなって——ウォーレンにとってははじめての肉親の死だった——家族みんなが悲しんでいるときも、ウォーレンは自分の前方に見えている未来、はっきりと視界に捉えている未来を目指し、熱心に努力していた。

お金がほしかった。

「それで自立できる。自分の人生でやりたいことが、それによってできるようになる。それに、自分のために働くのがいちばん。他人に指図されたくない。毎日、自分がやりたいことをやるのが重要だと思っていた」

それをやるための道具が、じきに手にはいった。ある日、ベンソン図書館で、一冊の本が棚から突き出しているのがウォーレンの目を惹いた。コインの山みたいに輝く銀色の表紙が、その本の値打ちをほのめかしていた。題に惹かれて本をあけると、たちまちとりこになった。『一〇〇〇ドル儲ける一〇〇〇の方法』一〇〇〇の方法をぜんぶ使えば、一〇〇万ドル儲かるということだ！

扉の内側に写真があり、コインの大きな山を小柄な男が見あげていた。「チャンスがやってきた」と、本文の一ページ目に書いてあった。「小さな資本で自分のビジネスをはじめようとしている人間にとって、いまのアメリカほど好都合な時期は史上いまだかつてない」

なんとすばらしい言葉！「過ぎ去った歳月のチャンスのことは、いくらでも耳にする……そもそもきのうのチャンスなど、勇気と才能に恵まれたきょうの人間を待ち受けているチャンスに比べたら、なにほどのこともない！アスターやロックフェラーの財産など取るに足らないと思えるような財産を築くことができる」まるで天国の甘美な光景のように、これらの言葉がウォーレン・バフェットの目に映った。ウォーレンは急いでページをめくった。

「だが」と、著者は注意していた。「自分からはじめないかぎり成功はありえない。金を儲けるには、自分からはじめなければだめだ……この国の何十万人もの人々は、大金を儲けようと思っているのに、あれやこれやいろいろなことが起きるのを待っているから儲けられない」。いますぐにはじめよう！　と著者は促し、どうやるかを説明していた。ビジネスの実用的な助言や金儲けのアイデアが詰め込まれた『一〇〇〇ドル儲ける一〇〇〇の方法』は〝貨幣の歴史〟からはじまっていて、気安い友だちと玄関ポーチで話をしているような単刀直入でわかりやすい文章で書かれていた。山羊を使う乳業や人形の病院など、取るに足らないアイデアもあったが、多くは実用的だった。ウォーレンが興味を持ったのは、有料体重計の話だった。自分が体重計を持っていたら、一日五〇回は量るだろう。みんなお金を払って量るに違いないと考えた。

「体重計の話はわかりやすかった。体重計を一台買い、それで儲けるともう一台買う。じきに体重計は二〇台になり、だれもが一日五〇回、体重を量る。そこに金がある――と思った。(註9)複利で増えるようなところが、最高だと思った」

この複利という発想がきわめて重要だと、ウォーレンは気づいた。本は一〇〇〇ドル儲けられるといっている。仮に一〇〇〇ドルからはじめて、年利一〇パーセントだとすると、

五年で一六〇〇ドル以上になる。
一〇年では二六〇〇ドル近くになる。
二五年では一万八〇〇〇ドルを超える。

一定の利率でも複利だと歳月がたてば莫大な額になることが、少額でもひと財産になりうることを示している。芝生に雪の玉《スノーボール》を転がすうちに大きくなるように、数字が掛け合わされて増えるのを、まざまざと思い浮かべることができた。ウォーレンの時間への見方が変わりはじめた。複利は現在と未来を強く結びつける。きょうの一ドルが何年か後に一〇倍になるのだから、そのふたつはウォーレンの頭のなかではおなじものだった。

ウォーレンはステュ・エリクソンの家の玄関ポーチに座り、三五歳までに百万長者になると宣言した。(註10) 不況下の一九四一年に子供がそんなことをいい放つとは、大それて馬鹿げているように思えた。だが、ウォーレンの計算も例の本も、それが可能だということ

とを示していた。まだ二五年あるし、もっとお金が必要だ。それでも、やれると確信していた。早くお金を儲ければ、複利で増やせる期間がそれだけ長くなる。目標を達成できる見込みが高くなる。

一年後、ウォーレンはその才能の片鱗を見せた。一九四二年春にはウォーレンの貯め込んだお金は一二〇ドルに達し、家族はびっくりするとともに興をおぼえた。ドリスをパートナーに引き込んで、ウォーレンはシティーズ・サービス・プリファード株を三株ずつ買った。株価は三八ドル二五セントで、三株で一一四ドル七五セントだった。(註11)

「買ったとき、その株のことはよくわかっていなかった」と、バフェットはいう。父ハワードが顧客に長年売ってきた人気のある株だというのを知っていただけだった。(註12)

その年の六月、市場が低迷して、シティーズ・サービス・プリファードの株価は二七ドルまで下がった。学校へ行くときドリスは毎日、株が下がったと文句をいった。ウォーレンは責任を痛感した。それで、株価が回復すると四〇ドルで売った。ふたり分の利益は五ドルだった。「そのとき、ウォーレンがやり手だというのがわかったの」ドリスは当時をふりかえっていう。だが、シティーズ・サービス株は急騰し、一株二〇二ドルになった。ウォーレンは三つの教訓を学び、この出来事は人生でもっとも重要な出来事のひとつだというようになる。ひとつ、買ったときの株価ばかりに拘泥してはいけない。ふたつ、よく考えないであわてて小さな利益を得ようとしてはいけない。もっと辛抱していれば四九二ドル儲けられたことをよくよく考えるうちに、このふたつの教訓が身にしみた。六歳のときから五年間せっせと働き、やっと一二〇ドル貯めて、株を買うことができたのだ。ゴルフボールを売り、スタジアムでポップコーンやピーナッツの売り子として働いて稼ぐだけでは、〝儲け損ねた〟金額を取り戻すのに何年もかかる。この失敗は、ぜったいに忘れることができなかった。

三つめの教訓は、他人のお金を使って投資してはいけないということだった。間違いを犯したとき、他人を怒らせることになる。だから、ぜったいに成功するという確信がないかぎり、他人のお金に責任を負おうとしてはいけない。

第９章　インクに染まった指

――一九四一年〜一九四四年　オマハとワシントンＤＣ

ウォーレンが一一歳のとき、一二月の日曜日の午後に、バフェット一家は教会へ行ってから車でウェストポイントに向かった。ウェストポイントからの帰り道に車のラジオを聞いていると、アナウンサーの声が番組に割り込んで、日本軍が真珠湾を奇襲したと告げた。なにが起きたのか、死傷者はどれほどなのかといった詳細は不明だったが、大騒ぎになっていることからして世界は急変するだろうとウォーレンはすぐに感じた。

それまでも反動的だった父ハワードの政治思想が、たちまちいっそう過激になった。ハワードと友人たちは、ルーズベルトは独裁者になりたいがために戦争を挑発しており、アメリカをまたもやヨーロッパでの戦争に引きずり込もうとしていると考えていた。ルーズベルトと陸軍参謀総長ジョージ・Ｃ・マーシャル大将は、捨て鉢の賭けに出たのだと、ハワードは信じていた。「つまり、ヨーロッパでの戦争にアメリカ国民を参加させるには、日本にわれわれを攻撃させるしかないから、真珠湾奇襲を事前に知っていても、それを国民に伏せておく、というものだ」バフェットはいう。当時の保守派のあいだでは流布していた見方だったが、ハワードは何事においてもそうであるように、これを固く信じていた。

翌春、ネブラスカ共和党が、人気のある現職のチャールズ・F・マクロクリン下院議員に対抗できる候補者を見つけるという厄介な仕事を、ハワードに打診した。一家の言い伝えによれば、きわめて優勢な民主党現職に対抗するいけにえの羊を見つけられなかったハワードは、みずからの名を候補者名簿に載せたという。

気がつくとハワードは、自分で選挙参謀をやるはめになっていた。バフェット一家は、〝バフェットを下院へ〟という単純なポスターを電柱に貼った。郡共進会《カウンティ・フェア》へ行き、家畜が展示され、ピクルス品評会が行なわれているなかで、ハワードとリーラがカードを配った。「まったく見込みのない候補者だった。父は公の場でしゃべるのが大の苦手だった。母は選挙参謀としては優秀だったが、父は内向的だった」おしゃべり好きなリーラは、群衆の扱いに慣れていて、おおぜいと触れ合うのが大好きだった。子供たちもあちこちをまわり、〝お父さんに投票してくれませんか？〟と頼んでから、大観覧車に乗った。

「それから、私たちは一五分間のラジオ番組をつくった。母がオルガンを弾き、父が私たちを紹介する。〝これが一四歳のドリス、これが一一歳のウォーレン〟。私の台詞は、〝ちょっと待ってよ、パパ。スポーツ欄を読んでるんだから〟。そして、三人で〈美しきアメリカ〉を歌う」

　感動的な演説などなかったが、「一五分のラジオ番組をやってから、支援したいという人間が続々と現われた。でも、相手は四期も務めている現職だ」。

ハワードは、悲観的で歯に衣着せぬ物言いという政治家としての欠点のために苦労した。だから、政治演説で、有権者は「ワシントンから奇人、うぬぼれ屋、体制のイヌ、夢遊病者、俗物を放逐する片道切符を買わなければならない」と弁じた。

　こうした火を吐くような弁舌は、ハワードの本来のやさしさや微妙な機知や純真さには似つかわしくなかった。ハワードは何年ものあいだ、手書きの紙片をずっとポケットに入れていた。よれよれになってけばだった紙片には、「私は神の子である。私は神の手のなかにある。肉体は、けっして永久ではない。たましいは不滅である。ならば、なにを怖《おそ》れることがあろう」と記されていた。(註1)

　ひとり息子ウォーレンにとっては災難だったが、オマハの街中でも、ハワードはこれを文字どおり信じていた。

選挙運動中、ハワードは一二歳になったウォーレンを夜が明ける前から叩き起こし、サウスオマハの家畜一時飼育場《ストックヤード》に向かう。オマハは鉄道の拠点であるとともに、家畜の集散地でもあり、移民が大部分を占める二万人近くの労働者がそこで働いていた。年間八〇〇万頭に及ぶ家畜が運び込まれて処理され、（註2）数十億キロもの食肉となって出ていく。（註3）かつてのサウスオマハは、ダウンタウンとは地理的にさほど離れていないが、文化は別の大陸のものくらい違う、まったく別の街だった。何十年ものあいだ、オマハの民族・人種紛争のほとんどが、そこで発生していた。

ウォーレンは、ブロックの端で足をふんばり、両の拳を握って、不安げに父親を見つめていた。ハワードはポリオにかかったことがあるため、すこし足を引きずっていたし、心臓のぐあいも家族にとっては心配だった。午前五時半からの勤務のために精肉包装出荷工場へ向かうオーバーオール姿の強面の大男たちに父親が近づくのを、すこし離れたところから見ていると、ウォーレンは胃が縮むような思いを味わった。

そういった労働者の多くは、家では英語をしゃべらない。貧困層や黒人や移民したての人々は、緩衝地帯ともいうべき操車場近くの寄宿舎や掘っ立て小屋に詰め込まれていた。目端がきいてもっと稼いでいる人々は、民族ごとに分かれている地域へと抜け出した。

男であろうと女であろうと、黒人であろうと白人であろうと、こうした人々は骨の髄まで民主党支持者だった。フランクリン・デラノ・ルーズベルト大統領が大恐慌の処方箋として打ち出したニューディール政策に、ネブラスカのほかの地域の州民が反対したとしても、ここではルーズベルトはいまなお英雄だった。しかし、ハワード・バフェットが彼らの節くれだった手に丁重に渡したパンフレットは、ルーズベルトはアメリカが誇ってきた民主主義にとって重大な脅威であると唱えていた。しゃべる機会をあたえられたときには、下院議員に当選した場合にここの労働者が反対するような法律に賛成の投票を行なう理由を、ハワードは穏やかに説明した。

ハワードは熱心な政治家だったが、愚かでも無鉄砲でもなかった。神の手を信じてはいたが、逃げ道をちゃんと用意していた。ウォーレンを同行させたのは、教育のためでもなければ、いっしょに喧嘩してもらうためでもなかった。労働者たちが父親を殴りはじめたら、駆け出して警官を呼びにいく役目だった。

当時の状況からすれば、すこしでも事情のわかっている人間なら、いったいなんのためにそこまでするのかと、ハワードに質問しただろう。せっかくの努力も、一票にもならないかもしれない。だがハワードは、相手にどれだけ馬鹿にされようが、自分の選挙区の有権者すべての前に姿を現わすのが自分の義務だと考えていたようだ。

ウォーレンはいつも怪我することもなく家に帰った。警官を呼びに走ったことは一度もない。運がよかっただけかもしれないし、生来の品格をかもし出しているハワードの態度のおかげだったかもしれない。それでもバフェット家の人々は、有権者がハワードの品格を認めてくれるとは思っていなかったし、たとえ認めてくれたとしても、劣勢を挽回できるとは予想していなかった。一九四二年一一月三日の投票日、「父は敗北宣言を書いていた。夜更かしはしないので、一家五人全員が八時半か九時に寝た。朝起きたら、父が当選していた」。

ハワードが冒険的な対外政策を心底から疑問視していたのは、謹厳な性格のせいばかりではなかった。中西部ではかつて広い範囲に根づいていた保守派の孤立主義が、いまだに残っていたからでもあった。その流れは涸れつつあったが、真珠湾奇襲によってつかのま復活した。ルーズベルトの人気は絶大だったが、オマハではその対外政策に対する労働者層の支持がしばし揺らいだ。その一瞬を衝いて、ハワードは自信満々の対立候補を打ち破って当選したのである。

翌年一月、バフェット家はダンディーの家を貸し、列車に乗ってバージニア州に向かった。ワシントンDCのユニオン駅に到着すると、かつて田舎くさかった街は混雑と混乱に包まれていた。戦時の新しい省庁に勤務する人々が、街中にあふれていた。ビル、オフィス、椅子、鉛筆など、あらゆるものを軍が徴発して、完成したばかりの世界最大のオフィスビル〝ペンタゴン〟内で組織をまとめようとしていた。軍の組織はペンタゴンにも収まらないほど拡大し、大緑地帯《モール》には、華奢な造りの仮設オフィスビルがひしめいていた(註4)。政府職員で満員になっている一九世紀のおんぼろ木造路面電車が、往来もままならぬ通りをのろのろと走る。新来の人々によって、ワシントンの人口は二倍になっていた。この貧しくはあるが堅気の素朴な人々につづいて、スリや売春婦や賭博師がやってきて、ワシントンはアメリカ最大の犯罪都市になりかけていた。

バフェット家の友人で、ハワードが株式ブローカーをやっていたころからの知り合いのライケル一家(註5)が、ワシントン市内はひどい状態だから住まないほうがいいと忠告してくれた。海兵隊将校が引っ越したばかりで空いている家がバージニアにあるという。暖炉が一〇カ所と温室がある。そんな広壮な屋敷はバフェット家の家風には合わなかったし、ワシントンまで一時間かかるが、短期間借りることにした。ハワードはワシントン市内に小さなアパートメントを借りて、週末だけバージニアと行き来した。ハワードは環境になじんで、下院議員として規範、流儀、暗黙の了解事項を学び、たちまち忙しくなった。

ほどなくリーラは市内に出かけて住居を探した。ワシントンに来てから、いつになくいらだっていて、オマハが恋しいとたびたび口にした。引っ越しのときに悪いことが重なり、不吉な感じがしたからでもある。姉バーニスは自殺をほのめかしていた。母親のステラが入院しているノーフォーク州立病院に入院させてくれなかったら、なにが起きても責任は負えないというのだ。姉の世話をしているイーディスが、医師に相談した。バーニスは母親といっしょに暮らしたくて、そんな芝居がかったやり方でそれを押し通そうとしているのだろうと思われた。それでも、自殺するというのは本気かもしれないと考えて、家族はバーニスを入院させた。

スタール家の問題がバフェット家の子供たちの前で詳しく語られることはめったになかった。子供たちはそれぞれのやり方でワシントンの生活に順応した。一五歳の美しいドリスは、白黒のカンザスから総天然色のオズの国に来たドロシーの気分を味わっていた。フレデリックスバーグきっての美女となり、町と恋をした。(註6) リーラはドリスを、上昇志向が強くて身のほど知らずだと、以前とおなじように長々と非難することがあった。だが、もうドリスは母親に縛られてはおらず、自分の道を進みはじめた。

いっぽう、一二歳のウォーレンは、学力レベルの高いオマハのクラスに比べると「格段に遅れている」八年生のクラスで最初の八週間を終えていた。当然ながら仕事をしようと思って、パン屋で働いたが、「ほとんどなにもやらせてもらえなかった。パンも焼かないし売りもしなかった」。生まれ育った土地から無理やり遠ざけられた口惜しさと惨めさを噛み締め、〝謎のアレルギー〟で、眠れないと家族にいい張った。立っていないと眠れない、と。「祖父にも手紙で惨めったらしく訴え、〝送り返したほうがいい。孫をつぶす気か〟という返事が来た」バフェット夫妻が折れて、数カ月ネブラスカに帰すために列車に乗せた。ネブラスカ州選出の上院議員ヒュー・バトラーと乗り合わせたので、ウォーレンは大喜びした。年上の人々とは馬が合うので、バトラーとも早熟なウォーレン流の話がすらすらとできて、オマハまでずっと話をしていた。〝アレルギー〟はどこかへ消えていた。

九歳のバーティは、祖父と仲がよく、特別な絆ができていると思っていた。だからやきもちを焼いた。アーネストとの結びつきをあてにして、「パパとママにはいわないで。でも私も帰らせて」と手紙で訴えた。

「バーティからおなじような手紙が届いたときに、私はいったんだ。〝気にしないで。嘘だから〟(註7)」

アーネストが返事を出した。「女の子は母親のそばにいるものだよ」バーティはフレ

デリックスバーグに残り、兄はいつも好きなようにやる、と怒っていた。(註8)

ウォーレンはローズヒル校に戻り、友だちと再会した。昼になると父親の前のパートナーだったカール・フォークの家に行った。フォークの妻のグラディスが、サンドイッチとトマトスープを出して、世話を焼いてくれた。まるでもうひとりの母親でもあるかのように、ウォーレンはグラディスを崇拝していた。(註9)友だちのジャック・フロストの母親へイゼルや自分のおばたちに対するのとおなじように。

こういった中年の女性が相手だと、ウォーレンはゆったりした気分になれるのだが、どうしようもないくらい内気で、おなじ年頃の女の子は怖かった。それでも進級したばかりの八年生のクラスにいたドロシー・ヒューームに恋をした。友だちのステュ・エリクソンはマージー・リー・キャナディに恋をしたし、もうひとりの友だちバイロン・スワンソンはジョーン・フューゲイトに恋をした。何週間も話し合った末に、三人は女の子たちを映画に誘う決意を固めた。(註10)

土曜日の当日、バイロンとウォーレンは、ひとりだと不安なので、ふたりいっしょにそれぞれのデートの相手を迎えにいった。そんなわけで、昼過ぎに家から家へととぼとぼ歩き、そこから路面電車の停留所へと、何ブロックも気まずい沈黙のうちに歩くという出だしだった。反対方向に住んでいるマージー・リーは、ステュといっしょに停留所へやってきて、みんないっしょに電車に乗った。ダウンタウンまでずっと、男の子たちが顔を赤らめて自分の靴を見つめているあいだ、女の子たちは気楽におしゃべりをしていた。映画館に着くと、マージー・リーとドロシーとジョーンは、すたすたと座席に歩いていき、三人ならんで座った。《ミイラの墓場》と《キャット・ピープル》という二本立てのホラー映画を、女の子と体を寄せ合って見ようという男の子たちの計画は、あっというまに崩れてしまった。しかたがないので、三人まとまって座り、女の子たちのブルネットの頭がくっついて、くすくす笑ったり悲鳴をあげたりしているのをうしろから眺めつつ、毎週のシリーズものとアニメとホラー映画二本を見た。映画のあとは〈ウォルグリーン〉までまた退屈な道中をくりかえして食事をおごり、男の子たちは呆然としたまま、路面電車で来た道を引き返してから、女の子たちの家まで長い道のりを戻り、軽くさよならをいわれた。午後のあいだずっと、男の子たちはほとんどしゃべらなかった。[註11]三人ともひどい屈辱を味わったせいで、つぎに別の女の子にデートを申し込む勇気を奮い起こすまで、何年もかかった。[註12]

だが、失恋はしたものの、ウォーレンは興味を失わなかった。つぎはクラスの別の女の子ではっとするようなブロンドのクロー・アン・カウルに恋をした。でも、今度も関心を持ってもらえなかった。失望から気をまぎらす手段は、やはり金儲けだった。

「私がいつも金儲けの方法を考えていることを、祖父は喜んでいた。近所で古紙や古雑誌を集めて売ったこともあった。アリス叔母さんが収集場へ連れていってくれた。一〇〇ポンドで三五セントぐらいだったと思う」

祖父アーネストの家で、ウォーレンは棚にいっぱい積んである《新しい食料品店》のバックナンバーを読んだ。〝精肉売り場の在庫管理〟といった話題がおもしろかった。

週末になると、アーネストが自分の支配する帝国の〈バフェット&サン〉でウォーレンを働かせた。店は二階建ての自動車修理工場ほどの広さで、ダンディー郊外の品のいいアッパーミドルクラスの住宅地では目につくスペイン風の瓦屋根だった。〝つけで配達〟が店の売り方だった。主婦やコックがウォルナット〇七六一に電話してきて、店員に注文をいう。(註13)それを書きとめた店員が、店のなかを走りまわり、移動式の木の梯子《はしご》をあちこちに動かしながら昇り降りして、山積みの野菜や果物をバスケットに入れる。ザワークラウトやピクルスは、地下室に取りにいく。樽に入れて、木箱入りの卵などの腐りやすいものといっしょに、そこで冷やしてある。注文の品々をすべてバスケットに入れると、中二階の店員が滑車で引きあげて、伝票をつけ、包装して一階に運ぶ。そして、ゴムと革のサイドパネルが巻きあげ式になっている〈バフェット&サン〉のオレンジ色の配達車が、待っているオマハの主婦のもとへと走ってゆく。

アーネストは中二階のデスクに陣取り、店員たちに睨みをきかせている。店員たちは陰でアーネストを〝アーニーおやじ〟と呼んでいた。「祖父はなにひとつやらなかった。命令するだけだ」ウォーレンはいう。「だって王様だからね。すべてを見通している。客がはいってきたとき、店員が丁重に相手をしなかったら……」指がパチンと鳴り、店員は大目玉を食らう。アーネストは、「仕事、仕事、とことん仕事」という考え方だった。無料《ただ》のランチがこの世にあるなどという愚かな考えを従業員が持たないようにするのは自分の責任だと信じ、下っ端の在庫補充係の少年に二セントを持ってこさせて、社会保障税を現金で払わせたこともあった。しかも、社会主義の害悪についての三〇分のお説教がついていた。(註14)

アーネストが中二階を離れるのは、運転手付きの車で大事な女性客が来るのを目にしたときだけだった。そういうときには階段を駆けおりて、注文書を持ち、みずから客を出迎えて、客が連れてきた子供たちにペパーミントスティックをあげる。(註15)こんなふうにあからさまに階級を重視していたので、あるときほかの客の相手をする義弟のフレッドにほったらかしにされたリーラは、二度と買い物に行かなかった。(註16)それからはハワードが食料品を買いにいった。

ウォーレンは、アーニーおやじの命令で店を駆けずりまわる店員の気持ちを味わっていた。祖父の店で働いているときほど、奴隷の身分になったとしか思えないことはなかった。

「いろいろな半端仕事をやらされた。店に出ることもあれば、戦時の配給切符を数えるようにといわれることもあった――中二階で祖父といっしょに砂糖やコーヒーの配給切符を数えた。ときどき、祖父から見えないところに隠れた。

いちばんひどい仕事は、友だちのジョン・パスカルといっしょにやった雪かきだった。猛吹雪があって、水気の多い雪が三〇センチ積もっていた。客が車をとめる店の正面と、裏の路地、荷扱い場、配達車六台をとめる車庫のまわりに積もった雪を、すべてどかさなければならない。

五時間も雪かきをやった――シャベルを何度ふるったかわからない。そのうちに手をひらくこともできなくなった。それで、祖父のところへ行くと、こういわれた。〝それじゃいくら払おうかな？　一〇セントではすくなすぎるし、一ドルでは多すぎる！〟けっして忘れないだろう――ジョンと私は顔を見合わせたよ……」

五時間の雪かきだから時給は最高二〇セントになる。

「とんでもない！　祖父はふたり分としてそういったんだ。私の祖父はそういう人間だった……」

まあ、バフェット家の人間なら驚くにあたらない。だが、ウォーレンは貴重な教訓を学んだ。取引の詳細は事前に決めておけ。(註17)

アーネストには、バフェット一族に特有の性質があとふたつある。ひとつは女性に関して衝動的であること、もうひとつは完璧にこだわること。ヘンリエッタの死後、アーネストは二度の短い結婚生活を送っている。一度はカリフォルニアに旅行に行って、帰りには知り合ったばかりで結婚した新婦をともなっていた。完璧主義のほうも健在だった。〈バフェット&サン〉は、オマハ最古の食料品店につながる店であり、アーネストの厳しい指示はすべて理想的な顧客サービスを追求するためだった。近くに進出しつつあった全国チェーンの安売り店は一時の流行で、自分の店に匹敵するようなサービスはできないからそのうち消滅するだろうと、アーネストは考えていた。この時期、アーネストは親類への手紙に、自信たっぷりに書いている。「チェーンストアの時代は終わった」(註18)

〈バフェット&サン〉がパンを切らしたとき、アーネストは顧客をがっかりさせないように、ウォーレンを通りの先の〈ヒンキー・ディンキー〉というスーパーマーケットに使いにやり、小売価格でパンを買った。ウォーレンはこのお使いが大嫌いだった。というのも、店にはいるとたちまち顔見知りの店員が、「おーい、バフェット君」と、客に聞こえるような大声で呼ぶからだった。ウォーレンは、「目につかないように」パンを抱えて、こそこそと店のなかを歩いた。アーネストは、ダンディーにあるもう一軒の競争相手〈ソマーズ〉と同様、ユダヤ人が経営している〈ヒンキー・ディンキー〉を恨んでいた。競争相手の売上に貢献し、ましてユダヤ人を儲けさせるなど、腹立たしくてたまらなかった。二〇世紀半ば以前のアメリカのほとんどの地域とおなじように、オマハにも事実上、宗教と人種による差別があった。ユダヤ教徒とキリスト教徒（さらにはカトリックとプロテスタント）は、ほとんど別の生活を送り、社交クラブも市民団体も違っていた。ユダヤ人を雇わない企業も多かった。アーネストとハワードは、公の場でユダヤ人をけなすときには符丁を使った。当時は反ユダヤ主義が社会の主流だったので、ウォーレンはふたりの姿勢を気にも留めなかった。

それどころか、アーネストはウォーレンにとっては権威ある人物であり、その威光から逃れられるのは学校にいるときと、土曜日に配達車に乗って働いている数時間だけだった。車から食料品を降ろすのはくたびれる仕事だったし、ウォーレンは自分が力仕事が嫌いだということに気づきはじめていた。

「運転手のエディは、私には一〇〇歳の年寄りのように見えた。たぶん六五歳ぐらいだっただろうが、〈バフェット＆サン〉が騾馬《らば》の曳《ひ》く荷車で配達していたときには御者をしていた。

エディは馬鹿げた配達のやり方をしていて、まずベンソンへ行き、それから八キロメートル戻ってダンディーで配達し、それからまたベンソンに戻るという按配だった。ガソリンが配給の戦時中にそんなことをやっていた。とうとう私が理由をきくと、エディが嫌な顔をして答えた。〝早く行けば、あの女が服を脱いでいるときに配達できるかもしれないだろ〟」この謎めいた言葉の意味が、ウォーレンはすぐにはわからなかった。

「店に戻す炭酸飲料の空き壜《びん》二四本がはいったケースを私が運んでいるあいだに、エディはみずから食料品を朝のうちにその家に届けていた。そこでとびきり美人の顧客のカウルさんをじろじろ眺め、服を脱いでいるときに行けるといいと考えていたんだ」カウル夫人はクロー・アン・カウルの母親で、ウォーレンが空き壜を運んでいるときもクロー・アンは知らん顔をしていた。「私は祖父の食料品店で働いていたもののなかでも最低の賃金だっただろう。なにひとつ学べなかった——力仕事が嫌いだということ以外は」

アーネストの家で食べる日曜の夕食の席でも、ウォーレンは独立のための戦いを強いられた。青物《グリーン》と名のつくものは、ドル紙幣を除けば生まれたときから大嫌いだった。それなのに、ブロッコリー、芽キャベツ、アスパラガスが、神経戦の兵士よろしくウォーレンの皿に勢ぞろいしていた。両親が相手なら、たいがい自分の好みを押し通すことができた。しかし、アーネストは反抗を許さない。アリスはなだめすかして食べさせようとしたが、祖父は上座から睨みつけ、ウォーレンが食べ終えるまで延々と待っている。「アスパラガスを食べ終えるのに二時間かかることもあったが、いつも祖父には根負けした」

しかし、それを除けば、アーネストのもとにいると、たいがいのことでかなりの自由が許された。アーネストの車庫にドリスの青い〈シュウィン〉の自転車があるのを見つけた。アーネストからの贈り物で、ドリスのイニシャルがはいっていた。ワシントンに越すときに置いていったのだ。ウォーレンは自転車を持ったことがなかった。「当時は、自転車はかなり高額なプレゼントだったからね」その自転車を乗りまわしはじめた。そのうちに下取りに出して、男の子用の自転車の頭金のほとんどを、それでまかなった。(註19)だれもなにもいわなかった。なにしろウォーレンには〝後光〟が射している。

アーネストは、自分なりのやり方でウォーレンを溺愛していた。ふたりは夜にアーネストお気に入りの保守派のラジオ司会者フルトン・ルイス・ジュニアの番組を、「尊敬の念を持って傾聴」した。そのあと、アーネストはベストセラーを狙って自分が書いている本の構想をまとめた。『食料品店の経営法と、釣りについて私が学んだいくつかの事柄』という題名にするつもりだった。「人類が妥当な関心を抱いている物事は、そのふたつしかない」と考えていたからだという。(註20)

「夕方や夜に私が座っていると、祖父が口述筆記をさせた。〈バフェット＆サン〉ではなにひとつ無駄にしないので、古い帳簿の紙の裏に書いた。アメリカの全国民が競って買う本になるはずだと、祖父は思っていた。ほかの本など書く意味がない。『風と共に去りぬ』のような本はいらない。『食料品店の経営法と、釣りについて私が学んだいくつかの事柄』が読めるのに、『風と共に去りぬ』なんかだれが読みたがる、というわけだ」(註21)

ウォーレンは、そういったことすべてが――あるいはほとんどすべてが、気に入っていた。オマハに帰って叔母や祖父や友人たちと再会したのがうれしくて、ワシントンのことはしばらく忘れていた。

一カ月後、ワシントンのバフェット一家が、夏休みのためにネブラスカに三日かけて車で帰ってきて、借家にはいった。一家の財政は逼迫しはじめていた。これまでは、家畜一時飼育場はハワードの票田の一部にすぎなかった。しかし、いまや資金の源になりつつあった。ハワードはサウスオマハ飼料という会社を買収して、下院議員の給料を補った。そして、ウォーレンは父親のもとで働きはじめた。

「サウスオマハ飼料は、何十メートルもの長さの巨大な倉庫で、エアコンがなかった。家畜の飼料の五〇ポンド袋を貨車から倉庫に運び込むのが、私の仕事だった。天井まで荷物が山積みになっている貨車のなかにはいると、とてつもなく貨車が大きく見える。それに、夏の貨車というのは、ものすごいんだ。袋を軽々とほうり投げるフランキー・ジックという男がいた。重量挙げの選手だった。私はあまり暑いので半そでシャツを着て、袋を抱えて引きずるのにも苦労していた。昼には腕がすりむけて血だらけになる。そういう仕事が三時間つづく。路面電車に乗って家に帰る。力仕事なんてくだらないよ」

夏休みが終わる前に、一家はオコボジ湖へ短い旅行に行った。帰るころに、ウォーレンが自分の自転車を下取りに出したことをドリスが知った。だが、家族がほかのだれかに濡れ衣を着せたおかげで、ウォーレンは非難を免れた。しかし、夏休みが終わると、ふくれっつらでむくれているウォーレンを列車に乗せて、一家はワシントンに向かった。姉のものをくすねた資金で手に入れた自分の自転車も持っていった。ドリスはかんかんだった。ドリスの自転車を横取りしたあげく売るという行為は、よからぬ行状にウォーレンが転落する幕開けで、とうとう両親も対策を講じなければならなくなる。

ワシントンに戻ったバフェット一家は、郊外の上品な住宅地スプリング・バレーにある二階建ての白いコロニアル様式の家に越した。マサチューセッツ・アベニューにも近く、庭にはミモザの木があった。そこは一九三〇年に〝社会的・公的に傑出した人々〟向けに開発された限定コミュニティ*だった。スプリング・バレーは、〝一流有名人の小コロニー〟として設計されていた。(註22)リーラはその家を多少の家具も含めて一万七五〇〇ドルで購入した。ウォーレンは正面の寝室をもらった。両隣の家に男の子がいて、いずれもウォーレンより年上だった。通りの向かいがキーブニー家で、一三歳のウォーレンは、もっとも手近にいる母性的な中年女性のキーブニー夫人に恋をした。「それはもう夢中になった」という。

外交官が多く、国際的な雰囲気の地域だった。バフェット家は戦時のワシントンの生活にしだいに慣れていったが、オマハとは土地柄がまったく違っていた。ようやく不況が終わり、景気は上向きはじめていたが、戦時の配給体制のもとでは現金の値打ちがどんどん下がっていた。日常生活は配給の点数《ポイント》や切符に左右された。缶詰食品についてはひと月四八ブルーポイント、傷みやすい食品は六四ブルーポイント、肉、靴、バター、

＊「限定」というのは、ユダヤ人には買うことができないという意味だった。

砂糖、ガソリン、ストッキングは配給切符。切符なしで現金で肉を買うことはできない。鶏肉だけは切符なしで買えた。バターが配給で品薄なので、風味のない白いマーガリンの容器に黄色い食品着色料を搾り出すという方法をみんなが憶えた。自動車メーカーは工場を軍需品の生産にふりむけていたので、新車を買うことは不可能だった。車で旅行するには、一家のガソリンの配給切符をためる必要があった。

毎朝、ハワードはウィスコンシン・アベニューをジョージタウンのMストリートまで行って、そこからペンシルベニア・アベニューに折れる路面電車に乗る。旧行政府ビルの近くで降りて、騒然としている市内で仕事をはじめる。何千人もの新たな政府職員や軍人が通りにひしめいていた。

リーラは、来た初日からワシントンを毛嫌いしていた。オマハが恋しくてたまらず、それに孤独だった。新しい仕事に没頭していたハワードは、夫としても父としても遠い存在になっていた。一日中オフィスで働き、夜には議事録や立法のための資料を読む。土曜日もオフィスにいて、日曜日も教会に行ってから出勤することが多かった。

ドリスはウッドロー・ウィルソン高校に通っていて、そこでも一般の学生のあいだに溶け込んだ。バーティもすぐに友だちをつくり、近所に仲のいい女の子の集団ができた。ウォーレンの場合は、姉や妹とはまったく違っていた。転校先はアリス・ディール中学校だった。(註23) ワシントンでもっとも高い山の上にあり、スプリング・バレーやその裏手の窪地の黒人の学校や街全体を見渡すことができた。

外交官の子女を中心とするウォーレンのクラスの生徒は、遠いローズヒル校の友だちやウォーレンよりもずっと洗練されていた。最初は友だちをつくるのに苦労した。バスケットボールやアメリカンフットボールをやってみたが、眼鏡をかけているし、肉体がぶつかり合うスポーツには気後れするので、どちらもうまくいかなかった。「友だちから引き離され、新しい友だちができない。クラスでは年下のほうで頼りなく見える。運動がまったくだめなわけではなかったが、優秀ともいえないから、スポーツもきっかけにならなかった。ドリスもバーティも美人だから、うまくやっていける。きれいな女の子は、なんの苦労もしない。まわりのほうが合わせてくれるから。それで、ふたりは私よりもずっとうまく順応していた。それがまたよけい腹立たしかった」

成績は最初はBやCが多かったが、やがてAになった。ただ、国語はだめだった。「成績はその科目の先生に対する気持ちに関係があった。国語のオールワイン先生は嫌いだった。(註24) 音楽もずっとCだった」音楽のボーム先生は、学校で一番の美人だった。男子生徒はたいがいボーム先生に恋していたが、ウォーレンはほんとうに反りが合わず、協調性と礼儀を改善し、自立心を持つ必要があると報告された。

「クラスで最年少だった。女の子に興味があったし、避けていたわけではなかったが、頼りなく見えるのはわかっていた。社交の面でも女の子のほうが私よりもずっと進んでいた。オマハにいたときには、ダンスをする生徒はクラスにひとりもいなかった。ワシントンに越すと、みんなが一年か二年ぐらいダンスの経験がある。だから、まったくついていけなかった」

ウォーレンは一二歳で引っ越したせいで、アディー・フォッグのダンス・レッスンという重要な経験を逃していた。オマハの在郷軍人会館で、中年のがっしりした小柄な女性のアディー・フォッグが金曜日に教えていた。男の子と女の子が、背丈の順で組まされた。男の子はボウタイを締め、女の子は硬いペチコートをつけた。そして、フォックストロットとワルツのボックスステップを習った。男の子は、公の場で若い女性に対して〝紳士的に〟ふるまうすべを習い、つらい沈黙を破るための基本的な会話を苦労しながらやった。女の子の手の感触を知り、ウエストを支えることを憶え、顔が近くにあるのを感じる。拍子を合わせて動くときに、パートナーをリードする楽しさと難しさを、はじめて味わう。ぎこちなさと達成感をいくつもともにしていくうちに、この集団の通過儀礼がしだいに男女の親密な間柄という意識を目覚めさせる。その機会を逃したことが、孤独を深めた。もともと自信のないウォーレンは、取り残されていた。青年になりつつある男の子のなかで、いまだに少年だった。

級友たちは、ウォーレンは気さくだが内気で、ことに女の子が相手だとよけいそうだというのに気づいていた。(註25)八月生まれで、ローズヒル校で半学年特進したウォーレンは、たいがいの生徒よりもひとつ年下だった。「ひとりだけはぐれていた。そのころは女の子が苦手で、いろいろな社交ができなかった。でも、年上の相手なら平気だった」

一家がスプリング・バレーに越してまもなく、ハワードの友人のエド・S・ミラー――ウォーレンの年上の友人のひとり――が、オマハから電話をかけてきた。ウォーレンに話があるのだという。

「ミラーがいうんだ。〝ウォーレン、二進《にっち》も三進《さっち》もいかなくて困ってるんだ。取締役会が、ワシントンの倉庫を手放せといってる。ほんとうに厄介なことになってる。古くなったコーンフレークや〈バーベキューブ〉ドッグビスケットが、数百ポンドも――数百ケースもある。ほんとうにピンチだよ。そっちとは二〇〇〇キロメートルも離れているし、ワシントンにいる知り合いのビジネスマンはきみだけなんだ〟

こうもいった。〝きみなら頼りになるとわかっている。じつは倉庫の管理人に、コーンフレークと〈バーベキューブ〉ドッグビスケットを、きみの家に運ぶよういってある。いくらで売却してもいいから、売上の半分だけこっちに払って、あとは取っておいてくれ〟

突然大型トラックがやってきて、うちの車庫や地下室に荷物を運び込んだ。どこもかしこもいっぱいになった。父が車を入れることすらできない。

さて、売る品物が手にはいった。

そこで、だれが買うだろうかと考えた。ドッグビスケットは、当然ながらイヌの飼育業者が使える。コーンフレークは古くて人間には食べられないから、家畜の餌ならいいだろうと考えて、養鶏業者に売った。ぜんぶで一〇〇ドルにはなったと思う（註26）。半分をミラーに送金すると、手紙をくれた。〝おかげで馘《くび》にならずにすんだ〟と。

オマハにはそういうほんとうにいい人たちがいたんだ。子供のころは、大人といっしょにいるといつも楽しかった。どんなときでも。教会やどこかへ行くときも、ちょっとよその家に寄ったりした。

父の友人たちがまたやさしかった。牧師館で聖書の勉強会やいろいろなことをやり、そのあとでうちに来てブリッジをやっていた。ほんとうにやさしくて、私を好いてくれて、ウォレニーと呼んだ。図書館で本を借りて、ＹＭＣＡで練習し、卓球を憶えた。私が地下で大人と卓球をやるのが好きだというのをみんな知っていて、試合をしてくれた。オマハではそういうことをいろいろやっていた。ちゃんとした自分の地歩があった。

ワシントンでは、卓球台が消え失せた。コルネットも、ボーイスカウトも。いろいろなことをやっていたのに、引っ越したらぜんぶおじゃんになった。

だから、怒り狂った。

でも、どういう方向に怒りを向ければいいのかがわからなかった。父が当選する前よりも、ずっと楽しくなくなったことだけがわかっていた」

父親に連れられて連邦議会を見学したあと、ウォーレンは下院の議員奉仕係になりたくなった。しかし、ハワードにはそれを実現するだけの力がなかった。そこで、ウォーレンはチェビーチェイス・クラブのキャディになったが、やはり力仕事は合わなかった。「重たいゴルフバッグを持つので、母がシャツの内側にタオルを縫いつけてくれた。ときどきゴルファーが――たいがい女性ゴルファーだったが――気の毒がって、自分でバッグを運ぶこともあった」自分の技倆や才能に合った仕事を見つける必要があった。

バフェット家のほかの人たちとおなじように、ウォーレンもニュースとともに生活していた。ニュースを聞くのが大好きで、それを配達する仕事に就いてみると、それも好きだとわかった。《ワシントン・ポスト》の配達ルート一本にくわえ、それとは違う《タイムズ - ヘラルド》のルート二本を引き受けた。

ウォーレンは、スプリング・バレーの家の近くで配達をはじめた。「最初の年、家と家のあいだが離れていて、あまりやる気がなかった。クリスマスも含めて毎日配達しないといけなかった。クリスマスの朝は、私が配達を終えるのを家族は待っていなければならなかったんだ。病気のときは母に配達してもらったが、手間賃はそのままもらった。部屋に壜が置いてあって、五〇セント玉や二五セント玉を貯めた」(註27)やがて、夕刊も配達するようになった。

「ワシントンの名門一族が所有する《イブニング・スター》が、近所でもっとも購読者の多い新聞だった」

ウォーレンは夕方に自転車で通りを走り、前の大きな籠から《イブニング・スター》をつかんでは投げる。配達ルートの終わりのほうでは、勇気を奮い起こす必要があった。

「セジウィックに猛犬がいたからだ。

ひとりで働くのが好きだった。そのあいだ、考えたいことを考える時間がある。最初のころはワシントンが嫌いで、いつも自分の世界にこもっていた。部屋にいて考えてもいいし、新聞を投げながら考えてもいい」

頭のなかはいつも怒りでいっぱいだった。アリス・ディール中学校で、ウォーレンはそれを行動に移していた。バーティ・バッカス校長は、生徒の名前をぜんぶ憶えているのが自慢だった。ウォーレン・バフェットの名前は、すぐに特別な理由から憶えた。

「転校したときも遅れていたが、やがてだいぶ取り残された。私は世の中に腹を立てていた。白昼夢にふけり、いつもいろいろなことを図表《チャート》にしていた――学校に株式《ストック》チャートを持っていき、授業はぜんぜん聞いていなかった。そのうちにジョン・マクレーやロジャー・ベルと友だちになった。そして、物事をぶち壊す問題児になったんだ」

子供のころの感じのいい性格は影を潜めた。ウォーレンはただ嫌われたいがために、ジョン・マクレーを誘い、教師が話をしているあいだチェスをしたり、ゴルフボールを切って、なかの液体を天井に向けてぶちまけたりした。

生徒たちはゴルフをはじめていた。ジョン・マクレーの父親は、ワシントンDCのダウンタウンに近いトレガロンという有名な大邸宅のゴルフコースを整備する仕事をやっていた。マージョリー・メリウェザー・ポストとその夫の駐ソ連大使ジョセフ・E・デービスが、そこを所有していた。そこには召使が何十人もいたが、家族はほとんど留守だったので、生徒たちは九ホールのゴルフコースへ行って勝手にプレイした。やがてウォーレンは、ロジャーとジョンをそそのかし、ペンシルベニア州ハーシーへ逃げて有名なゴルフコースのキャディをやろうとした。(註28)「ヒッチハイクで行った。二五〇キロメートルぐらいうまく乗り継いでハーシーへ行き、ホテルに泊まったんだが、ベルボーイに自慢したのが間違いだった。

翌朝、下におりると、ハイウェイパトロールのでかい警官がいて、本署に連れていかれた。

私たちは嘘をついた。親の許可を得ていると嘘をつきまくった。そのあいだ、テレタイプが警戒情報を流しつづけていた。じきにワシントンから警戒情報が届いて、嘘をついているのがばれるに違いないと思った。だから早くそこを出たかった」

どういうわけか嘘が通り、三人は解放された。(註29)「ゲティスバーグだかどこだかへ向けて歩きはじめた。なかなか拾ってもらえなかったが、やがてトラックが乗せてくれて、三人とも運転台にぎゅうぎゅうづめになって乗った」三人ともおびえていて、早くうちに帰りたかった。「トラックがボルティモアの安食堂でとまり、三人はそれぞれ違うトラックに乗ることになった。もう暗かったし、生きて帰れるだろうかと心配になったが、それぞれちゃんとワシントンまで送ってもらえた。ロジャー・ベルの母親は入院していた。息子のことが心配で病気になったんだ。ロジャーをそそのかしたのは私だったから、いたたまれない気持ちになった。私は札付きの非行少年への道をまっしぐらに進んでいた」

そのころ、ルー・バティストンという友だちもできた。だが、オマハでそうだったように、ロジャーやジョンの友情とは区別していた。そのころのウォーレンの成績は、最悪だった。CからDに落ち、Dマイナスまであった——国語、歴史、フリーハンド製図、音楽。数学までもがCだった。(註30)「得意なはずの科目もひどかった」何人かの教師は、ウォーレンを頑固で粗野で怠け者だと見なした。(註31)ことに素行がひどい生徒を示すためにXをふたつつける教師もいた。当時は、ウォーレンのような態度は衝撃的だった。一九四〇年代の子供たちは、いわれたとおり、教師には従うものだった。「私は坂道を転げ落ちていた。両親は力を失い、いないも同然だった」

たったひとつだけ秀でた科目があった。タイピング。ワシントンDCは書類で戦争を遂行している場所だから、タイピングは必要不可欠な技術と見なされていた。

アリス・ディール中学校では、キーに黒い布をかけ、生徒はブラインドタッチで打たなければならない。(註32)それでキーを自然と憶え、目と指の動きが調和して打てるようになる。ウォーレンは記憶力にもタイピングにも天与の才能があった。「タイピングでは全学期Aだった。もちろん当時は手動のタイプライターで、キャリッジを勢いよく戻すと〝チン！〟という音がした。

二〇人のクラスで、私はタイピングが抜群にうまかった。スピードテストをやるときには、一行目をひたすら早く打って、キャリッジを戻す。みんなは最初の単語を打っているときに、〝チン！〟という音を聞いて、はっと手をとめる。そしてあわててもっと早く打とうとして、打ち損ねる。タイピングの授業はほんとうに楽しかったよ」

ウォーレンは、三ルートの新聞配達にも、そういう猛烈なエネルギーを注ぎ込んだ。生まれたときから指がインクに染まっていたとでもいうように、新聞配達が好きになった。そして、ルー・バティストンによれば、「例の人柄でルート・マネジャーをいくるめて、歴史的に名高いテンリータウンのウェストチェスターのルートをもらった」。これは画期的なことだった。ウェストチェスターは従来、大人の配達員が担当する地区だった。

「たいへんなチャンスだった。ウェストチェスターは上流だ。超一流なんだ。オランダのウィルヘルミナ女王が所有していた。(註33) そのルートには上院議員が六人いて、陸軍大佐や最高裁判事も何人もいた。どこも大物の家だ。オビータ・カルプ・ホビーや、物価管理局のレオン・ヘンダーソン長官も住んでいた」ホビーはテキサスの有名な出版社一族の出で、陸軍婦人補助部隊長官に就任するためにワシントンに来た有名な女性だった。

「そんなわけだから、にわかに重大な仕事を引き受けたことになる。一三歳か一四歳だった。ウェストチェスターでは、まず《ワシントン・ポスト》だけを配達した。ウェストチェスターを任されてからは、ほかの朝刊ルートはすべて手放すしかなかったので、だいぶがっかりした」ウォーレンは、《タイムズ・ヘラルド》のマネジャーと親しくなっていた。「それで、ウェストチェスターで《ワシントン・ポスト》を配達するチャンスをもらったが、そうなるとスプリング・バレーのルートは手放さなきゃならないという話をしたとき……彼はとても喜んでくれたが、私はほんとうに悲しかった」

そのころウォーレンは、自分を熟練の新聞配達員だと見なしていたが、ウェストチェスターは難しいルートだった。ウェストチェスターには五つのビルがあり、それが二七・五エーカー（約一二万平方メートル）の範囲に散らばっている。四棟は近いが、一棟は離れている。そのルートには、カテドラル・アベニューの向こうのマーリンとワーウィックという二つのアパートメントも含まれていた。ウィスコンシン・アベニューの一戸建住宅の短いルートもこなさなければならない。

「日曜日にはじめるとき、購読者とアパートメントの部屋番号が書かれた帳面を渡された。予行演習はなく、帳面を前もって見ることもできなかった」ウォーレンはテニスシューズを履き、一路線三セントのバスの定期券を持って、寝ぼけまなこで首都交通局のバスに乗った。朝食は抜きだった。

「午前四時半ごろに行った。新聞の束は膨大だった。いったいどうなるのかと思ったよ。配達用の分類番号の意味も知らなかったし、なにも知らなかった。何時間もそこで新聞を分類し、まとめていた。教会に行きしなに私の持っている束から抜いていく人が多かったので、しまいには新聞が足りなくなった。なにもかも大失態だった。とんでもないことをはじめてしまったと思ったよ。配達を終えたのは一〇時か一一時だった。

でも、よろめきながらもやり抜いたんだ。上達して、あっというまに熟練した。簡単だった」

カテドラル・アベニュー三九〇〇でウェストチェスター行きのＮ２路線始発バスに乗るために、ウォーレンは毎朝家から駆け出していった。毎週定期券を買うときに最初の購入者になり、〇〇一という番号の定期を持つことも多かった。(註34) 運転手も憶えていて、遅れそうになって走っていないかと目を配ってくれた。バスを跳びおりると、ウェストチェスターまで数ブロックをまた走った。

もっとも効率のいいルートを編み出し、何百部もの新聞を配達するという退屈しがちな反復作業を自分との競争に変えた。「そのころは新聞印刷用紙も配給だったから、新聞がすこし薄かったが、三六ページでちょうどいい厚みになる。束を抱えて廊下の端に立ち、一部を抜いて、平らにし、パンケーキみたいに折りたたむか、丸パンみたいにまるめる。そして太腿に打ちつける。手首をひねって回転をくわえ、廊下を滑らせる。一五メートル、いや三〇メートルくらい滑らせることができた。廊下にならぶアパートメントのドアは、間隔がいろいろだから、腕の見せどころだ。まずいちばん遠いところを狙う。ドアのすぐ前でとまるようにやれるかどうかが肝心なんだ。牛乳の空き壜を置いてあることがあって、それだともっとおもしろくなる」

ウォーレンは、購読者にカレンダーも売り、そのほかに副業として大手出版社ムーア‐コトレルの雑誌販売の代理人もやった。まず、新聞購読者に古雑誌を古紙として出して戦争遂行に協力してほしいと頼んだ(註35)。そして、ムーア‐コトレルから渡された暗号帳を使って、古雑誌の宛名ラベルから購読期限が切れそうになっているかどうかを調べたのだ。購読者のカードファイルをこしらえ、購読期限が切れる前にドアをノックして、契約を更新させた(註36)。

ウェストチェスターは戦時中、住民の入れ替わりの激しい場所だったので、ウォーレンがもっとも怖《おそ》れていたのは、急に引っ越されて購読料を踏み倒されることだった。そうなると自腹を切らなければならなくなる。何人かに踏み倒されたあとで、エレベーターガールにチップを渡して、引っ越しがありそうなときには教えてもらうことにした。やがて、尊大なオビータ・カルプ・ホビーが購読料を滞らせるようになった。ホビーは《ヒューストン・ポスト》という新聞を所有しているのだから、新聞配達の少年の気持ちがすこしはわかっているはずだと、ウォーレンは思った。それでも、踏み倒されるのが心配になった。

「私は請求書が来れば期限どおりに支払っていたし、新聞もちゃんと配達していた。立派な少年だったんだ。国に尽くしている理想的な市民として、戦時国債を贈られた。顧客の未収金は増やしたくなかった。オビータ・カルプ・ホビーについては、あらゆる手を尽くした――何度かメモを入れたし、最後には、逃げ出す前に捕まえるために、朝の六時にノックした」ほかの面では内気だが、お金が関係してくると、ウォーレンはけっして気後れしない。ホビーがドアをあけると、「請求書を渡した。向こうは払わざるをえなかった」。

放課後にはバスでスプリング・バレーに帰って自転車に跳び乗り、《イブニング・スター》を配達した。雨の降る冬の夕方には、ときどきルートをそれて、友だちの家の玄関に現われた。いつもぼろぼろのスニーカーを履いていて、穴だらけなので足首までずぶ濡れだった。だぶだぶの格子縞のシャツにも水が通って鳥肌が立っていた。わけあって、ウォーレンはコートを着なかった。そのあわれな格好にびっくりした友だちの母親が、笑みを浮かべながらやさしく抱きしめ、タオルで拭いてくれた。その温もりにウォーレンの心はやすまるのだった。（註37）

一九四四年末、ウォーレンははじめて所得税申告書を提出した。払った税金はたった七ドルだった。それだけに減らすために、腕時計と自転車を経費として差し引いた。疑問があることはわかっていた。だが、そのころは目標にたどり着くために、あらゆる節税手段が必要だった。

ウォーレンは一四歳にして、愛読書の『一〇〇〇ドル儲ける一〇〇〇の方法』に説明されていた見通しを実現した。貯めた金はいまや一〇〇〇ドル前後になっていた。自分の達成したことが、ウォーレンにとってはおおいなる自慢だった。これまでのところは勝ち試合だ。大きく勝っている。それをつづけるのが目標に到達する方法だとわかっていた。

第10章　犯罪実話

——一九四三年〜一九四五年　ワシントンDC

中学校時代のウォーレンの厄介ごとは、成績不良、税金逃れ、家出ばかりではなかった。両親は知らなかったが、ウォーレンは犯罪生活に染まっていた。

「まあ、ワシントンへ越してから、八年生か九年生のころに反社会的になった。悪い連中とつきあい、やってはならないことをいろいろやった。反抗していただけだ。幸せではなかったんだ」

その年頃の生徒がよくやるような悪さをはじめた。

「印刷教室が大好きだった。印刷教室の授業では、文字と数字の頻度の計算をよくやった。それなら自分ひとりでできる。この授業では、活字を組むといったことをやったんだ。ほんとうにいろいろなものを印刷した。

アメリカ禁酒組合理事長Ａ・Ｗ・ポール牧師というレターヘッドをこしらえて、こんな内容の手紙を書いた。〝私は長年アメリカ各地で飲酒の弊害について講演を行なっておりますが、こういった旅行の際には若い見習い工のハロルドをつねに同行させておりました。ハロルドは酒が人間にあたえる害を示す好例です。ハロルドはビールを持って演壇に立ち、よだれを垂らし、まわりでなにが起きているかもわからない、あわれなようすを見せます。ところが残念なことにハロルドは先週亡くなりました。あなたもご存じのかたから、あなたが後任を務めてくださるかもしれないと教えられたしだいであります〟[註1]」

ウォーレンがもっともつきあいやすい友人たちも、そういう行動をそそのかした。新しい友だちのドン・ダンリーやチャーリー・トロンといっしょに、開店したばかりの〈シアーズ〉をうろついた。ネブラスカ・アベニューとウィスコンシン・アベニューの交差点に近いテンリー・サークルあたりにある〈シアーズ〉は、ワシントンで二番目に古い地域テンリータウンのどまんなかに現代的な設計の建物が舞い降りたという風情で、かなり衆目を集めた。舗道から数階上の曲線的なデッキに、人間の背丈ほどもあるＳＥＡＲＳという文字がある。[註2]その看板の裏の屋上には、立体駐車場というとびきり目新しいものが隠れていた。若者たちはさっそくそこに車をとめてキスや愛撫にふけるようになった。中学生たちにも人気の場所になった。ウォーレンと友人たちは、昼休みや土曜日にH2路線のバスでそこへ行った。

地階に〈シアーズ〉がもうけている暗くて狭いランチカウンターも、生徒たちに人気があった。一日ずっとコンベアに乗ってドーナツが流れてくるのを見ていると、うっとりした。だが、ウォーレン、ドン、チャーリーは、通りの反対側の〈ウールワース〉のほうが好きだった。〈シアーズ〉の筋向かいにあり、角にある警察署と向き合っている。三人はランチを食べながら窓から留置場を覗いた。

ハンバーガーを食べ終えると、三人は階段を下りて〈シアーズ〉の地階をうろつく。ランチカウンターは避けて、スポーツ用品売り場に向かう。

「万引きしほうだいだった。使う必要があるものを盗んだ。ゴルフバッグ、ゴルフクラブ。スポーツ用品がある地階から通りへ、ゴルフバッグやクラブを抱えてそのまま出ていくんだ。どちらもむろん盗んだ品物だ。ゴルフボールは何百個も盗んだよ」万引きすることを、〝ギる〟といっていた。

「捕まらなかったのがいまだに不思議だ。純真に見えたはずはないんだ。悪いことをしているティーンエイジャーが純真に見えるわけがない。(註3)

ゴルフボールを盗むと、クロゼットのオレンジ色の袋に溜め込んだ。〈シアーズ〉が店に出したとたんにギった。使いもしなかった。売りもしなかった。クロゼットにゴルフボールを溜め込んだ理由は、いまだに思い当たらない。オレンジ色の袋は大きくなるばかりだった。どうせ万引きするなら、もっといろいろ盗むべきだった。だが、私は両親に馬鹿げたつくり話をした——信じていないことはわかっていたんだが——ある友だちがいて、その父親が死んだあとで、父親が買い込んでいたゴルフボールがつぎつぎと見つかったという話をした。両親は夜に、私のことでどういう話し合いをしてたんだろうね」(註4)

バフェット夫妻は愕然とした。ウォーレンは天からの授かり物だったのに、一九四四年には非行少年になっていた。「私の成績は私の不満をそのまま表わしている。数学は全学期C、国語はC、D、D。自立心、精励、礼儀はすべてX。教師とのやりとりがないほうが、まだましだった。じっさい、教室にひとりきりにされて、授業でやる材料を、殺人鬼ハンニバル・レクターに対するみたいにドアの下から差し入れられたこともあった」(註5)

卒業式の日に、生徒はスーツにネクタイで登校するようにといわれたとき、ウォーレンは拒否した。これにはバーティ・バッカス校長も我慢できなかった。「問題ばかり起こしているうえに適切な服装をしないので、アリス・ディール中学校では卒業させられないというんだ。上等だと思ったね。私は生意気で、反抗的だった。ひどいできそこないの人間になるだろうと予告した教師もいた。行状という面では、とんでもない不渡手形を出したようなものだね。

でも、父も母も私を見捨てなかった。どちらも私の味方だった。自分を信じてくれる両親がいるのはすばらしいことだ」

しかし、ウォーレンが高校に入学した一九四五年春には、バフェット夫妻も我慢できなくなっていた。ウォーレンの原動力がなんであるかは、そのときにははっきりわかっていた。ハワードは、金儲けをやめさせるとウォーレンを脅した。

「ずっと私を応援していた父がいった。〝おまえがなにが得意かというのは知っている。一〇〇パーセントの力を出せとはいわないが、こういうふるまいをつづけるか、それとも自分の可能性を伸ばすようなことをやるかは、おまえしだいだ。だが、やらないのなら、新聞配達はやめてもらおう〟。そのとき気づいた。父は遠まわしないい方で、私に失望していることを知らせようとしていた。これはいけない、あれはいけないといわれるよりもずっと、私にはそれがこたえた」

第11章 彼女はずんぐり《パッジィ》じゃない

——一九四四年〜一九四五年　ワシントンDC

ハワード・バフェットは、ほどなく、ネブラスカ州選出の下院議員のなかではもっとも気安くない人物だという評判を得てしまった。資金や票集めのためにたいがいの下院議員が顔を出すような集まりには近づこうともしなかったし、自分の票は金でも物々交換でも買えないことをはっきりさせていた。自分を選んでくれた人々が当初の俸給に納得して投票したのだと考え、昇給を拒んだ。下院議員につきものの特典に対しては、両眉を上げて自分の姿勢を表わした。補助の出るレストランでの食事、友人と親戚と愛人で水増しした給料支払い、タイヤから宝飾品まであらゆるものを卸売価格で売ってくれる〝事務用品店〟——ハワードはそういったものすべてに衝撃を受け、それをはっきりと態度で示した。

また、アメリカは戦争中であり、国家財政は赤字だった。ハワードはアメリカを〝金本位制〟に戻すという非現実的な目標に固執していた。アメリカは一九三三年に金本位制から離脱していた。それ以来、財務省はニューディール政策のために通貨を大量に発行し、そしていま戦争のためにおなじことをやっている。アメリカが一九二〇年代のドイツのようになり、キャベツひとつを買うのに手押し車いっぱいの紙幣を積んでいかなければならなくなるのではないかと、ハワードは懸念していた。第一次世界大戦後、ドイツは賠償金を支払うために保有する金《きん》が枯渇し、そのために深刻なインフレが起きた。(註1)その経済の混乱は、ヒトラー台頭の大きな原因のひとつだった。

政府がいずれ国家財政を破綻させると確信したハワードは、食糧難が起きたときに家族を避難させるために、ネブラスカに農場を買った。バフェット家では国債への不信が染みついていたので、貯蓄国債を知り合いの誕生日プレゼントにしようかと家族で話し合ったとき、九歳のバーティは両親が知り合いをかつぐつもりだと思い、「でも、その人はそれが値打ちがないのを知らないのかな?」ときいた。(註2)

ハワードの頑固さは、立法という自分の仕事をこなす障害になっていた。

「下院で三対四一二で否決されるようなことがあった。父はたいがいその三票のほうだったが、それでも平気だった。落ち着き払っていた。私にはこたえた――負けるとものすごく腹が立った。落ち込んだりしおれたりしている父を見たことがない。最善を尽くしていると父は思っていた。自分の流儀を貫き、自分が議員を務めているのは私たち子供のためだと考えていた。国の行く末については悲観的だったが、自分はけっして悲観主義者ではなかったんだ」

同盟を結んで共和党の目標に向けて進もうとせず、つねに高邁な信条を押し通すというハワードのやり方は、同僚との関係を難しくして、家族にも負担が及んだ。リーラは溶け込もうと努力していた。彼女には世間の評価が重要だったからだ。競争心も旺盛だった。「私たちはみんな父を信じていました」ドリスはいう。「でも、負けつづけているのを見るのはつらかった」そのいい方は控えめすぎるだろう。バフェット一家はハワードの不屈の精神を尊敬していたし、自分たちに高潔さを教えてくれたことを感謝していた。しかし、子供たちはそれぞれのやり方で調和をとる意識を強めて、バフェット家に特有の独立心旺盛な傾向を和らげ、バランスのとれたものにしていた。

党内で一匹狼でありつづけるというハワードの姿勢は、リーラの不機嫌をいっそうつのらせた。ワシントンに住むのがつらいリーラは、ネブラスカ州選出の議員たちの妻と小オマハをつくりあげようとした。もう家政婦もいなくて、騙されたような気持ちになっていた。「私はハワードと結婚するためにすべてを捨てたの」(註3)といい、自分と夫が、感謝を知らない子供たちのためにどれほど犠牲を払ったかを綿々と愚痴った。だが、子供たちに家事を教えて手伝わせることはせず、「自分でやるほうが簡単だから」といって、万事自分でやった。自分だけが受難していると感じて、子供たちにあたり散らし、ことにドリスには厳しかった。ドリスも溶け込むのに自分なりの問題を抱えていた。

ドリスはたいへんな美人なのだが、自分ではそう思ったことがないという。また、自分がその一員になりたいと願っている洗練されたワシントンのグループに劣っているのではないかと、不安になっていた。ドリスはフランス大使館で行なわれたマーガレット・トルーマンの誕生日パーティーに招待され、オマハにいればいっしょに卒業していたはずのグループとともにアクサーベン＊のプリンセスとして社交界デビューを計画しはじめた。ウォーレンはドリスが箔をつけようとしているのをからかった。

意志強固な努力家のリーラは体面をひどく気にするたちで、貧しい庶民だったのをイギリス皇太子に見出されて結婚したウィンザー公爵夫人についてのニュースはくまなく読んでいた（註４）。だが、ウィンザー公爵夫人が一生かけて世界中のすばらしい宝飾品を集めたのとは違って、リーラは大望と自尊心はあるのだが、自意識過剰に虚飾を軽蔑していた。バフェット家は《サタデー・イブニング・ポスト》誌の表紙に載るような中西部の典型的なミドルクラスだと考え、社交界に乗り出そうというドリスの野心を厳しく叱った。

アリス・ディール中学校を卒業したウォーレンは、一九四五年二月に一四歳でウッドロー・ウィルソン高校の一〇年生に編入学した。(註5)〝特別〟と〝ふつう〟の両方になりたいと思っていた。同級生たちに比べてまだ幼く、非行少年から立ち直らせようとしていた両親に注意深く見守られていた。新聞配達がウォーレンの自主独立の源で、その程度の独立があるだけだった。また、新聞を配達するだけではなく、読むようになっていた。「漫画、スポーツ欄、株式欄を、配達前に読んだ。風刺漫画の〈リル・アブナー〉は毎朝読んだ。リル・アブナーが毎日なにをやっているかが知りたかった。自分が賢く思えるのが、この漫画の魅力だった。漫画を読んで、〝自分がそういう立場に置かれたら……こいつは馬鹿じゃないか〟と考える。だって、リル・アブナーにべた惚れのデイジー・メイという美人がいつも追いかけまわしているのに、すぐそばにいる彼女にリル・アブナーは目もくれない。あのころの精力がありあまっているアメリカの男の子はみんな、デイジー・メイがリル・アブナーをものにするのを待っていたんだ」

田舎のヒロインのデイジー・メイ・スクラッグは、アパラチア地方のドッグパッチと

＊　ネブラスカ（Nebraska）を逆に綴ったもの（Ak-Sar-Ben）。

いう架空の村の出身で、肩がはだけた水玉模様のブラウスを着て、胸の谷間があらわになっているというブロンドの美女だった。お人好しで力持ちのリル・アブナー・ヨーカムは、いつもデイジー・メイが仕掛ける結婚の罠から逃れようとしている。いくらリル・アブナーがはねつけても、デイジー・メイはいっそう必死で追いかけた。金持ちの有力者が何人もいい寄るのだが、デイジー・メイにとってこの地球上に男はただひとり――リル・アブナーしかいない(註6)。

逃げるのが上手なことは別として、リル・アブナーの取り得は男らしい肉体しかないようだった。ウォーレンはこれまで女の子を相手にしてうまくいったことがなかったから、デイジー・メイみたいな女の子に興味を持ってもらうにはもっと魅力的になるためのなにかをやる必要があると考えた。それで新しい趣味をはじめ、それが地下室にこもるのに格好の口実になった。サウスオマハ飼料で何時間もフランキー・ジックが飼料の五〇ポンド袋をみごとな動作で担ぎあげていたことが、ウォーレンには忘れられなかった。ウォーレンは友だちのルー・バティストンを巻き込んで、ウェイトリフティングをはじめた。当時、ウェイトトレーニングは本格的な運動選手がやることではなかったが、ウォーレンの興味をそそる要素がいくつもあった。システム、計量、数の勘定、反復、そして自分との競争。テクニックを学ぶために、ボブ・ホフマンと彼の出版する雑誌

《力と健康》を探し出した。

《力と健康》は、積極的な宣伝でウェイトリフティングの汚名を返上しようとするホフマンの活動の手段だった。執筆の大部分と編集と出版をホフマン本人がやったらしい。どのページにも自分の製品の宣伝が載っていた。〝アンクル〟・ボブの技術的知識の披露、派手な宣伝、臆面もない売り込みが際立っている。

「オリンピック・チームのほとんど全員のコーチだった人物だ。ヨーク・バーベル社の経営者で、『太い腕《ビッグ・アームズ》』や『厚い胸板《ビッグ・チェスト》』といった本も書いている。まず売り込むのは、バーベル一式だ。当時のスポーツ用品店に行くと、バーベルはすべて〈ヨーク〉だった。ありとあらゆるセットを買うことができた」

ウォーレンはダンベル一式と、一・二五ポンド（五六七グラム）ずつ重さを変えられるバーベルを買った。ウェイトはセットについてくる小さなねじ回しで固定できる。地下室にそれらを置いて、暇さえあれば「ガチャガチャやっていた」。

しかし、ウォーレンが地下室でガチャガチャやっているあいだに、共和党は悲惨な状態に陥っていた。ルーズベルト大統領が四選を果たし、民主党がさらに四年間ホワイトハウスを支配することが決まった。夕食の席で、家族はハワードの長広舌を聞くことが多くなった。ところが、四月一二日にルーズベルトが脳出血で死亡し、ハリー・トルーマン副大統領が大統領に就任した。

ルーズベルトの死を国民は心から嘆き悲しんだ。そこには恐怖もかすかに宿っていた。三年半も戦争をつづけてきたところで、国民を安心させてくれる大統領を失ってしまった。しかも、トルーマンへの期待はさして大きくなかった。トルーマンはルーズベルトの閣僚をそのまま続投させ、口ぶりも謙虚だったので、荷が重いのではないかと見られていた。しかし、バフェット家にとっては、ルーズベルトをしのぐ最悪の人間などどこにもいなかった。また、ウォーレンにとっては、大統領の死も金儲けのチャンスだった。新聞が特別版を出すと、さっそく街へ行き、みんなが悲しんでいるあいだにせっせと売った。

一カ月後の一九四五年五月八日が、ヨーロッパでの戦争が公式に終わった戦勝記念日となった。前日にドイツが無条件降伏文書に調印したからだ。またもや特別版が出た。ウォーレンは父親の政治思想を当然のごとく受け入れていた。だが、そのころは大人の心配事にはほとんど関心がなく、ウェイトリフティングとボブ・ホフマンのことばかりが頭にあった。

だが、《力と健康》でもっとも印象に残った有名人は、アンクル・ボブを除けば、世界最高のボディビルダーのジョン・グリメックではなかった。それは女性だった。

「《力と健康》には女性はそんなに載らない。パッジイ・ストックトンぐらいのものだった。私はパッジイが好きだった。印象的だった。学校でよくパッジイの話をしたものだ」

それはいささか控えめすぎるだろう。ウォーレンとルーは、アビー・〝ずんぐり《パッジイ》〟・ストックトンに取り憑かれていた。人間の肉体の芸術品――皮膚がぴんと張った太腿が震え、彫刻のような腕が巨大なバーベルを、風に髪がなびいている頭の上にあげる。ビキニ姿で、細い腰ととんがった胸を、サンタモニカのマッスル・ビーチのボディビルダーや口をぽかんとあけている見物客に見せつけている。身長一五五センチ、体重五二キロで、女らしい体つきを失うことなく大人の男を軽々と頭の上に持ちあげられる。(註7)

「筋肉はミッチ・ゲイナー、乳房はソフィア・ローレンみたいに発達していた」ルー・バティストンはいう。「驚異的だった。それで、ふたりとも――この際、正直にいうが――彼女がほしいと思ったものだ」

それまでは、漫画のなかのデイジー・メイがウォーレンの夢の少女だった。女性にはデイジー・メイのような性質をこれからも求めつづけるはずだった。だが、パッジイは――パッジイは生身の女だった。

とはいえ、仮にパッジイのような恋人がいても、なにをすればいいのかはよくわからなかった。（註8）『ボブ・ホフマンの幸せな結婚への手引き』の広告に、ウォーレンとルーは小首をかしげたものだ。そこにはこう書いてあった。「結婚前に調べること。結婚する前に、彼女が〝無傷〟であることを確認する方法。求愛のやり方。人が結婚する理由。そして性愛の傍流」性愛の傍流はなんだろうと、ふたりは不思議に思った。性愛の主流のほうもほとんど謎だった。一九四〇年代の性教育としては、《力と健康》の裏表紙に載っている広告が精いっぱいだった。

しかしながら、最後にはウォーレンの数字信仰が勝利を収めた。

「二頭筋の太さが三三センチから三三・五センチになったかどうかを、何度も測ってみる。巻尺がゆるんではいないかといつも心配する。でも、チャールズ・アトラスの〝鍛える前〟の写真みたいな状態からまったく進歩していないとわかる。何千回もやって、やっと〇・五センチ太くなっただけなんだ。『太い腕』は、私にはあまり役に立たなかった」

第12章　〈サイレント・セールス〉

――一九四五年～一九四七年　ワシントンDC

一九四五年八月、バフェット一家がオマハにいるときに、アメリカは広島と長崎に原子爆弾を投下し、九月二日に日本が正式に降伏文書に調印した。戦争が終わり、アメリカ国民は熱狂的に祝った。

数週間後、一家はワシントンDCに戻り、ウォーレンはウッドロー・ウィルソン高校の一〇年生を終えようとしていた。まだ一五歳の子供だが、いっぱしのビジネスマンでもあった。新聞配達でかなり稼いで、二〇〇〇ドル以上貯めていた。ハワードはその一部を、カール・フォークといっしょにオマハの飼料店の隣にひらいた〈ビルダーズ・サプライ〉という金物屋に投資させた。(註1)ウォーレンも自分で、そこから一一〇キロメートル離れたネブラスカ州サーストン郡ウォルトヒル近くの農地四〇エーカー（約一六万平方メートル）

を、一二〇〇ドルで買った。(註２) 小作人が農場で働き、利益を折半することになっていた。他人が汗水流して退屈な仕事をやってくれる、ウォーレンの好きな取り決めだった。ウォーレンは高校で、中西部で農場を貸しているネブラスカのウォーレン・バフェットだと自己紹介するようになった。(註３)

ウォーレンは、ビジネスマンらしいものの考え方をしていたが、外見はそう見えなかった。高校の同級生たちにはうまく溶け込めず、来る日も来る日も、おなじぼろぼろのスニーカーを履いて、たるんだ靴下がぶかぶかのズボンの下から覗いている。細い首と痩せた肩は、シャツに隠れている。ちゃんとした靴を履かなければならないときには、磨り減った革靴の上に鮮やかな黄色や白の靴下が見えているという按配だった。座っているときはいつも尻をもぞもぞ動かしていた。内気で純真に見えるときもあったが、たいがい油断のなさそうなふてぶてしい顔をしていた。

ドリスとウォーレンは、学校の廊下ですれちがってもおたがいに知らん顔をした。

「ドリスはとても人気があったが、私のことをかなり恥ずかしく思っていた。服装がひどかったからだ。女のきょうだいは人づきあいの手助けをしてくれるものだが、そもそも私のほうがはねつけていた。ドリスが悪いんじゃない。自分が社会環境に適応できないというのは、痛切に感じていた。どうやってもだめだと私は思っていたんだろうね」

ウォーレンの無表情と生意気な行動は、社会的に不適格なのではないかという思いを隠していた。この思い込みがオマハを離れてからの人生を厄介なものにしていた。なんとかしてふつうになりたいと思っていたのだが、疎外されていると強く感じていた。友だちのドン・ダンリーのガールフレンドだった級友のノーマ・サーストンは、ウォーレンは「優柔不断だった」という。「どんな小さなことでも、言葉を慎重に選んで、けっして言質をとられないようにしていたわ。取り消さなければならなくなった場合のことを考えているみたいに(註4)」

級友の多くは、男子学生友愛会《フラタニティ》や女子学生友愛会《ソロリティ》にどんどん参加し、ティーンエイジャーの生活を思い切り楽しんでいた。自宅の地下で炭酸飲料やホットドッグやアイスクリームを出すパーティーをやって、そのあとで電気を消し、キスや愛撫をはじめることもあった。ところがウォーレンはキスよりも見物のほうが好きだった。毎週土曜日の夜には、低級で怪しげな演芸をやる地元のジミー・レイク劇場の席を予約してあって、ルー・バティストンといっしょに、ダンサーのキティ・ラインといちゃつく妄想にふけった。コメディアンが尻餅をついたり、バルコニー席のボケ役がそれを野次ったりすると、ウォーレンは馬鹿笑いした。(註5)一九二〇年代風のアライグマのコートを二五ドルで買ったこともある。それを着てジミー・レイク劇場へ行くと、用心棒に「おふざけはやめな。

そいつを脱がないと入れない」といわれた。(註6)ウォーレンはコートを脱いだ。〈シアーズ〉で万引きをするようなウォーレンの一面は変わりつつあり、弱まったものの消えてはいなかった。ウォーレンとダンリーは、まだときどき〈シアーズ〉で〝指を曲げて〟いた。定年後のための資金はほとんどAT&T株に投資していると教師たちがいうと、ウォーレンはAT&T株を空売りした取引メモを見せ、教師たちに胸焼けを起こさせた。「私は鼻つまみだった」とバフェットはいう。(註7)

ウォーレンは論証のずば抜けた技倆があって生意気なので、ひねくれた立場をとるのが得意だった。下院議員の息子だったからだろうが、一九四六年一月三日にラジオ番組に出演することになった。CBSの《アメリカの学校放送》という番組が、《ワシントン・ポスト》系列の地方局WTOPに収録を依頼した。土曜日の朝にウォーレンは局へ行き、ほかの四人の生徒とともにマイクを囲んで、〝会期中の下院〟を真似て議論した。

女性司会者が、議論を盛りあげる役目をウォーレンにあたえた。ウォーレンは、馬鹿げた政策――所得税を撤廃するとか、日本を属国にするというようなもの――の肩を持って、説得力のある主張を行なった。「常軌を逸した意見を支持する役目があれば、私に任された」しかし、議論のための議論がウォーレンには楽しかったとはいえ、賢《さか》しら口や電光石火の反論や意固地さは、おなじ立場の仲間に好かれるという目標のさまたげになった。

これまでのところ、他人とうまくやるためのウォーレンの努力は、さまざまな相反する結果を招いている。大人には好かれるが、教師たちは別だった。仲間とはぎくしゃくしているが、親友はいつも何人かこしらえる。なんとかして人に好かれたいと思い、ことに個人的に攻撃されたくないと願っていた。合理的なやり方《システム》を身につけたいと思った。じつはすでにひとつ見つけていたのだが、最大限に有効利用してはいなかった。ほかに方策がなかったので、ウォーレンはそれに熱心な努力を注ぐようになった。

このシステムは、自分の家とおなじように、祖父の家で猛烈なペースで雑誌や新聞や本を読んでいるうちに見出したものだった。奥の寝室の本棚をあさって、《新しい食料品店》全号と父親が編集した《デイリー・ネブラスカン》を創刊号から読み、アーネストが溜め込んでいた一五年分の《リーダーズ・ダイジェスト》をゾウムシみたいに食い荒らしていった。本棚には、財界のリーダーを主に取りあげた簡単な伝記全集もあった。ウォーレンは幼いころから、ジェイ・クック、ダニエル・ドルー、ジム・フィスク、コーネリアス・バンダービルト、ジェイ・グールド、ジョン・D・ロックフェラー、アンドリュー・カーネギーといった人物の人生について学んでいた。こうした書物を何度もくりかえし読んだ。そのうちの一冊は特別な本だった——伝記ではないが、もとセールスマンのデール・カーネギーが書いたペイパーバックで、『友だちを得て、他人に影響をあたえる方法』（邦訳は『人を動かす』）という興味をそそられる題名だった。(註8) それを見つけたのは、八歳か九歳のときだった。

友だちを得る必要があることはわかっていたし、他人に影響を及ぼしたいとも願っていた。本をひらき、一ページ目から引き込まれた。「蜂蜜を採りたければ蜂の巣を蹴ってひっくりかえしてはいけない」と書いてあった。(註9)

他人を批判しても実りはない、とカーネギーは説いていた。

原則《ルール》その1。批判、非難、苦情は禁物。

この発想は、ウォーレンを釘付けにした。ウォーレンにとって批判はお手の物だった。批判は相手を防御的にする、とカーネギーは述べていた。そして相手は自分を正当化しようと必死になる。それが危険なのは、相手は大事な自尊心を傷つけられ、価値を貶《おとし》められ、恨むからだ。カーネギーは、対決は避けるべきだと唱えていた。「人は批判されるのを嫌がる。率直に偽りなく評価されたいと願っている」お世辞を使えというのではない。お世辞には偽りがあり、自分勝手なものだ。評価は偽らざる心からのものだ。〝大切にされたい〟と願うのは、人間本性の奥深い衝動だと、カーネギーは説いていた。(註10)

〝批判するな〟がもっとも重要だが、ぜんぶで三〇のルールがあった。

だれしも注目され、褒められたい。批判されたくはない。

英語の響きでもっとも甘美なのは、人の名前である。

言い争いに勝つには、それを避けるしかない。

自分が間違っていた場合には、即座にはっきりとそれを認める。

直接命令を下すのではなく、質問をする。

やる気を出させるために期待をかける。

他人の間違いは遠まわしに注意する。相手の面子をつぶさないようにする。

新しい生き方の話をしているのだ、とカーネギーはいう。新しい生き方の話だ。ウォーレンの心は一気に明るくなった。真実を見出したと思った。システムがある。社交下手なので、自分を他人に売り込むためのシステムが必要だった。システムを身につけ、それを使えば、変化する状況にそのたびに新しいやり方で対応しなくてすむ。だが、ほんとうに有効かどうかを証明するには、数字が必要とされる。デール・カーネギーの原則《ルール》に従うとどうなるか、従わないとどうなるか、統計分析をしようと思った。注目し、高い評価をあたえてみたり、なにもしないか、不愉快な感じをあたえてみたりする。意向を知らせずにやったので、まわりの人間には実験だとわからなかったが、彼は反応を観察し、結果を記録にとった。ルールが有効であることを数字が証明したので、ウォーレンは喜び勇んだ。

システムができた。ルールを見つけた。

だが、ルールを読むだけでは、なんにもならない。ルールどおりに生きなければならない。新しい生き方の話だ、とカーネギーもいっている。

ウォーレンは実践しはじめた。基本的なレベルからはじめた。いくつかは自然にやることができたが、このシステムを無意識にやすやすとあてはめるのは無理だとわかった。〝批判するな〟というのは簡単に聞こえるが、気がつかずに批判するということがいっぱいある。自慢しないことも、いらだちや焦りを見せないようにすることも、容易ではない。それに、自分の過ちを認めるのは、簡単な場合もあればきわめて難しい場合もある。注目して心から高く評価し、敬意を示すのが、もっとも難しかった。だれでも惨めな思いを味わうことがある。そういうときには、自分ではなく他人に目を向けるのは難しい。

それでもしだいに、デール・カーネギーの原則《ルール》を無視するとうまくやっていけないことを、中学校時代の暗い年月が現実に示していると考えるようになった。高校で地歩を固めながら、他人との出会いの際にルールを試しつづけた。

カーネギーの本の読者はたいがい、なるほど筋が通っていると感心しても、そのうちに本をどこかに置いてそのことは忘れてしまう。だが、ウォーレンは並外れた集中力でこのプロジェクトを推し進めた。つねにその発想に立ち返り、それを利用した。失敗したり、うっかり忘れて、長いあいだシステムを使わずにいても、最後にはまた戻って実践を再開した。高校では友人も増え、学校のゴルフチームにもはいって、人気があるとはいえないまでも、あまり害のない人間になった。デール・カーネギーのシステムは、ウォーレンの持ち前の機知を研ぎ澄ましてくれた。なによりも説得力が強まり、生まれながらのセールスマンの才能が磨かれた。

ウォーレンは生真面目なようでいて、いたずらっぽいところがあった。穏やかで愛想がよかったが、それでいて孤独だった。お金儲けという情熱に暇な時間のほとんどを費やしていたため、ウッドロー・ウィルソン高校では異端児となった。

この高校には、ビジネスマンの生徒はひとりもいなかった。一日二時間の新聞配達で、ウォーレンは教師の給料よりも多い月一七五ドルを稼いでいた。一九四六年当時の大人は、フルタイムの仕事で年収三〇〇〇ドルなら、かなり高い給料をもらっていると思っていた。(註11)ウォーレンは自宅の洋服ダンスに金をしまっていて、だれも触れることを許さなかった。ルー・バティストンはいう。「ある日、家に行くと、ウォーレンが引き出しをあけて、〝これだけ貯めた〟といった。小額紙幣で七〇〇ドルあった。かなりの量の札束だったよ」(註12)

新しいビジネスもいくつかはじめていた。〈バフェット・ゴルフボールズ〉は、磨き直したゴルフボールを一ダース六ドルで売り歩いていた。(註13)シカゴのウィテクという男から仕入れていたのだが、ウォーレンはつい〝のろまちゃん《ハーフ・ウィテク》〟という綽名《あだな》をつけずにはいられなかった。「一流メーカーのもので、かなりいいボールだった。タイトリスト、スポルディング・ドッツ、マックスフライなどを、一ダース三ドル五〇セントで仕入れた。まるで新品だった。私たちが以前手に入れたのとおなじ方法で集めたんだろう。ウォーターハザードから拾ったんだ。ただ、彼のほうがやり方が巧妙だった」生徒たちはハーフ・ウィテクのことなど知らなかった。ウォーレンが友だちのドン・ダンリーといっしょに売っているこの中古ゴルフボールの仕入れ先のことは、家族も知らなかった。学校のゴルフチームの仲間は、ウォーレンが自分でウォーターハザードから拾っているものと思っていた。(註14)

〈バフェット・アプルーバル・サービス〉は、海外の切手愛好家に収集価値のある切手を売っていた。〈バフェット・ショールーム・シャイン〉は、ルー・バティストンの父

親の中古車展示場で車を磨きあげるビジネスだった。力仕事で手間がかかりすぎるため、そのうちにやめた。(註15)

やがて、高校の最終学年の一七歳のころ、ウォーレンはドン・ダンリーのところに駆けつけ、新しいアイデアがあると告げた。『一〇〇〇ドル儲ける一〇〇〇の方法』に書いてあった体重計の話――一台だったのがどんどん増えてゆく――とおなじ幾何級数的な性質を備えているようだった。「古いピンボールマシンを二五ドルで買った。それで共同経営できる。そっちは修理を担当する。(註16)それから、理髪店主のフランク・エリコに話をする。〝ぼくたちは〈ウィルソンのコイン式マシン〉のもので、ウィルソン社長からの提案があります。そちらにリスクはありません。奥にこの五セントで遊ぶマシンを置きましょう、エリコさん。お客さんは待っているあいだ、それで遊びます。売上は折半にしましょう(註17)〟」

ドンは乗り気になった。理髪店にピンボールマシンが置かれたことはなかったが、提案するとエリコも乗った。ウォーレンとドンは、ピンボールマシンの脚をはずして、ドンの父親の車に積み、エリコの理髪店に運んだ。狙いは当たり、最初の晩にドンとたしかめにいったウォーレンは〝やったぜ！〟といった。五セント玉が四ドル分、マシンにはいっていた。エリコは喜び、ピンボールマシンはそのまま置かれることになった。(註18)

一週間後、ウォーレンはマシンから硬貨を出してふたつの山に分けた。「エリコさん。一枚ずつ数えるのは面倒ですから、どちらでも好きなほうを取ってください」(註19)子供がケーキを分けるのに昔から使われている方法だった。ひとりが切り、もうひとりが先に選ぶ。エリコが片方の山をテーブルの自分の側に引き寄せたので、ウォーレンが自分の山を勘定すると、二五ドルあった。もう一台買える。ほどなく、街中の理髪店に置かれる〝ウィルソン社長〟のピンボールマシンは、七、八台に増えた。ウォーレンは資本の驚異的な働きを知った。お金はまるでそれ自身が仕事を持っているみたいに、持ち主のために働いてくれる。

「理髪店を手なずけなければならなかった。それが肝心だった。理髪店が二五ドル出して自分で買うこともできる。だから、ＩＱ四〇〇の人間でないとピンボールマシンの修理はできないと説得した。

ところで、ピンボール業界には堅気でない人間がいて〈サイレント・セールス〉という店にたむろしていた。私たちはそこでマシンをあさった。〈サイレント・セールス〉は、Ｄストリート九〇〇番地にあった。ダウンタウンのいかがわしい地区にあるゲイティ劇場のすぐ近くだ。〈サイレント・セールス〉にいるそういう連中が、私たちのことをおもしろがっていた。ドンと私はそこへ行ってはマシンを見て、二五ドルで買えるものだけを買っていたからだ。新しいマシンは三〇〇ドルもした。どういうピンボールマシンが流行《はや》りかを知るために、当時、私は《ビルボード》を購読していた。

そこの連中が、いろんなことを教えてくれた。違法なスロットマシンが出まわっていた。ビールを硬貨の投入口に注ぎ込んで、五〇セント玉をつかえさせ、それが落ちるまでずっとハンドルを引きつづけられるようにするやり方を実演して見せてくれた。映画館にある炭酸飲料の自動販売機の回路を壊すには、五セント玉を入れてすぐにプラグを抜く。そうすれば一本残らず取り出せる。

そういったことをあらいざらい話してくれた。私はただ教わっただけだが。

私がそういう連中とつきあっているのを、父は察していたに違いない。でも、心配はいらないと思っていた」

ウォーレンとドンは、理髪店にピンボールマシンを一台入れるだけでもかなり儲けていたが、やがて金鉱を発見する。「私たちにとって生涯最大のホームランは、古い野球場のグリフィス・スタジアム近くにあった」ワシントン最悪のスラム街のどまんなかに、「七席ある黒人の理髪店があった。つまり客の数も多い。ピンボールマシンを据えつけ、回収に行くと、そこの連中はマシンの下側に穴をあけて、ティルト機構（台を強く揺らすと「ティルト」と表示されゲームが終了する仕組み）をいじくっていた。意地の張り合いだったが、そこは私たちの最大の鉱脈で、最高のロケーションだった。そこのマシンで遊ぶ客たちは、大きく揺すってもティルトにならないように機械を調整してくれと、私たちにせっついた。

わかるだろう、私たちは顧客を善悪で判断することはなかったんだ」それどころか、〈サイレント・セールス〉の連中から教わったペテンを採用したり、自分たちでもペテンを考えたりしていた。「あるとき、ドンの家の地下にいて、私の硬貨《コイン》のコレクションをいじくっていた。新聞配達のルートでの集金をおもしろくするために、いろいろなコインを集めていた。それで、コインをはめてコレクションする〈ホイットマン〉コインボードを持っていた。〝このボードを使えば、鋳型で硬貨を偽造できる〟と、私はドンにいった。

ドンは実際的な頭脳の持ち主で、すぐに鋳型を使って鋳造する方法を憶えた。コインボードは私が用意した。偽造硬貨は炭酸飲料やなにかの自動販売機に使うつもりだった。収入は現金、支出は偽造硬貨でという計算だった」

だが、学校ではウォーレンはもっぱらビジネスの話をしていたので――ペテンの話はせず――卒業間近の春学期には、ドンとふたりでウッドロー・ウィルソン高校のちょっとした有名人になっていた。

「私たちがピンボール・ビジネスをやっているのをみんな知っていて、ぼろ儲けをしているらしいというのも察していた。話をするときにちょっと誇張したかもしれないね。それで、仲間にはいりたいという連中がいた。会社の株を買うようなものだ」

そのなかに、ボブ・カーリンがいた――ウォーレンとゴルフチームでいっしょの真面目な生徒だった。(註20)ウォーレンとドンは、ピンボール・ビジネスには他人を参加させようとしなかったが、カーリンを最新のベンチャーに使う予定だった。「〈シアーズ〉からゴルフボールを盗むのはやめていたが、ワシントン周辺のゴルフコースの池からロストボールを拾おうと考えた。ドンも私も自分ではやりたくなかったので、カーリンにうってつけの仕事だと思ったわけだ」

カーリンのボール拾いには、入念に筋書きを立てた。ひどい意地悪ぎりぎりの行為だったが、どうせあと二カ月で卒業だからかまわないと思った。

「陸軍の放出品を売る店がある九ストリートとDストリートへ行った。〈サイレント・セールス〉のすぐ近くだ。ガスマスクとホースを買ってつなぎ合わせ、バスタブで一〇センチぐらい顔を沈めて試した」

ウォーレンは、トム・ソーヤー方式でカーリンを誘った。「〝きみにとってまたとない機会だ。きみを仲間に入れる〟といって、バージニア州のゴルフコースに朝の四時に行った。カーリンがガスマスクをつけて池に落ちたロストボールを拾い、儲けは三人で山分けすることになっていた。

カーリンが、〝どうやれば潜ったままでいられるんだ？〟ときいたので、私はいった。〝それはちゃんと考えてある。こういうふうにやる。きみが服を脱いで裸になり、《ワシントン・ポスト》の配達バッグをかける。そこにバーベルを入れるから、潜ったままでいられる〟

ゴルフコースへ行くあいだ、カーリンは不安を口にしたので、ドンと私はいった。〝ぼくらが失敗したことがあるか？　まあ任せておけって……やめたければやめていいよ。でも、今後、いっさい仲間にははいれないぞ〟

明け方に着いて、カーリンが服を脱ぎ、私たちは暖かな服を着たままでいた。素っ裸になったカーリンが、バーベルのウェイトを何枚も入れた《ワシントン・ポスト》の配達バッグをかけて、池にはいっていった。もちろん、蛇を踏むか、ゴルフボールを踏むか、わかったものじゃなかった。潜ってからカーリンがロープを引いたので、引きあげた。〝なにも見えないよ〟というので、私たちはいった。〝見えなくてもいい。手探りするんだ〟。それでまた潜っていった。

ところが、カーリンの頭が沈む前に、トラックが丘を越えてやってきた。朝にバンカーを手入れする作業員だった。私たちを見ると、作業員がそばに来てきいた。〝なにやってるんだ？〃ドンと私はすばやく考えた。〃高校の物理の授業の予習で、実験してい るんです〃。カーリンも必死でうなずいていた。それで、私たちはカーリンを池から出さなければならなかった。万事おじゃんになった(註21)」

カーリンがどうなったか、どこまで服を脱いだかという話が、綾《あや》をつけられてひろまった。高校におけるウォーレンの〃トム・ソーヤーの大冒険〃は、それが最後になった。

とはいえ、ウォーレンはちょっとした財産を築いていた。五〇万部以上の新聞を配達したせいでインクでべとついている現金五〇〇〇ドルの山。新聞という雪片が、ウォーレンの雪の玉《スノーボール》の半分以上を占めていた。しかし、それだけ金を儲けてもなお、ウォーレンは雪の玉を転がしつづけるつもりだった。*

＊　インフレを計算に入れると、当時の五〇〇〇ドルは二〇〇七年時点の貨幣価値で五万三〇〇〇ドルになる。

第13章　競馬場の原則《ルール》

――一九四〇年代　オマハとワシントンDC

デール・カーネギーの原則《ルール》を試すのにウォーレンが使った方法は、競馬の勝ち馬予想に似通っている。人間の特質に数学をあてはめようとするものだった。集めたデータで、カーネギーのルールの正しさが予想できた。

こうした考え方は、ビー玉の競争や壜《びん》の王冠《キャップ》集めといった子供のころの趣味の延長だった。だが、勝率の計算にこだわるのは、その他の事柄、とくに自分の寿命にまで及んでいた。寿命への興味は、もう抽象的なものではなくなっていた。ウォーレンが心底なついていた祖父アーネスト・バフェットが、一九四六年九月に六九歳で亡くなった。ウォーレンは一六歳になっていた。祖父母は、ノーフォーク州立病院にずっと入院している七三歳のステラだけになった。だがアーネストが亡くなるずっと前、賛美歌の作曲者の平均寿命を計算していたころから、ウォーレンは自分がどれだけ生きられるかを真剣に気にしていた。祖父母の身に起きたことは、寿命や精神状態についての不安を和らげはしなかった。

勝率予想という技術は、データにもとづいている。他人よりもずっと多くの情報を得ることが肝心で、それを正しく分析し、合理的に利用しなければならない。ウォーレンがはじめてそれをじっさいに使ったのは、子供のころアクサーベン競馬場で、友だちのラスことボブ・ラッセルの母親が少年たちにオッズ表示板の世界を教えてくれたときのことだ。

ウォーレンもラスも子供なので馬券は買えなかったが、すぐに金を稼ぐ方法を見つけた。おがくずを撒いてある競馬場の床には、タバコの吸殻、こぼれたビール、古いプログラム、ホットドッグの食べかすに混じって、無数の馬券が捨てられ、まるで森の地面に生えているキノコみたいに覗いていた。二人はトリュフ狩りの犬のように歩きまわった。

「〝しゃがみ歩き〟といっていたね。競馬シーズンのはじめには、映画でしか競馬を見たことがない連中がおおぜいやってくる。そういう連中は、馬券を買った馬が二着か三着だと、払い戻しはないと思い込む。優勝した馬ばかりがもてはやされるからね。それで、二着や三着の馬券を捨ててしまう。着順に問題があったレースの当たり馬券を見つけることもある。小さなライトが点いて、〝審議中〟とか〝異議申し立てがあった〟ことを示したとき、すでに馬券を捨ててしまったものもいる。私たちはそういう馬券をあさる。拾っているときには馬券をたしかめもしない。夜通し調べるんだ。汚かったね。床に痰《たん》を吐くやつもいたから。でも、すごく楽しかった。当たり馬券が見つかったときには、競馬にはなんの興味もない叔母のアリスが払い戻してきてくれる。子供は馬券を換金できないからね」

ウォーレンは、しじゅう競馬に行きたがった。ラッセル夫人が連れていってくれないとき、「父はぜったいに競馬に行かなかった。レースを信用していなかった」。でも、フランク大叔父に頼んでくれた。一族のなかでも変わり者のフランクが、ウォーレンを競馬に連れていった。フランクはだいぶ前に兄アーネストと和解し、やがて結婚した。相手は〝金鉱探し〟（金目当てに結婚する人）だと、親族はいっていた。（註1）フランクはそれほど競馬に興味があるわけではなかったが、ウォーレンがせがむのでいっしょに行ってくれた。

アクサーベン競馬場で、ウォーレンは予想紙の読み方を多少憶え、まったく新しい世界がひらけた。勝ち馬予想は、ウォーレンがきわめて得意なふたつの事柄の組み合わせだった。情報と数字を集めることだ。馬が四本足でコースを一周することを別にすれば、ブラックジャックのカードの数字を数えるのと似通っている。やがてウォーレンとラスは、《厩務員特選馬《ステーブル・ボーイ・セレクションズ》》というくろうとっぽい名称の予想紙を発行するようになった。

「しばらくは取り締まられることもなかった。最大部数というわけではなかったからね。だって、子供ふたりが古い〈ロイヤル〉のタイプライターを使って、地下室で打ったものなんだ。なにしろカーボン紙を使うから、数が限られていた。五枚複写するのがやっとだ。でも、〈ロイヤル〉で私が打ちつづけた。ボブ・ラッセルとふたりで勝ち馬を予想し、タイプで打った。

競馬場で私たちは叫ぶ。〝《厩務員特選馬》はいかがですか！〟でも、最高に売れていたのは《ブルー・シート》で、競馬場に手数料を払っていた。《ブルー・シート》のほうが高かった。二五セントだった。こっちは安値で勝負した。競馬場で売っているものはすべて手数料を支払っていたけど《厩務員特選馬》は払っていなかったから、たちまち売るのを禁じられた」

バフェット家がワシントンDCに引っ越したとき、ウォーレンにとって唯一の利点は、勝ち馬予想の技術を向上させられることだった。

「連邦議会議員は議会図書館にはいれるということを知っていた――議会図書館は、あらゆる著作物を保管している。そこで、ワシントンへ行くと父にこういった。〝パパ、ひとつだけお願いがあります。競馬の勝ち馬予想に関係のある本をすべて借り出してもらえますか〟。すると父がいった。〝新人の下院議員がそんな本ばかり借り出したら、変に思われるだろうが〟。私は答えた。〝郡共進会でぼくたちが熱烈な応援をやったのを忘れたんですか？　労働者ともめたときに警官を呼ぶためにぼくが包装工場へいっしょに行ったのを忘れたんですか？　二年後にはまた選挙ですよ。ぼくが必要になるでしょう。だから、これは借りを返すためなんです〟。それで、父は勝ち馬予想に関係のある本を何百冊も借りてきてくれた。(註2)

あとはその本を読めばよかった。シカゴのノース・クラーク通りに、何カ月分もの古い予想紙を無料同然《ただ》で売ってくれる店があったので、そこに手紙を出して注文した。古い予想紙など、だれもほしがりはしない。私はそれを使って、自分の勝ち馬予想の手順で予想し、翌日の予想紙を見て、どういう結果になったかをたしかめた。自分が考えたさまざまなシステムを使い、自分の勝ち馬予想の能力を何日もつづけて試した。

予想屋には二種類ある。スピード予想屋とクラス予想屋だ。スピード予想屋は、各馬の持ちタイムで判断する。もっとも速い馬が勝つと予想する。クラス予想屋は、一万ドル・クラスの馬群を相手に走って好成績であれば、五〇〇〇ドル・クラスの馬群を相手に走れば勝てると考える。クラスの差から、勝つのに充分な速さで走れるからだ。

競馬では、この二種類の予想をよく理解するのが役に立つ。だが、当時の私は基本的にスピード予想屋だった。もともと数値を重視するたちだからね」

だが、テストし、観察するうちに、競馬場の原則《ルール》をウォーレンは見つけ出した。

1　一レースだけで帰るものはいない。

2　損するレースに賭けなくてもいい。

競馬場は、客が損するまで賭けることをあてにしている。優秀な予想屋は、これらのルールを逆転させることができるだろうか？

「市場も競馬場のようなものだ。だが、そのころはまだ複雑な理論を築いてはいなかった。なにしろ子供だったんだ」

ワシントンＤＣでは、いたるところで賭けが行なわれていた。

「父の事務所には頻繁に行ったんだが、当時旧下院議員事務所と呼ばれていたところにも私設馬券屋が出入りしていた。エレベーター・シャフトごしに〝サミー！〟とかなんとか呼ぶと、馬券屋の小僧があがってきて賭けを引き受けた。

プリークネスステークスの馬券を買いたい、というような人間のために、私も小規模な馬券屋をやっていた。この商売にはいいところがある。手数料は一五パーセントで、リスクはない。そういうことで度が過ぎないようにするのに、父は苦慮していたね。おもしろがってはいたんだが、そういう商売がまかり間違えば悪行に通じかねないとわかっていたからだ」

夏休みのあいだ、ウォーレンはオマハに戻って、アクサーベン競馬場で〝しゃがみ歩き〟をした。こんどの仲間はステュ・エリクソンだった(註3)。ワシントンでも、競馬場へいっしょに行ってくれて勝ち馬予想の腕を上達させてくれる友だちを見つけた。高校のゴルフチームのボブ・ドワイヤー監督は、起業家精神の旺盛な太鼓腹の若者で、学校が休みの夏に生命保険やアイスボックスなどを売って、教師の給料よりも多くを稼いでいた(註4)。ゴルフチームの生徒の多くはドワイヤーのことを柄が悪くて無愛想だと見ていたが、ウォーレンは監督あしらいがうまく、眼鏡がいつも曇っているのに真面目にプレイするので、気に入られていた。

ある日、ウォーレンはドワイヤーに、競馬場に連れていってほしいと頼んだ。親の許可がいる、とドワイヤーが答えた。「するとつぎの日、よく晴れた早朝に、ウォーレンが小躍りしながらやってきた」とドワイヤーはいう。「競馬を見にいってもかまわないと母親が書いたメモを持っていた」そこでドワイヤーは、授業を抜ける嘘の口実をウォーレンのために書き、(註5)メリーランド州シルバースプリングからチェサピーク&オハイオ鉄道に乗って、ウェストバージニア州のチャールスタウン競馬場へ行った。師匠とともに競馬場へ行ったことで、ウォーレンの勝ち馬予想の技倆が磨かれた。ドワイヤーはウォーレンに、最有力予想紙《日刊競馬新聞》《デイリー・レーシング・フォーム》の読みこなし方を教えた。「早めに《デイリー・レーシング・フォーム》を手に入れて、それぞれの馬の勝つ確率を算出した。そして、オッズと計算した確率を比較する。でも、先入観にとらわれないように、オッズを先に見ないようにする。ときどき、オッズと確率とがひどく食い違っている馬がいる。予想の勝ち目が一〇パーセントなのに、オッズが一対一四と出ている場合などだ。*

なにも考えていないレース参加者が多いほどいい。ジョッキーの勝負服の色をもとに賭ける人間もいれば、誕生日の数字に賭ける人間もいる。名前で選ぶ人間もいる。要す

＊　つまり、このオッズは約六・七パーセントの確率で勝つと想定している。仮にその馬が勝った場合、配当金が成績から算出した勝ち目予想よりも五〇パーセント多くなる。こういうケースでは最低の人気の馬であっても予想屋は賭ける。予想配当金がオッズをはるかにしのぐからだ。これが〝上乗せ〟になる。

るに、きちんと分析して賭けている人間がいない集団にくわわるのが肝心なんだ。だから、子供のころ、躍起になって予想紙を研究した」

ウッドロー・ウィルソン高校では一学年下だが齢《とし》はいくつか上のビル・グレイも、何度かいっしょに競馬に行った。「ウォーレンはすごく数字に強くて、すごく話し好きだった。(註6)すごく社交的だった。野球や打率やスポーツの話をした。(註7)

列車を降りたときにはもう、ウォーレンは賭ける馬を決めていた。競馬場へ行くと、あの馬は馬体が重すぎるとか、最近のレースではよくなかったとか、タイムが悪かったとか教えてくれる。馬を判断する方法を知っていた」ウォーレンは六ドルないし一〇ドル賭けて、本命にかたく賭けることもあった。大きく賭けるのはオッズがよさそうなときだけだったが、これと見込んだ馬には新聞配達で苦労して稼いだ金をなくす危険を冒した。「レースが進むにつれて、気が変わることがあった」グレイはいう。「一六歳だったんだから、それがふつうだろうね」

そのうちに、一度だけウォーレンはひとりでチャールスタウンへ行った。一レースをはずした。でも帰らなかった。賭けつづけて、負けがこみ、一七五ドル以上損をして、ほとんどオケラになった。

「帰ると、〈ホット・ショップ〉へ行って、そこでいちばん高いのを頼んだ――ジャイアント・ファッジ・サンデーみたいなやつだ――それですっからかんになった。食べながら、損した分を取り戻すには、どれだけ新聞を配達しなければならないだろうと計算した。それには一週間はかかる。馬鹿なことをしたと思った。

全レースに賭けてはいけないんだ。私は最悪の過ちをした。損を出して、プラスマイナスゼロに持っていこうとしたのが間違いだった。ルール1、一レースだけで帰るものはいない。ルール2、損するレースに賭けなくてもいい。こんなにあたりまえのことだったのに」

感情に判断を左右されたと気づいたのですね？

「そうとも。胸がむかむかした。そういうことをやったのは、それが最後だ」

第14章 象

――一九四七年〜一九四九年　フィラデルフィア

ウォーレンは、高校の同窓生三五〇人のうち一六位で卒業し、卒業アルバムの自分の写真の下に、〝株式ブローカー志望〟と書いた。(註1) 自由になって最初にやったのは、ドン・ダンリーと共同で中古の霊柩車を買うことだった。ウォーレンはそれを家の前にとめて、女の子をデートに連れ出すのに使った。(註2) 遅くなって帰ってきたハワードが、「だれが霊柩車をとめた?」ときいた。近所の人が重態なのに、霊柩車を自分の家の前にとめるなんてできない、とリーラがいった。それで霊柩車は使えなくなった。

ウォーレンとダンリーが霊柩車を売ろうとしているあいだに、ウォーレンは新聞配達をやめて、《タイムズ - ヘラルド》の配布マネジャーの代理という夏季限定の仕事を得た。配達人の代わりをしなければならないときには、午前四時に起きて、デービッド・

ブラウンの小さなクーペを借りて配った。フレデリックスバーグに住むデービッドは、ドリスに恋をしている若者で、海軍に入営していた。(註3)ウォーレンはドアをあけたままステップに立ち、惰性で時速二五キロメートルで車を走らせた。片手でハンドルをあやつり、もういっぽうの手で芝生に新聞を投げた。早朝だからそういう走らせ方をしても事故など起きないといって、それを正当化していた。(註4)

そのあと、〈トドル・ハウス〉へ行き、パプリカをかけたハッシュドポテト二人前の朝食を食べる。そして、ジョージタウン大学病院での新聞配達というもうひとつの仕事に取りかかる。

「そこの聖職者や尼僧に五、六部ただであげなければならないのが、口惜しくてたまらなかった。そういう人たちは世俗的なことには興味を持つべきではない、と思っていた。でも、それも商売の一環だった。そのあとで、病室をくまなくまわった。

産科病棟の母親たちは、子供が生まれると、私にこういうんだ。〝まあ、ウォーレン！　お金のチップよりも貴重なことを教えてあげるわね。生まれた時間と体重よ。午前八時三〇分、三〇三三グラムよ〟」こうした〝情報《チップ》〟は、ワシントンでは、〝統計数字《ポリシー・ラ》当て《ケット》〟という違法なナンバー賭博に使われていた。(註5)

現金のチップではなく役に立たない情報をもらったとき、ウォーレンは臍《ほぞ》をかんだ。

ナンバー賭博のオッズはひどすぎる。「ポリシー・ラケットの配当は最高六〇〇倍の上限があり、胴元の手先に一〇パーセント持っていかれる。つまり、一〇〇〇倍の的中でも五四〇倍にしかならない。賭けるのは一セントとか一〇セントという小銭で、一セントで当たれば五ドル四〇セントだ。街ではだれもがやっていた。新聞を購読している客にも、〝ポリシーをやっているか？〟ときかれた。やったことはない。ナンバー賭博の手先になるようなことは、父も許さなかったはずだ」

ウォーレンはラスベガスでも働けるほどオッズに詳しくなっていたが、父親がつぎにやったことには賭けなかったに違いない。ハワード・バフェットは労使関係法（タフト-ハートレー法）に賛成票を投じた。一九四七年のこの法律は労働組合の活動の一部を規制するもので、アメリカで制定された法律のなかでも、もっとも物議をかもした。連帯ストライキを禁止し、大統領が国家非常事態を宣言して労働者を職場に戻すことができるとしたもので、〝奴隷労働法案〟とまで呼ばれていた。(註6)オマハはむろん組合の強い街だが、労使関係法に投票するとき、ハワードは選挙民の意向など考えもしなかった。つねに自分の信条のみに従って投票していた。

だから、バフェット一家が夏にオマハに帰郷したとき、父親といっしょに野球を見にいったウォーレンは、ブルーカラーの有権者のあいだで父親の評判ががた落ちになっているのを知った。「ダブルヘッダーのあいだに名士が紹介されるんだ。父が立ちあがると、みんなブーイングをした。父はじっと立ったまま黙っていた。そんなふうに耐えられる人だった。だが、子供にどういう影響があるかはわからなかっただろうね」

そんな穏やかな対決でも、ウォーレンには恐ろしかった。だが、やがて自立して、父親の庇護から離れることになる。

秋には、一七歳で、大学に進学した。ウォーレンがペンシルベニア大学ウォートン校に進むものと、家族はだいぶ前から決めつけていた。(註7)ウォートンはビジネススクールとして、アメリカでもっとも権威がある。理屈の上ではウォーレンに、うってつけの学校だった。

実際は、ウォーレンは何事も飛ばしてさっさと先へ進めたかった。「なんの役に立つんだ？」と心のなかで問いかけた。「やりたいことはわかっている。生活するに困らないだけの金がある。大学など足をひっぱられるだけだ」しかし、こんなことで父親に逆らうわけにはいかないので、黙って従った。

ウォーレンがまだ子供っぽいのを知っていたバフェット夫妻は、オマハ在住の友人の息子をルームメイトに選んだ。五歳年上のチャック・ピーターソンは、一八カ月の兵役を終えて帰ってきたばかりだった。美男子の遊び人で、毎晩違う女の子とデートし、酒い、も飲んだ。ピーターソン家ではウォーレンがチャックを落ち着かせてくれるのではないかと思い、バフェット家では年上の学生がウォーレンを大学に順応させてくれるのではないかとたがいに期待していた。

一九四七年秋、一家全員が車に乗って、ウォーレンをフィラデルフィアまで送っていった。アライグマのコートを着たウォーレンをこぢんまりとした寮で降ろした。バスルーム共用のつづき部屋だった。

一家はワシントンに車で戻ったが、ウォーレンが残った大学には、チャックのような学生がおおぜいいた。第二次世界大戦の帰還兵が芝生のキャンパスを闊歩し、ペンシルベニア大学の生活の中心である中庭にひしめいていた。ワシントンDCに引っ越してからずっと、ウォーレンは級友との違いを感じていたが、年上で世間ずれした学生たちに囲まれて、その意識はいっそう強まった。秋の学生生活のつきあいはアメリカンフットボール観戦のデートが主で、そのあとが男子学生友愛会《フラタニティ》のパーティーだった。ウォーレンはスポーツ好きだったが、つきあいが多くて手に余った。これまでは自分ひとりで、アイデアを磨いたり、金勘定をしたり、収集品を整理したり、部屋でひとり楽器を演奏したりしていた。ペンシルベニア大学では、そういった孤独なありようは許されず、いちゃついたり、キスや愛撫をしたり、ジルバを踊りまくったり、ビールを飲んだり、アメリカンフットボールをプレイしたりする一六〇〇人の同級生たちにぶち壊されかけていた。(註8) いってみれば、蜂の巣に飛び込んだ一匹の蝶だった。

どまんなかに飛び込んできた蝶に対して、蜂たちは当然の反応を示した。チャックは整理整頓の行き届いた軍隊生活をそのままつづけていて、しょっちゅう靴を磨いていた。新しいルームメイトのウォーレンのみっともない身なりには衝撃を受けた。やがて、それが服装の問題だけではないことに気づいた。リーラがハワードにまめまめしくかしずき、家事もすべて自分ひとりでやっていたせいで、ウォーレンは自分で身の回りの面倒をみる基本的なやり方をしつけられていなかったのだ。

チャックが、最初の日の朝、寝坊をしてバスルームへ行くと、めちゃめちゃに汚れていて、ウォーレンは早い授業に出かけていた。その晩、ウォーレンに会ったときに、チャックはいった。「バスルームを使ったあとはきれいにしてくれよ」「わかったよ、チャス・オー」と、ウォーレンは答えた。「今朝はいっていったら、剃刀《かみそり》が流しの底に転がっていた」チャックがつづける。「洗面台は石鹸まみれだし、タオルは床に落ちてる。だらしなさすぎる。おれはきちんとしてるのが好きなんだ」ウォーレンは納得したようだった。「わかった、チャス・オー、わかった、チャス・オー」といった。

翌朝、チャックが起きると、びしょ濡れのタオルがバスルームの床に落ちていて、洗面台は濡れた毛だらけだった。新品の電気剃刀が、壁のコンセントに差し込んだまま、濡れた状態で流しの底に転がっていた。「気をつけろよ、ウォーレン」その晩、チャックはいった。「コンセントからプラグを抜かなきゃだめじゃないか。だれかが感電するぞ。おまえのだらしなさには頭にくるよ」「わかった、わかった、いいよ、チャス・オー」と、ウォーレンはいった。

翌朝もおなじだった。なにをいってもウォーレンの頭にははいらないのだと、チャックは気づいた。しびれを切らして、プラグをコンセントから抜き、流しに水を張って、そこに電気剃刀をほうり込んだ。

翌朝、ウォーレンは新しい電気剃刀を買って、プラグを差しっぱなしにして、おなじように流しに入れたままにしていた。

チャックはあきらめた。異常なまでに活動的なティーンエイジャーといっしょに、不潔な部屋で暮らすはめになった。ウォーレンはたえず動きまわっては、両手を打ち合わせ、あらゆるものを叩いていた。そのころはアル・ジョルソンに熱中していて、昼も夜もレコードをかけていた。(註9)ジョルソンを真似て何度もくりかえし歌った。「マミー、マイ・リトル・マミー、かあさんの微笑みのためなら一〇〇万マイルだって歩いていくさ」(註10)

チャックは勉強しなければならなかったし、そこにいたら自分の頭のなかの考えごとすら聞こえなかった。いっぽうウォーレンには歌っている時間がふんだんにあった。教科書はあまりたくさん買わないが、学期のはじめに買ったものは、授業がはじまる前に《ライフ》でもめくるようにすらすらと読み終えていた。読んでしまうと、投げ捨てて二度とひらかなかった。だから、歌いたいと思えば、夜通し〈マイ・マミー〉を歌っていられた。チャックは頭がおかしくなりそうだった。子供っぽいのをウォーレンは自分でもわかっていたが、どうしようもなかった。

「当時は、どんなところにも順応できなかっただろう。まだ世間と調子が合っていなかった。それに、ほかの学生よりもずっと年下だったし、そもそも年齢のわりに幼かった。おなじようにつきあえるわけがない」

その秋、リーラとドリスは、《議会でコーヒーを》というワシントンのラジオ番組で、すこし出っ歯でクルーカットのウォーレンを描写するのに苦労した。

司会者：ところで、ウォーレンは美男子ですか？

リーラ：子供のころはかわいかった。少年ぽいの——美男子とはいえないけれど、醜男《ぶおとこ》ではないわ。

司会者：きりっとした顔立ちなんですね。
リーラ：そうでもなくて、愛嬌があるの。
司会者：お嬢さんのご意見を聞きましょう。かわいい感じですか？
ドリス：（如才なく）どっちかというと男らしいほうね。[註11]

物を叩いたり〈マイ・マミー〉を歌ったりするのはうるさかったが、チャックはウォーレンを好きになって、ひょうきんな弟のように見なしはじめていた。とはいえ、ウォーレンが冬のあいだずっとぼろぼろの〈ケッズ〉を履き通すのを見て唖然としていた。ドレスアップするときですら、左右の靴の色が違っていても気づかないほどだった。ウォーレンに出会った人々の例に漏れず、チャックは世話を焼きたいという気持ちになった。一週間に二度くらい、学生会館でいっしょにランチを食べた。ウォーレンはいつもおなじものを注文した。ミニッツステーキ、ハッシュドポテト、ペプシ。ある日、ランチのあとでチャックが、学生会館に設置されたばかりの卓球台にウォーレンを連れていった。ワシントンに四年いるあいだにウォーレンは腕がなまっていたので、一度もやったことがないのかとチャックは思った。チャックは簡単に勝った。

翌日か翌々日から、ウォーレンは鬼のような強さを発揮した。毎朝起きるとそのまま学生会館へ行って、運の悪い犠牲者を見つけては、卓球台でこてんぱんにやっつける。やがて、午後に三時間か四時間、ぶっつづけでやるようになった。「ペンシルベニア大学で、私は最初の犠牲者だったよ」当時をふりかえって、チャックはいう。卓球をやるためにウォーレンが出かけていけば、レコードを聞かされずにすむ。そのあいだにチャックは勉強をした。(註12)

だが、卓球では大学の体育の単位が取れない。スクールキル川でのエイトやスカルなどのボート競技が、ペンシルベニア大学ではもっとも人気のあるスポーツだった。さまざまなローイング・クラブの華やかな塗装の艇庫《ボートハウス》が川岸にならんでいた。ウォーレンは、ベスパー・ボート・クラブの一五〇ポンド級の新人クルーを目指した。艇長《コックス》の誘導を受ける八人チームにくわわって漕いだ。ローイングはリズミカルなくりかえしという点では、ウェイトリフティングやバスケットボール、子供のころにやったバンバンボールに似ている。ただ、ローイングはチームスポーツだった。家のドライブウェイでバスケットボールのシュートをやるのが好きなのは、ひとりで練習できるからだった。チームスポーツで成功したためしはなかったし、パートナーと組むダンスも習っていない。これまでやってきた悪さやビジネス・ベンチャーでは、一貫してリーダーだった。人と同じような役目を演じることはできない。

「惨めだった。クルーというのは、適当に流したり、やっているふりをしたりすることはできない。みんなと同時にオールを水につっこまないといけない。ものすごく疲れるのに、ペースを合わせないといけない。しかも、呼吸を合わせて同時にやるんだ。まったくつらいスポーツだよ」午後になると、ウォーレンは汗だくで寮に帰ってきた。手は血まみれでマメだらけだった。すぐにクルーはやめた。

ウォーレンは、別の種類のチームを組む仲間を探していた。チャックに中古ゴルフボールをいっしょに売ろうと持ちかけたが、チャックは忙しかった。ウォーレンはチャックをピンボール・ビジネスにも誘った。金や労働力をあてにしたわけではなく、どういう役割を担ってもらうかも決めていなかった。ただ、ひとりでにぎやかなウォーレンは、ビジネスの話を毎日延々としゃべる相手を必要としていた。チャックをパートナーにすれば、ウォーレンの世界の一部に取り込むことができる。トム・ソーヤー方式の誘い込みがウォーレンはいつも得意だったが、チャックには通用しなかった。それでも、チャックをただの友人ではなくビジネス・パートナーにしたかった。そこで、ワシントンＤＣにチャックを招待した。たとえオートミールでも、出されたものをすべてチャックが食べるのを見て、リーラはびっくりした。「ウォーレンはこれは食べない、あれは食べないっていう調子なのよ」リーラはいった。「いつも自分だけ特別なものをつくらせるの」チャックはウォーレンの子供時代を知らなかったので、母親をそこまで手なづけていると思っただけで、母親を支配することで恐怖を抑えているのには気づかなかった。
　チャックの目からすると、ウォーレンは幼稚な子供と神童を掛け合わせた不思議な存在だった。ウォーレンはたいがいの授業で教授の講義を暗記していて、教科書を見る必要はまったくなかった。(註13) 授業中にページや文章をいいあてたり、教授の引例の誤りを正したりして、頭にくるほどの記憶力のよさをひけらかした。(註14)「コンマを忘れていますよ」といったこともある。(註15)
　ウォートンはけっして楽な学校ではなく、クラスの四分の一が落第した。だが、ウォーレンはすいすいと勉学をこなし、余った時間はあちこちを手で叩いてリズムをとりながら、マミー、マイ・リトル・マミー、とひと晩中歌いつづけた。
　チャックはウォーレンが好きだったが、とうとう我慢できなくなった。
「夜逃げされた。朝起きたら、チャックがいなかった」(註16)
　その学期末の夏、ワシントンDCに帰るのに乗り気だったためしのないウォーレンだったが、家に帰った。リーラはオマハへ行って、ハワードの選挙運動を手伝っていた。だから、両親の厳しい支配からめったに逃れられない子供たちは、夏休みのあいだすばらしい自由を満喫した。バーティはキャンプの指導員をしていた。ドリスは〈ガーフィンケルズ〉で仕事を見つけた。

ウォーレンは、その夏はまた保守系の《タイムズ・ヘラルド》の配布マネジャーの代理の仕事に戻った。親友のドン・ダンリーとも再会した。共同で消防車を買おうと思ったが、結局、ボルティモアの廃車置場で一九二八年型のスプリングフィールド製ロールスロイス・ファントムⅠブリュースター・クーペを、三五〇ドルで買った。色はグレーで、リンカーン・コンチネンタルよりも重く、小さな一輪挿しまでついていた。計器盤が二カ所にあり、お抱え運転手がどれぐらいの速度で走っているかを、リアシートの貴婦人――雇い主――が知ることができる。スターターが壊れていたので、エンジンがかかるまでダンリーとウォーレンが交替で手動のクランク始動をやり、ワシントンまで八〇キロメートルほど走った。煙を吐き、オイルが漏れ、テイルランプもナンバープレートもなかったが、警官にとめられたときにはウォーレンが「しゃべりにしゃべりまくって」違反切符を免れた(註17)。

ふたりはそのロールスロイスをバフェット家の屋内ガレージに入れて、エンジンをかけた。たちまち刺激臭のある煙が家のなかに充満したので、表に出し、急なドライブウェイをのぼって道路にとめた。毎週土曜日に修理をした。「ダンリーがほとんどやっていたのよ」とドリスはいう。「ウォーレンは感心したように眺めて激励するだけ」当然ながら噂がひろまり、ウォーレンとダンリーはロールスロイスを一回三五ドルで貸し出した。

やがてまたウォーレンが悪さを思いついた。ロールスロイスに乗っているところを見せびらかしたかった。ダンリーがお抱え運転手の扮装をし、ウォーレンはアライグマのコートを着た。ふたりで必死にクランク始動し、プラチナブロンドのノーマも乗って、ダウンタウンに繰り出した。ダンリーが車体の下でエンジンを修理しているふりをして、ウォーレンが杖でそれを指図し、ノーマが映画スターみたいにボンネットにしどけなくもたれかかる。「ウォーレンの思いつきよ」ノーマはいう。「ほんとうに芝居がかったことが好きだったの。どれだけおおぜいが見物するかをたしかめようとしたの」

高校でウォーレンがちゃんとしたデートを一度もしたことがないのを知っていたノーマは、女友だちを世話してあげようと思い、いとこのボビー・ウォーリーに引き合わせた。その夏、ふたりは映画に行ったりブリッジをやったりして、慎みのあるデートをした。ウォーレンは難問や謎々でボビーを攻め立てた。(註18)

秋が来ると、ウォーレンはボビーを残してペンシルベニア大学に戻った。一八歳で二年生になっていた。ウォーレンは男子学生友愛会にはほとんど興味がなかったが、父親がいたアルファ・シグマ・ファイに入会した。ルームメイトがふたりになった——男子学生友愛会の同胞クライド・ライガードと、ふたりが面倒をみる新入生のジョージ・アーズマン。前年度、ウォーレンはトム・ソーヤー方式でクライドを誘い込み、ビジネスの表看板にしたものの、うまくいかなかった。だが、短いパートナーシップを通じて、いい友人になっていた。

ウォーレンはチャック・ピーターソンよりはクライド・ライガードのほうが共通点が多かった。クライドは、ウォーレンのテニスシューズとTシャツと汚いコットンパンツという格好をおもしろがり、成績のことでウォーレンにいじめられたりからかわれたりしても苦もなくかわした。「ウォーレンのおかげで頭がよくなるということはなかった」ライガードはいう。「でも、自分の持てるものをもっと効率よく使うことを教わった」ウォーレンはむろん自分の持てるものを効率よく使う名人で、ことに時間の使い方がうまかった。朝早く起きて、寮で朝食のチキンサラダを食べ、授業に出る。（註19）一年生のときは夢遊病者みたいにふらふらしていたが、ようやく好きな講座を見つけていた。ホッケンベリー教授の〝産業入門〟では、さまざまな産業やビジネスの基本について議論した。「繊維、鉄鋼、石油といった産業だ。その教科書をいまも憶えている。いろいろなことをそこから学んだ。石油の〝捕獲の法則《ルール・オブ・キャプチャー》〟（ある土地の井戸から生産された石油やガスはその土地の所有者に権利があるという、一九二〇年代ごろまで主流だった原則）やベッセマー製鋼法といった話も憶えている。むさぼり読んだものだ。ほんとうにおもしろかった」だが、おなじ寮にいるガリ勉のハリー・ベジャは、ホッケンベリーの授業についていくのに苦労していたので、すいすいと前方を進んでいるウォーレンを恨んでいた。(註20)

並外れた記憶力のおかげで、ウォーレンは一日のほとんどを自由に使うことができた。昼休みにはアルファ・シグマが使っている螺旋階段のある古い三階建ての館へ行った。(註21)隅のアルコーブで一日中ブリッジをやっていて、ウォーレンもそこで何手かプレイする。悪ふざけの趣味は衰えることがなかった。ときどき男子学生友愛会の同胞のレニー・ファリーナに通りでポーズをとらせ、ポケットから財布を抜き取るふりや、靴を磨くふりをして、注目を集めるような写真を撮った。(註22)

あわれなカーリンに裸でガスマスクをつけさせて池に潜らせたのとおなじような悪さもやった。ウォーレンとクライドは、もうひとりのルームメイトのジョージに、「不健康で弱々しく見えるから、筋肉をつけないと女の子にもてない」と吹き込んだ。そしてついにジョージにバーベルをいくつか買わせて、自分たちが使った。(註23)

だが、大学にはいるころには、科学的根拠《エビデンス》で納得するようになった。ウォーレンは強い男になるという考えを捨てるようになった。「そのうちに、骨格が違うんだと気づいた。鎖骨の長さが足りない。がっしりした広い肩になるには、鎖骨が長くないといけない。鎖骨はどうにもできない。だから嫌になってやめた。女の子みたいな筋肉しかつかないのなら、やってもしかたがないと思った」

女の子みたいな筋肉では女の子にもてないので、大学に戻ってから、ウォーレンは一度もデートをしていなかった。土曜日にはいつも男子学生友愛会のパーティーがあり、フットボールの試合前には昼食会、試合後にはカクテルパーティー、晩餐会、夜のダンスがあった。ウォーレンはボビー・ウォーリーに恋心を訴える手紙を書いて、週末に来ないかと誘った。ボビーはウォーレンが好きだったし、手紙をもらって感動したが、その気持ちには応えられなかった。週末に楽しむこともできただろうが、誤解されるといけないので断った。(註24)

ウォーレンは、ブリンマー女子大学のアン・ベックと一度だけデートをした。ワシントンＤＣに引っ越した直後に、アンの父親のパン屋でしばらく働いたことがあった。そのころウォーレンは八年生で、アンは〝ブロンドの髪が長いちっちゃな女の子〟だった。高校時代のアンは校内でいちばんはにかみ屋の少女という定評があったほどで、ウォーレンとふたりで過ごした日は恥ずかしがりコンテストみたいだった。決まり悪く黙り込んだまま、ふたりはフィラデルフィア中を歩いた。(註25)「私たちふたりは、アメリカでもっとも内気な人間だっただろうね」ウォーレンは、どういうふうに雑談をすればいいのか

がわからなかった。緊張がひどくなると、小さなうなり声を漏らした。(註26)

ウォーレンとクライドは、借りたフォードのクーペでときどき郊外へ行き、ミイラやフランケンシュタイン、吸血鬼など、怪奇な映画を見にいった。(註27)当時は自動車を持っている学生などほとんどいなかったので、男子学生友愛会の同胞たちは感心した。(註28)皮肉なものだった。ウォーレンは女の子をものにするのに使える車を持っているのに、その相手がいなかった。アイビー・ダンス・パーティーや男子学生友愛会交流ダンス・パーティーには行かなかった。アルファ・シグマの日曜日午後のダンス・パーティーも行かなかったし、男子学生友愛会の会館でデートすることもなかった。(註29)だれかがセックスの話をすると、顔を真っ赤にして自分の靴を見つめた。(註30)〈ハイボールを飲め〉という応援歌があるくらいパーティーのさかんな大学は、ウォーレンの得意な領域ではなかった。

「パーティーのときに仲間の半分が酒を飲むような男子学生友愛会にいたから、飲もうとしてみた。いじめられるんじゃないかと思ったから。でも、味が好きになれなかった。ビールは嫌いだった。それに、酒なんか飲まなくても馬鹿なことができた」

しかし、デートの相手がおらず、グラスを手にしなくても、ウォーレンはときどき土曜日の夜のパーティーに現われた。隅に座って株式市場のことを教え、ちょっとした人だかりになった。機知に富んでいて、相手を話に引き込んだ。金とビジネスのこととなると、男子学生友愛会の同胞たちはウォーレンの意見を重んじた。偏ってはいるが政治の知識も豊富なことに敬意を表していた。「政治家的なところがある」と考えた仲間たちは、〝上院議員〟と呼んでからかった。(註31)

ウォーレンは新入生のときに、メンバーの女子学生に惹かれて共和党青年部にはいった。その女子学生のボーイフレンドにはなれなかったものの、二年生で部長に選ばれた。ちょうど刺激的な時期に就任した――大統領選挙がある年の秋だったのだ。一九四八年、共和党はトマス・Ｅ・デューイを選び、ルーズベルトの死によって大統領になった人気のない現職のトルーマンと戦おうとしていた。

バフェット家は、トルーマンへの憎悪を強くしていた。トルーマンは一八〇〇万トンの食糧を第二次世界大戦後のヨーロッパに輸送するマーシャル・プランを実行したが、ハワードはそれに反対した下院議員七四人のひとりだった。マーシャル・プランは〝ネズミの穴作戦〟で、民主党は経済を破綻させようとしていると見ていたハワードは、ドルが無価値になっても食べていけるように、娘たちに金のブレスレットを買いあたえた。(註32)

その年、ハワードは四期目の選挙に臨もうとしていた。ハワードが労使関係法案、通称〝奴隷労働法案〟に賛成票を投じたあとでブーイングされ、野次られるのを、ウォーレンは野球場で目の当たりにしたが、ほかの家族同様、議席は安泰だと思い込んでいた。

それにもかかわらず、ハワードははじめて選挙参謀に運動を任せた。家族の友人のウィリアム・トンプソン博士は、オマハでは有名人で、尊敬されていた。街の動向も心得ていたし、しかも心理学者だった。選挙運動が進むにつれて、オマハの住民がこういうようになった。「おめでとう、ハワード」まるで選挙が終わったみたいだった。デューイも楽勝の本命のように思われた。世論調査では、トルーマンに大きく差をつけていた。トルーマンはそんなことは意に介さず、こまめに全国遊説をつづけ、急行通過駅でも停車させて列車の後部から演説を行なった。オマハにも来て、パレードに参加して歩き、公園の除幕式に出て、自分の敗北を予想している新聞記事など読んだこともないみたいに上機嫌だった(註33)。

投票日が近づくと、父親の当選とデューイの勝利といううれしい見通しのもとで、ウォーレンはフィラデルフィア動物園に手配して、一一月三日にウッドランド・アベニューを象に乗って進むことにした。サルディニアを征服したハンニバルよろしく勝利の行進をやろうというわけだった。

ところが、投票日の翌朝、ウォーレンはその悪ふざけを取り消さなければならなくなった。一九四八年の大統領選挙にトルーマンが勝利を収めただけではなく、ハワードが落選した。有権者は、ハワード・バフェットを下院からほうり出した。「象に乗ったことは一度もなかったんだ。トルーマンがデューイを打ち破ったせいでおじゃんになった。おまけに、四度目の選挙で、はじめて父が落選した。ほんとうにさんざんな一日だった」

二カ月後、ハワードの任期終了にともなってバフェット家がワシントンＤＣを去る数日前に、ウォーレンの大叔父フランクが亡くなった。ウォーレンが子供のころ、フランクはハリス・アパム＆カンパニーで、どの株についても「ゼロになるぞ！」と叫んだものだった。そして、遺言状が読みあげられたとき、フランクが国債以外はなにも所有していないことがわかった。(註34) フランクは〝金鉱探し〟の妻よりも長生きしていた。国債を制限付きの信託財産にして、満期の際にはふたたび国債に再投資するように、というのがフランクの遺言だった。被信託人と甥《おい》のハワードを納得させるために、家族数人向けの《バクスターの手紙》の購読料まで支払われていた。これは市場の破滅を予想する新聞で、安全な投資は国債しかないと説いている。フランクは、死後も安らかに眠りたいと考えたのだろう。自分の意見が墓の外にも聞こえるように手配りしたのは、バフェット家では（これまでのところ）フランクひとりだった。

だが、当然ながらハワードはインフレを怖《おそ》れていて、国債は無価値な紙切れになるのではないかと考えていた。良心のとがめを乗り越えて、フランクの遺言の条件を変更しようと画策し、判事に法の細かい解釈にもとづく変更を承認してもらって、遺産をいずれ株式に投資できるようにした（註35）。

こうした出来事は、リーラが〝数年来の最悪の冬〟と呼ぶ事態が進むなかで起こった。中西部は猛吹雪に覆われ、厳寒のさなか雪に閉じ込められた家畜が飢え死にしないように、干草を他州からネブラスカに空輸しなければならなかった（註36）。干草の空輸は、トルーマンの勝利を象徴するかのようだった。けっして裕福にはならなかったハワードには、大学生の子供ふたりと、これから大学にあがる子供ひとりがいた。バフェット・フォークと社名を変えた証券会社で働きはじめたが、ハワードがワシントンDCに行っているあいだずっと顧客を相手にしてきたフォークが、いまさら顧客を分けてくれるはずもなかった。ハワードは、冷たい雪に顔を叩かれながらオマハのダウンタウンを歩きまわり、新しい顧客を集めようとした。だが、オマハを離れていた歳月が長かったために、ハワードその人よりも書いた文章の印象が強く、〝人類の自由は兌換可能な貨幣にかかっている〟といった記事から、過激な思想の持ち主だと見られていた（註37）。一九四九年の春には、ハワードは農業地帯へ行って、農家を訪問し、新しい顧客を探した（註38）。

ウォーレンは父親の敗北に胸を痛めたが、東部を離れる口実ができた。ペンシルベニ

ア大学には退屈していたし、フィラデルフィアは大嫌いで、〝汚い《フィルシー》デルフィア〟と呼んでいた。(註39)

春学期が終わると、荷物をまとめて故郷に帰ることにした。すっかり気が楽になって、手紙に〝元ウォートン生バフェット〟とサインした。最終学年をリンカーンにあるネブラスカ大学で勉強したほうが金がかからない、という理由をこじつけた。(註40)小さなフォードのクーペは、デービッド・ブラウンに返した。タイヤが丸坊主になっていた。ペンシルベニア大学の記念品に、たったひとつだけほしいものがあった。出ていくときに、クライドとコインを投げ、Ｓ・Ｊ・サイモンの『ブリッジに負けない方法』をどちらが取るかを決めた。ウォーレンが勝った。

第15章 面接

——一九四九年〜一九五〇年夏　リンカーンとシカゴ

一九四九年夏、ネブラスカに戻ってウォーレンが最初にやったのは、仕事探しだった。ウォーレンは《リンカーン・ジャーナル》の農村部の配布マネジャーになった。友人であり当時のドリスのボーイフレンドのトルーマン・ウッドと、車を折半で買った。午前中に大学の授業に出て、午後に新聞配達ルートを管理するというリンカーンでの生活は、ウォーレンには居心地がよかった。いまや管理職だし、田舎の新聞配達の少年たちを指揮するのは、かなりの集中力を必要とする仕事だった。六郡に五〇人の少年がいて、全員が〝バフェット氏〟に直属している。ビーアトリスという市で、立派な新聞配達人になるだろうと考えて、ある聖職者の娘を雇ったときには、管理職として突然危機に直面した。ビーアトリスの新聞配達の少年三人が、即座に辞めたのだ。ウォーレンが、新聞配達を女でもできる仕事にしてしまったからだった。

その夏、ウォーレンはオマハにも帰り、〈ＪＣペニー〉で紳士用服飾品を売った。活力が戻りはじめていた。好きになった女の子にウクレレの弾けるボーイフレンドがいたので、対抗してウクレレを買ったが、肝心のガールフレンドは手にはいらなかった。

でも、〈ＪＣペニー〉はいい職場だった。従業員が毎朝地下でくだけた朝礼をやり、安物のスーツを着たウォーレンが下手なウクレレを弾き、みんなが歌う。それから、ウォーレンは時給七五セントの紳士用服飾品売り場の仕事に就く。〈ＪＣペニー〉はクリスマスにもウォーレンを呼び戻して売り場に立たせたが、あろうことか紳士服や〈タウンクラフト〉ブランドのシャツを売らせた。フランス料理店のメニューとおなじぐらいちんぷんかんぷんの商品がならんだラックを見て、ウォーレンはマネジャーに、客にどう説明すればいいのかときいた。「梳毛《そもう》だといえばいい」マネジャーのランフォードが答えた。「梳毛がなんだか知っている客はいないよ」ウォーレンにも梳毛というのがなんなのかわからなかったが、すべて梳毛だといって売った。*

秋になると、ネブラスカ大学で学業に専念した。ペンシルベニア大学よりも好きな教授が多く、かなりみっちりと授業を選択して、レイ・デイン教授の会計学を学んだ。デイン教授は、これまで習ったなかで最高の教師だった。

その年、ウォーレンはゴルフボール・ビジネスを再開した。ペンシルベニア大学の友人ジェリー・オランズをパートナーにして、昔からの仕入先ハーフ・ウィテクを使った。(註1)オランズは東海岸の販売店の役割だった（いうまでもなく、ウォーレンのパートナーシップでは、彼がシニア・パートナーになる）。また、投資もしていて、自動車メーカーのカイザー‐フレイザーの株を空売りすることを考えついた。同社の市場シェアは一年で九五パーセントも激減していた。「拝啓パパ」ネブラスカ・コーンハスカーズの便箋で、ウォーレンは父親に手紙を書いた。「このシェアの低下がトレンドラインに表われないなら、ぼくはへっぽこ統計学者ですね」カイザー‐フレイザーは、最初の半期で八〇〇万ドルの損失を出していた。「ですから、粉飾を計算に入れたら、損はおそらくもっと大きいはずです」(註2)

大学に戻ったウォーレンは、クルッテンデン‐ポデスタという証券会社へ行って、ボブ・スーナーに会い、カイザー‐フレイザー株はどれぐらいで売買されているかとたずねた。スーナーが黒板を見て、「五ドル」と答えた。ウォーレンは、自分と父親がそれを空売りしたことを説明した。株価が下落したところで買い戻し、借りた株をもとに戻

＊　梳毛（ウーステッド）とは、繊維長の長い羊毛を強く撚った高品質な糸で紳士服によく使われる。

せば、差額を手に入れることができる。カイザー・フレイザーは破綻するとウォーレンは見ていたので、ほとんどゼロに近い額で買い戻せば、一株当たり五ドル近く儲けることができる。

生意気な若造をへこませてやろう、とスーナーは思った。「きみの年齢では、株の空売りは違法だ」とスーナーがいうと、ウォーレンは、「わかっていますよ。姉のドリスの名義でやりました」。カイザー・フレイザー株を空売りした証拠も見せた。(註3)「恐れ入ったよ」スーナーはいう。「返す言葉もなかった」

カイザー・フレイザーを狙った策が成功するのを、ウォーレンは待った。待ちに待った。そのあいだ、クルッテンデン・ポデスタに長居することもあった。そのあいだに、ウォーレンとスーナーは親しくなった。

一九五〇年春、ウォーレンは三年生まで真面目に勉学してきたので、卒業するには夏期講習をいくつか履修すればいいだけだった。そこで、これまでの道すじとは逆行する決断を下す。高校卒業時には、もうこれ以上教育を受けなくても三五歳までに百万長者になるという目標を達成できる能力は身につけたと思っていた。ところが、大学卒業直前になって、ウォーレンは働くのを延期する気持ちになった。ハーバード・ビジネススクールに進もうという野心で頭がいっぱいになった。これまでの勉学を通じて、正式な学校教育にはほとんど関心がなく――学ぶことは好きだったが――なんでも自分ひとりで学べると思っていた。しかし、ハーバードに進めば、威信と将来の人脈というふたつの重要な物事が得られる。父親が議会からほうり出され、株式ブローカーとしても失敗したのは、固陋《ころう》な理想を守るために人間関係を犠牲にしたからだ。ウォーレンはそれを目の当たりにしていた。だから、ハーバードを選んだのは、さして意外ではないかもしれない。

自分はハーバードにはいれるとウォーレンは確信し、〝ビッグ・ジェリー〟・オランズをいっしょに入学しようと誘ったほどだった。(註4) それに、学費も全額払う必要はない。

「ある日、《デイリー・ネブラスカン》を読んでいたら、小さな記事が目に留まった。〝ジョン・E・ミラー奨学金がきょう授与されます。(註5) 出願者は経営学部ビル三〇〇号室に来てください〟。奨学金は五〇〇ドルだという。* 認定された学校であればどこでも選べる。

三〇〇号室へ行くと、ほかにはだれも来ていなかった。教授三人に待てといわれた。

* 当時の五〇〇ドルははした金ではない。二〇〇七年の貨幣価値に換算すると四三〇〇ドルに相当する。

私は〝だめですよ。三時と指定されていましたよ〟といった。それで、なにもせずに奨学金をもらえることになった」

大学新聞を読んでこの金鉱を掘り当てて裕福になったウォーレンは、夜中に起きてシカゴ行きの列車に乗った。そこでハーバードの面接が行なわれる。一九歳で、ふつうの大学卒業生よりもふたつ若かった。平均的なビジネススクールの学生よりもずっと若い。成績は優秀だったが、抜群というほどではなかった。元下院議員の息子であっても、コネでハーバードにはいることはできない。ハワード・バフェットは、他人の世話をしたこともなければ、他人の世話になったこともなかった。だから、息子の世話もできなかった。

ウォーレンは、面接で好印象をあたえるのに株の知識が利用できると考えていた。これまでの経験では、自分が株の話をはじめると、だれもが耳を傾けずにはいられなかった。親類も教師も学生仲間も――みんなこの問題についての意見を拝聴しようとした。だが、ウォーレンはハーバードの使命を見誤っていた。リーダーを輩出するのがハーバードの使命だった。シカゴへ行ったウォーレンが自己紹介すると、面接官はたったひとつの物事に秀でていることによる自信を見透かし、その奥にある自意識、危なげな内面を読みとった。「私は見かけは一六歳で、情緒的には九歳くらいだった。面接を行なったハーバード卒業生と一〇分話をしただけで、私は能力を見抜かれ、不合格になった」

株の知識を披露する暇もなかった。数年後のほうが見込みがあると、面接官はやさしくいった。ウォーレンは世間知らずだった。面接官の言葉がどういう意味なのか、はっきりとわかっていなかった。入学を見合わせるというハーバードからの手紙が届くと、ウォーレンはびっくりした。最初に思ったのは、「パパになんていおう」ということだった。

ハワードは不器用で頑固だったが、子供に過大な期待をかけはしなかった。ハーバードにはいりたいというのは、ハワードの夢ではなく、ウォーレンの夢だった。ハワードは失敗に慣れていて、敗北にも屈しない。だから、ほんとうに厄介なのは、〝ママになんていおう？〟であるはずだった。

それに、ウォーレンはその後、ハーバードにはねつけられたのは人生の一大転機だったと思うようになる。

すぐに別の大学院を探しはじめた。ある日、コロンビア大学の入学案内をめくっていると、よく知っている名前が目に留まった。ベンジャミン・グレアムと、デービッド・ドッドである。

「私にとって偉大な人々だった。グレアムの本はさんざん読んでいたが、コロンビアで教えているとは知らなかった」

〝グレアムの本〟とは、一九四九年に出版された『賢明なる投資家』のことだ。(註6) 用心深い（あるいは防御的）投資家から投機的な（あるいは進取の気性に富んだ）投資家にいたるまで、あらゆる投資家に対して〝実際的な教え〟を説いたこの本は、ウォール街の因習を打ち破って、それまでほとんど知らされていなかった株式の思惑の仕組みを解き明かした。株式市場が黒魔術で動いているのではないということを、一般人にはじめてわかりやすく説明したのである。ノーザン・パシフィック鉄道やアメリカン・ハワイアン汽船などのじっさいの株を例にとり、グレアムは株式を評価する合理的で数学的な手法を教えた。投資は体系的であるべきだ、とグレアムは説く。

ウォーレンはその本にすっかり魅了されていた。何年も前から、ダウンタウンの図書館へ行っては、株や投資についての本をあらいざらい借りていた。モデルやパターンにもとづいて株を選ぶ方法を扱った本が多かった。ウォーレンが探していたのは、信頼できる働きをするシステムだった。数字のパターン、テクニカル分析に取り憑かれていた。「そういった本を何度も読み返した。おそらくもっとも大きな影響を受けたのは、ガーフィールド・ドルーだろう。端株《はかぶ》取引について貴重な本を書いている。(註7) 三、四回読んだ。

テクニカル分析のバイブルともいえるエドワーズとマギーも読んだ。(註8) 図書館へ行っては、そういう本を浚《さら》ってきたものだ」しかし、『賢明なる投資家』を見つけたときには、ほんとうに何度も読み返した。「まるで神を見つけたみたいだったよ」家をいっしょに借りていたトルーマン・ウッドはいう。(註9) 入念に下調べした末に、ウォーレンは〝割安《バリュー》〟投資に踏み切った。父親の人脈を通じて、パーカースバーグ釣具という会社のことを聞き、グレアムの法則《ルール》に従って研究し、二〇〇株を買った。(註10)

ウォーレンが見たコロンビア大学の入学案内によれば、いまやひいきの本の著者であるベン・グレアムは、ファイナンスを教えているという。デービッド・ドッドもいる。ドッドはビジネススクールの副院長とファイナンス研究科長を兼ねていた。一九三四年、グレアムとドッドは投資に関するバイブル『証券分析』を共同執筆した。これを一般向けに書き直したのが『賢明なる投資家』だった。コロンビア大学に入学すれば、グレアムやドッドの教えを受けられる。それに、入学案内にあるように、「ニューヨークはどの都市よりもビジネスの実践に直接触れる機会を多くあたえてくれる。アメリカのビジネス界の秀でたリーダーたちと知り合うこともできる。……ニューヨークのビジネス・エスタブリッシュメントは、学生たちを客人として歓迎してくれる」(註11)。ハーバードですら、そんな機会は望めない。

ウォーレンは、コロンビアに行こうと決意した。だが、日にちがきわどかった。「大学がはじまる一カ月前の八月に手紙を出した。ふつうなら遅すぎる。なんて書いたかな？　たしか、オマハ大学で案内書を見つけたばかりで、あなたとグレアムが教鞭をとっていることがそこに書いてあるのを見て、あなたがたがどこかのオリュンポスの山から私たちに光を投げかけているのだと知った、というようなことを書いたんだと思う。入学させてくれれば喜んで行きます。ふつうの出願と違うのはわかっています。たぶんきわめて個人的なお願いでしょうね、と」

しかし、文章で頼み込むのは得意だった。面接を受けるよりもずっといい印象をあたえたはずだ。嘆願の手紙が、入学担当だったデービッド・ドッド副院長のデスクに届いた。二七年間コロンビア大学で教えたドッドは、一九五〇年には、実質的にかの有名なベンジャミン・グレアムのジュニア・パートナーになっていた。

痩せて弱々しく見える禿頭《はげ》のドッドは、家では心を病んだ妻の世話をしていた。長老派教会の牧師の息子で、ウォーレンの父親ハワードよりも八つ年上だった。ドッドはウォーレンの個人的なお願いに多少は感動しただろうが、ドッドもグレアムも学生が情緒的に成熟しているかどうかよりも、ビジネスや投資の素質の有無を重視していた。ふたりは、リーダーを育成しようとは考えていなかった。特殊な技能を教えていた。

理由はどうあれ、締め切りが過ぎていたのに、ウォーレンは面接抜きでコロンビア大学への入学を認められた。

第16章　ワン・ストライク

——一九五〇年秋　ニューヨーク

コロンビア大学入学が遅く入寮できなかったので、ウォーレンはできるだけ安い下宿を探した。一日一〇セントの会費でＹＭＣＡに入会し、ペンシルベニア駅に近い西三四丁目のスローン・ハウスというＹＭＣＡの施設を一日一ドルで借りた。(註1) ミラー奨学金五〇〇ドルと、今後もタバコに手を出さないことを条件に父親からもらった卒業プレゼントの二〇〇〇ドルがあったので、金に困っているわけではなかった。(註2) それに、株に投資した分を含めて九八〇三ドル七〇セントの資産があった。(註3) そこには、現金四四ドル、自動車の二分の一の所有権、ハーフ・ウィテクのゴルフボール・ビジネスへの投資三三四ドルが含まれている。しかし、ウォーレンは一ドルが将来一〇ドルにふくれあがると考えていたので、一ドル紙幣を無用のことに使いたくはなかった。一セント一セントが、自分の雪の玉《スノーボール》になる雪のひとかけらなのだ。

デービッド・ドッドの講義〝ファイナンス一一一‐一一二：投資マネジメントと証券分析〟の最初の日、ふだん控えめなドッドがみずから温かく出迎えてくれたことをバフェットは記憶している。テキストに使われていたグレアムとドッドの名著、『証券分析』はほとんど暗記していた。(註4) 原稿の大半を書いてこのテキストを編纂したドッドが内容に精通していたのはいうまでもないが、それでも、この本に関してバフェットはきっぱりという。「私のほうがずっとよく知っていたのは間違いない。どの部分であろうと、引用することができた。そのときは七、八〇〇ページの本に書いてある実例を、文字どおりすべて暗記していた。頭にぜんぶはいっていた。自分の本をそんなに熱心に読んでいる人間と出会った著者がどれほど感激するかは、想像に難くないよ」

一九三四年に発行された『証券分析』は、市場を真剣に研究する学生向けに書かれた大作で、そのなかで彼らの革新的な考え方を、一般大衆向けにその後要約された『賢明なる投資家』よりもずっと詳しく説明している。ドッドはベン・グレアムの講義やセミナーを四年にわたり事細かにメモして編纂し、企業財務や会計学についての自分の知識を加味した実例で肉付けした。(註5)

ドッドの授業では、債務不履行に陥った鉄道会社の債券の評価が中心だった。ウォーレンは子供のころからいくぶん列車に取り憑かれていた。それに、ユニオン・パシフィック鉄道の波瀾万丈の歴史のおかげで、オマハは破綻した鉄道に関していえば世界の中心だった。(註6)ウォーレンは債券についての本も読んでいた。ことにタウンゼンドの『債券販売術』は、七歳のときにサンタクロースにこの大著がほしいと頼んで以来の愛読書だった。(註7)だから、債務不履行に陥った鉄道会社の債券の勉強に、水を得た魚のように適応した。ドッドはウォーレンに格別な関心を抱いて、家族に紹介し、食事に招待した。ウォーレンは父親のような気遣いに存分にひたるとともに、心を病んでいる妻を世話しているドッドを気の毒に思った。

授業でドッドが質問すると、そのたびにウォーレンがだれよりも早くさっと手を挙げて、手を振って注意を惹こうとした。つねに答がわかっていたので、答えたくてたまらなかった。目立つのを怖《おそ》れず、間抜けに見られても平気だった。とはいえ、級友たちも後年いっているが、ひけらかす気持ちはなかった。ただ若く、熱心で、幼稚だっただけだ。(註8)

コロンビア大学の級友たちは、ウォーレンとは違って株や債券にはあまり興味がなかったので、必修になっているその授業に退屈していたに違いない。驚くほど似通った人間の集団で、(註9)ほとんどが学位を取ったらＧＭやＩＢＭやＵＳスチールに就職することを望んでいた。

そういったひとりに、ボブ・ダンがいた。一九五一年卒業予定の学生のなかで、ダンはクラスの星になっていた。ウォーレンはダンの物腰と知性を尊敬していて、しばしば寮に会いにいった。ある午後、ダンの二部屋のつづき部屋のいっぽうを使っていたルームメイトのフレッド・スタンバックが、大きな声のせいでうたたねから醒《さ》めた。朦朧《もうろう》としていたが、その声の主がたいへん興味深いことを語っていたので、スタンバックは眠ってはならないと思った。ベッドから起きあがって、隣の部屋へ行った。クルーカットのだらしない服装の小僧っ子がいて、すさまじい速さでしゃべっている。まるで頭に銃を突きつけられてでもいるように、座ったまま身を乗り出していた。スタンバックは椅子に座り、自分が見つけた過小評価されている株についてのウォーレンの力強い熱弁に耳を傾けた。

ウォーレンは、タイアー・ラバーやサージェント&カンパニーのような中小企業や、金物卸売業のマーシャル‐ウェルズのようなもっと大きな企業について話していた。(註10)聞いているうちに、スタンバックはたちまちウォーレンに傾倒した。さっそく出かけていって、生まれてはじめて株を買った。

スタンバックは、ノースキャロライナ州ソールズベリという小さな集落のコンフェデレート・アベニューで、分析癖のある内気な子供として育った。ウォーレンの聞き役にうってつけの性格だった。ふたりはいっしょに過ごすことが多くなった――早口の痩せこけた小僧っ子と、くすんだブロンドの口の重いハンサムな若者という組み合わせだった。ある日、ウォーレンがある案を思いついた。ドッド教授の許しを得て授業を欠席し、マーシャル・ウェルズの株主総会に行った。コロンビア大学に入学する数カ月前に、ウォーレンは父親と共同でマーシャル・ウェルズを二五株買っていた。

「私にとってははじめての株主総会だった。出席する株主を減らすためだろうが、ニュージャージー州ジャージーシティでひらかれた」

ウォーレンの考える株主総会の姿は、ビジネス本来の性格をもとに思い描かれたものだった。つい先ごろ、ウォーレンは出資した金を五年で倍にしたところで、貸していた農場を売った。所有していたあいだ、作物の利益を小作人と折半していた。だが、小作人は土地を売った利益の配分は受けない。資本家としてウォーレンは金を出し、リスクを負い、利益が出ればそれを手にする。

ビジネスとはおしなべてそういうものだと、ウォーレンは思っていた。ビジネスを動かす従業員は、自分たちの労働が生み出す収入から分け前を得る。だが、従業員は所有者に対して責任を負っており、ビジネスの価値が増すにつれて、所有者はそこから利益を得る。むろん従業員が株を買えば、所有者となり、ほかの資本家と肩をならべるパートナーになる。だが、いくら株を持っていても、従業員である以上、従業員としての成績を所有者に報告しなければならない。だから、ウォーレンは株主総会を、経営陣の采配を評価する機会だと見なしていた。

しかし、企業の経営陣は、めったにそういう考え方はしない。

ウォーレンとスタンバックは、列車でジャージーシティへ行った。陰気な会議室に五、六人が集まっていて、法律で義務づけられている議事をざっとやる予定になっていた。出席者のなかにウォルター・シュロスがいた。シュロスは三四歳で、ベン・グレアムの社員四人の会社グレアム‐ニューマン・コーポレーションに週給五〇ドルで勤めていた。(註11) 総会がはじまると、経営に関して手厳しい質問をはじめた。シュロスはニューヨークのユダヤ系移民の一族で、小柄な引き締まった体つき、黒い髪、温和な物腰だが、ミネソタ州ダルースの基準からするといささか無作法だと、マーシャル‐ウェルズの経営陣は思ったに違いない。「経営陣はちょっとむっとしていた」とスタンバックはいう。「外部の人間に株主総会で攻撃されたわけだから。それまでは出席した株主はほとんどいなかったんだろうし、不愉快だったに違いない」(註12)

ウォーレンは即座にシュロスのやり方が気に入り、グレアム‐ニューマンの社員だとシュロスが名乗ると、まるで家族と再会したような反応を示した。総会が終わるとウォーレンはシュロスに近づいて、話しはじめた。ウォーレンはシュロスが気に入った。蓄財は難しく、散財は簡単だという信念を持っていたからだ。ほかの経済的な失敗もあったが、シュロスが一三歳のとき、一九二九年の大暴落で母親は遺産を失った。

シュロス家は努力と志で切り抜けた。一九三四年に高校を卒業したシュロスは、すぐにウォール街の使い走りになった――証券会社におけるポニー・エキスプレスといった仕事で、メッセージを持ってウォール街を走りまわる。それから、証券を取り扱う窓口係になって、株式分析ができますかと上司にたずねた。できないと答えて、上司は教えた。「ベン・グレアムというやつが『証券分析』という本を最近書いた。それを読めば、あとはなにも必要ない」(註13)

シュロスはグレアムの本を隅から隅まで読んで、もっと知識がほしくなった。週二回、午後五時から七時まで、グレアムが投資について教えているニューヨーク証券取引所の講習所に通った。グレアムがこのセミナーを一九二七年にはじめたのは、コロンビア大学で教えようと思っていた講義の試験的意味合いもあった。当時は大衆が株に熱をあげていて、クラスは満員だった。

グレアムは、教材として自分の買っている株に言及した。ゴールドマン・サックスのトップトレーダーだったグスタブ・レビーのような人々は、会社に駆け戻ってその意見にもとづいて売買し、会社や自分たちが儲けた。シュロスはすっかり心を奪われ、崇拝するベンジャミン・グレアムとパートナーのジェローム・ニューマンが経営するグレアム・ニューマンの数少ない社員のひとりになった。ウォーレンはすぐさまシュロスに惹かれた。グレアムの部下といううらやましい仕事のせいでもあったが、逆境に果敢に立ち向かってきた経歴にも魅力を感じた。マーシャル・ウェルズの株主総会では、葉巻を吸っているがっしりした肩の株主にも注目した。小規模ではあるが定評のある証券会社ストライカー&ブラウンのルイス・グリーンで、やはりグレアムの盟友だった。(註14)

ウォーレンはルイス・グリーンにいたく感銘を受けて、好印象をあたえようとして話しかけた。スタンバックと三人いっしょにニュージャージーからの帰りの列車に乗った。グリーンは、学生ふたりをランチに誘った。

これが大当たりだった。グリーンは締まり屋で、自分の心にかなう人物であることを、ウォーレンは知った。「グリーンはたいへんな金持ちだったが、カフェテリアみたいなところへ行った」

ランチの席でグリーンは、金目当てで近づいてくる女に言い寄られるのがどんなふうかを話した。中年を過ぎていたので、女の動機をはっきり追及してさばいた。「この人れ歯が好きか？　禿頭《はげ》は？　太鼓腹は？」ウォーレンはおもしろがったが、グリーンが急に話題を変えて、ずばりと本題を突いた。

「私にきいたんだ。〝どうしてマーシャル・ウェルズを買った？〟と。

それで私は答えた。〝ベン・グレアムが買ったから〟」

たしかに、まだ会ったことはなかったが、グレアムはすでにウォーレンの英雄になっていた。それに、マーシャル・ウェルズを買うにいたったのは、『証券分析』の影響が大きかった。自分が学んだ事柄をひけらかすべきではないと、ウォーレンは思ったのかもしれない（註15）。しかし、ほんとうのところ、マーシャル・ウェルズを買ったのは、『証券分析』に例として載っていたこと以外にも理由があった。

北米最大の金物卸売業者マーシャル・ウェルズは、巨額の利益をあげているという評判だった。もしも利益を配当で株主に還元していたら、一株当たり六二ドルにはなる。株価は二〇〇ドル前後だった。マーシャル・ウェルズ株を所有すれば債券のように確実で、しかも利率に換算すれば三一パーセントになる（二〇〇ドルで六二ドルの利益）。つまり、複利で計算すると三年で投資の倍以上のリターンが得られる。たとえ配当がなくても、株価そのものも徐々に上昇するはずだった。

しかし、ウォーレンはそういったことをグリーンに説明しなかった。そして、「べン・グレアムが買ったから」といってしまった。

「グリーンは私の顔を見て、〝ワン・ストライク！〟といった。

その目つきと言葉は、一生忘れられない」

そこではっと気づいた。〝ウォーレン、自分の頭で考えろよ〟という意味だったのだ。面目なかった。

「小さなカフェテリアで話をして、この魅力的な人物といっしょにいるうちに、気がついたら私は三振していた」

そういうあやまちは二度と犯したくなかったし、マーシャル・ウェルズのような株をもっと見つけたかった。そこで、グレアムの講義が近づくにつれて、ウォーレンはグレアムの手法、著作、具体的な投資、グレアム本人について、わかっているかぎりのことを暗記しはじめた。グレアムがガイコ（GEICO＝〝公務員保険会社〟の頭文字）という会社の取締役会長だということがわかった。（註16）『証券分析』はこの会社の株に言及していなかった。『ムーディーズ・マニュアル』を調べると、グレアム・ニューマン・コーポレーションが、そこの株の五五パーセントを所有していたが、最近になって手放していることがわかった。（註17）

ガイコとはどういう会社だろう？　ウォーレンは興味をそそられた。そこで、数週間後の寒い冬の日曜の朝、始発列車に乗ってワシントンＤＣへ行き、ガイコのドアをノックした。あたりにはだれもいなかったが、警備員が出てきた。バフェットの記憶にあるかぎりでは、できるだけ丁重に、ガイコの事業内容についてだれかに説明してもらえないだろうかと頼んだという。もちろん、ベン・グレアムの生徒であることも説明した。

警備員は階上へ走っていって、財務担当副社長ロリマー・デービッドソンのオフィスへ行った。頼みを聞いたデービッドソンは、心のなかでつぶやいた。「ベンの生徒なら、五分ほど話をしてねぎらい、丁重に送り返そう」(註18)案内するようにと、警備員に告げた。

ウォーレンは、真摯な態度を際立たせるきちんとした自己紹介をした。「ウォーレン・バフェットというものです。コロンビア大学の学生です。こんど、ベン・グレアム教授に習うことになります。グレアム教授の本を読んでいますし、すばらしい人だと思っています。それで、教授が御社の取締役会長だというのを知ったのですが、御社についてなにも知らないので、教わろうと思い、ここに来ました」

自動車保険の複雑なビジネスについて、デービッドソンはウォーレンに説明をはじめた。グレアムの生徒だから親切にして、貴重な時間をすこし割いてもいいだろうと思ったのだ。ところが、「一〇分ばかり質問を受けているうちに、相手は並外れた若者だと気づいた」とデービッドソンはいう。「彼の質問は、経験豊富な保険株アナリストがきくようなものだった。プロフェッショナル並みの詳しい質問をした。若くて、幼げに見えた。学生だというが、世知に長けている人間の話しぶりだったし、知識も豊富だった。ウォーレンに対する見方が変わって、そのうちにこっちが質問していた。一六歳にして成功したビジネスマンになっていたのだと知った。一四歳のときに所得税の申告をして、それ以来ずっと税金を払っていて、小規模なビジネスもいっぱいやっていた」

ロリマー・デービッドソン自身も、苦労して成功した人物だけに、たいそう感銘を受けた。〝デービー〟として広く親しまれていたデービッドソンは、大暴落前には年間一〇万ドルという信じられないような手数料を稼いでいた。(註19) 後には、債券販売で週一〇〇ドルを稼いだ。

ある日、デービッドソンはたまたまガイコへ行った。そこで同社の仕組みを知り、たちまち魅了された。

ガイコは、代理店を使わず、通信販売することで、自動車保険をより安く販売していた。(註20) 当時としては革命的な発想だった。ガイコの創業者レオ・グッドウィンとクリーブス・リアは、軍人のみに保険を売っているUSAAという会社からヒントを得て、公務員だけに保険を販売することを思いたった。公務員は軍人とおなじで、法律に従うことに慣れている責任感の強い人間が多いからだ。それに、公務員は全国におおぜいいる。

かくしてガイコが生まれた。

その後、リア家はデービッドソンに自社株を販売させることにした。家がテキサスにあり、そこからガイコに通勤したくなかったからだ。買い手のシンジケートを組織しながら、デービッドソンはニューヨークのグレアム・ニューマン・コーポレーションに接触した。ベン・グレアムは興味を抱いたが、無愛想なパートナーのジェリー・ニューマンの意見に従った。「これから公開する株を募集価格で買うのは不当だと、ジェリーは考えていた。〝募集価格で買ったことは一度もない。いまさらやるつもりもない〟といわれた」と、デービッドソンはいう。

駆け引きがはじまった。デービッドソンは、ジェリー・ニューマンを説得し、いくらか譲歩して会社の株五五パーセントに対して一〇〇万ドル出資させた。ベン・グレアムはガイコの取締役会長になり、ニューマンも取締役に就任した。六カ月か七カ月後に、デービッドソンはガイコのレオ・グッドウィンCEOに、給料は下がってもいいからガイコで投資管理をしたいと話した。グッドウィンがグレアムに相談し、同意を得た。

この話をデービッドソンから聞いたウォーレンは、すばらしいと思った。「保険とガイコについて、質問攻めにした。その日、デービッドソンはランチに行かなかった――オフィスに座って、私を世界一重要な人間だと思ってでもいるように話しつづけた。デービッドソンがドアをあけてくれたとき、保険の世界へのドアをあけてくれたんだ」

ウォーレンはペンシルベニア大学で保険を学んでいたし、多少ギャンブルの要素があるのが、予想屋でもあるウォーレンの興味をそそった。掛け金をプールして最後に生き残ったものがもらえるトンチン式配当と呼ばれる生命保険の仕組みに興味を抱いた。だが、トンチン式配当は現在では違法とされている。（註21）

ウォーレンは保険数理——生命保険の基本となる数学——についても研究していた。子供のころから、死亡率の統計表をこつこつと調べたり、平均寿命を予想したりしていた。ウォーレンは狭い範囲の専門を探究するのが性に合っていて、暗記、収集、数字の操作にふけり、孤独を楽しんだ。保険数理はそういった性向を満足させるとともに、ウォーレンが熱中しているふたつの事柄のうちのひとつ——平均寿命について考える機会をあたえてくれるはずだった。

しかし、結局はもうひとつの嗜好——お金を貯めること——が、勝利を収めた。

ウォーレンは、ビジネスの基本的な考え方をものにしようとしていた。企業はどうやって金を儲けるのか？　企業は個人に似ている。出かけていって、従業員や株主を養う方法を考えないといけない。

ガイコはもっとも安い価格で保険を売っているから、儲けるにはできるだけコストを下げなければならないということを、ウォーレンは理解した。保険会社が保険契約者の保険料を受け取り、保険金請求までの長期間投資するということも知った。つまり、無料《ただ》で他人の金を使えるようなものだ。その考え方が、ウォーレンは気に入った。ぜったいに成功間違いなしの事業に思えた。

ニューヨークに戻ってから四八時間とたっていない月曜日の朝、ウォーレンは増えつつあったポートフォリオの四分の三を売り払い、その代金でガイコを三五〇株買った。いつも用心深いウォーレンにしては、思い切った投資だった。

それもそのはずで、現在の株価では、グレアム・ニューマンが筆頭株主になったばかりとはいえ、ガイコ株はベン・グレアムが推奨するような銘柄ではなかった。資産価値よりも割安な株に目をつけるのがグレアムの手法だし、保有銘柄を数社に絞るのはよくないと考えていた。だが、ガイコは急成長しているので、ウォーレンは数年後の価値を自信を持って予測できると考えていた。そういう考え方をすれば割安株ということになる。父親の証券会社にも報告書を送り、ガイコは一株四二ドルで取引されているが、ＰＥＲ（株価収益率）は約八倍だと教えた。ほかの保険会社はもっと高ＰＥＲで取引されている。しかしながら、ガイコは大きな業界のなかでは小規模だが、競合する大企業は〝成長の可能性がほぼ枯渇している〟と説明した。五年後のガイコの価値について、ウ

ォーレンは控えめな予想を立てている。株価は一株八〇ドルないし九〇ドルになると考えていた。(註22)

ウォーレンは四月に、保険株専門の有名証券会社であるガイヤー&カンパニーとブライス&カンパニーに手紙を書き、調査を依頼した。そして、この二社の専門家に会いにいって、ガイコについて話をした。先方の意見を聞いてから、自分の理論を説明した。

正気の沙汰じゃない、といわれた。

代理店を使っている安定した大手保険会社にガイコが太刀打ちできるわけがない、と専門家はいった。何千軒もの代理店がある巨大保険会社が業界を支配しているし、これからもその支配がつづくだろう。しかし、ガイコは六月のタンポポみたいに成長し、造幣局がお札を刷るように儲けていた。

どうして目の前にあるものが見えないのか、ウォーレンには理解できなかった。

第17章　エベレスト山

――一九五一年春　ニューヨーク

コロンビア大学で二学期がはじまると、ウォーレンは喜びのあまりうずうずした。父親が下院議員に当選し、四期目を務めることになった――票差もそれまでで最高だった。それにようやく英雄に会える。

ベン・グレアムは回顧録で、自分は一匹狼で高校卒業後は親しい友人を持たなかったと述べている。「だれとでも友だちになれたが、心の友や親友にはならなかった」(註1)バフェットによれば、「だれも殻を打ち破ることができなかった。みんな尊敬していたし、慕っていたし、本人以上に友だちになりたいと願っていた。すばらしい人物だと思いつつも、友だちにはなれなかった」。のちにこれをバフェットは、グレアムの〝保護膜〟と呼んでいる。パートナーのデービッド・ドッドですら、親密になることはなかった。

グレアムと話をするのは難しかった——あまりにも理性的で、博学で、隙がなかったからだ。いっしょにいるときには、知力を研ぎ澄ましていなければならなかった。グレアムはいつでも親切だったが、人間相手で話をしているとすぐに退屈するようだった。グレアムの人生の「ほんとうの友人や親しい仲間」は、ギボン、ウェルギリウス、ミルトン、レッシングといった好きな著述家や彼らが取りあげている問題だった。「周囲の生きている人々よりも彼らのほうが重要であり、私の記憶に深い印象を刻んだ」とグレアムは述べている。

ベンジャミン・グロスバウムとして生まれた(註2)グレアムは、二五歳までに四度の金融恐慌と三度の不況を味わった(註3)。グレアムが九歳のときに父親が死に、一家の財産はしだいにとぼしくなった。世事に通じている野心的な母親は、一九〇七年の株式市場暴落でささやかな株の大半を失い、宝飾品を質入れしなければならなかった。当時は親類の施しで「貧窮からは救われた」が、屈辱からは逃れられなかった、とグレアムは回顧している(註4)。

しかしながら、グレアムはニューヨーク市の公立学校で頭角を現わし、フランス語でユーゴーを、ドイツ語でゲーテを、ギリシャ語でホメロスを、ラテン語でウェルギリウスを読んだ。高校を出るとコロンビア大学に進みたかったが、それには学費の援助が必要だった。奨学金試験官がグロスバウム家を訪ねてきたが、はねられた。グレアムは、自分の心の奥底にある〝秘密のゆがんだ部分〟を試験官が見抜いたのだと確信していた。「何年も前から、フランス人が悪習《モーベ・アビテュード》と呼ぶもの〔自慰の婉曲表現〕に抵抗するのに苦労していた。生まれつきのピューリタニズムと、当時のぞっとするような健康の手引きのせいで、道徳と肉体の問題にひどく悩んでいた」(註5)

その悪習のせいかどうか、グレアムは結局、学費が免除されるニューヨーク市立大学シティ・カレッジに入学することになった。父親を亡くして貧しかったグレアムは、この学位を得たところで自分が望むようなスノッブで洗練された世界ではやっていけないだろうと思い、やる気を失っていた。彼は退学して、ドアベルを組み立てる仕事に就き、働きながらウェルギリウスの『アエネイス』やオマル・ハイヤームの『ルバイヤート』を暗誦した。やがてコロンビア大学にふたたび応募し、今回は奨学金もおりた――前回にはねられたのは事務手続きの不備によるものだとわかった。さまざまな半端仕事をしてはいたが、コロンビア大学でグレアムはクラスの星となった。貨物運送状のチェックをしながら、気晴らしに頭のなかでソネットをこしらえた。卒業すると、ロースクールの奨学金と、哲学、数学、国語からの教職への誘いを断って、学生部長の勧めに従い、広告業界に進んだ。(註6)

グレアムのユーモアのセンスは、いつも皮肉な方向に傾いている。不燃性洗剤〈カーボナ〉のためにはじめて書いたキャッチフレーズは、消費者を怖がらせるという理由から不採用になった。グレアムのその韻文は、つぎのようなものだ。

ウィノナの若い娘さん
〈カーボナ〉知らずに
ベンジンで掃除し
かわいそうなご両親はお葬式を出した

こういうことがあったあとで、コロンビア大学のケッペル学生部長は、証券ブローカーのニューバーガー・ヘンダーソン&ローブをグレアムに勧めた。一九一四年、グレアムはウォール街の階層のいちばん下の仕事、使い走りからはじめ、やがてボードボーイ助手として黒板の株価を書き換えた。グレアムは、こうした仕事のかたわら研究を進めるという典型的なウォール街の処世術で専門家にのしあがっていった。そして、ある日、場内仲買人《フロアブローカー》の目に留まった、グレアムがミズーリ・パシフィック鉄道に関して書いた報告書がベーチェ&カンパニーのパートナーに渡り、グレアムは統計屋として雇われることになった。(註7)その後、ニューバーガー・ヘンダーソン&ローブに戻ってパートナーになったが、一九二三年に、ローゼンウォルド家（シアーズの草創期のパートナー）の数人を含めた資金提供者に引き抜かれて、資本金二五万ドルで独立した。

一九二五年に報酬のことで資金提供者たちと意見が合わなくなって、このビジネスをやめ、顧客の出資金四五万ドルと自己資金を合わせ、〝ベンジャミン・グレアム・ジョイント・アカウント〟を設立した。その後、顧客のきょうだいのジェローム・ニューマンが出資を申し出て、ビジネスをおぼえて会社に役立つようになるまでは無給でいいという条件で、グレアムのパートナーになろうとした。グレアムは給与を払うといい張り、ビジネス全般の知識と経営手腕を備えたパートナーとしてニューマンを受け入れた。

一九三二年、グレアムは《フォーブス》に〝アメリカの会社は存続させるより清算したほうがましなのか？〟と題する連載記事を書いた。現金と出資金の山をそのままにしている経営陣や、株価に反映されていない会社の価値を見過ごしている投資家を厳しく批判するものだった。価値を根こそぎ取り出す方法をグレアムは心得ていたが、問題は資本が不足していることだった。株式市場での損失で、会社の口座は二五〇万ドルから三七万五〇〇〇ドルに減っていた。* グレアムはパートナーたちの損失だけでも取り戻す責任があると感じていたが、そのためには資金を三倍以上に増やさなければならなかった。ジョイント・アカウントを維持するだけでも、かなりたいへんだった。ジェリー・ニューマンの義父が五万ドルを注入して、助けてくれた。そして、一九三五年一二月には、三倍に増やして損失を取り戻していた。

一九三六年、税金対策のために、グレアムとニューマンは、ジョイント・アカウントをグレアム‐ニューマン・コーポレーションとニューマン&グレアムというふたつの会社に分割した。(註8)グレアム‐ニューマンは、固定手数料をとって、一般市民相手に当時、取引所に上場していた株式を放出した。ニューマン&グレアムは、少人数の洗練されたパートナーから成るプライベート・パートナーシップ、つまり〝ヘッジファンド〟だった。グレアムとニューマンは、マネジャーとしての成績によって報酬を支払われる。

ふたりは三〇年にわたってパートナーだったが、グレアムは回顧録でジェリー・ニューマンについて、「人当たりが悪い」といっている。要求が多く、短気で、あらさがしをする傾向があり、交渉のときに「頑固すぎる」というのだ。ニューマンとグレアムがうまくやっていけたのは、グレアムが他人の態度に影響されて平静を乱すことがなかっ

＊　減少額には損失だけでなく、配当金や口座解約も含まれている。

たからだ。

ただひとつの例外は、経済界の大物に喧嘩を売って襲いかかるときだけだった。グレアムの仕事でいちばん有名なエピソードは、ノーザン・パイプラインに対して、価値のある債券を株主に分配させたことだった。

グレアムは、ペンシルベニアの僻地のオイルシティで行なわれた株主総会に出かけていき、鉄道債券について動議を提出したが、動議を支持する人間を連れてこなかったため却下された。また、経営陣はグレアムに対してユダヤ人を中傷するような発言をしたので、グレアムとしては黙って引き下がるわけにはいかなかった。つぎの株主総会のときには、取締役会にさらに取締役ふたりを送り込めるだけの票を集め、鉄道債券の分配を可決できるようにした。最後には経営陣が折れて、株主に現金と株合わせて一株当たり一〇ドル相当を渡すことになった。

この戦いはウォール街では有名な事件になった。グレアムはその後も、けっして業界最大の投資会社とはいえないグレアム・ニューマン・コーポレーションの名を高める努力に余念がなかった。

グレアムは、自分の営業成績の足をひっぱることになっても意に介さず、そういう努力をつづけた。教室でグレアム・ニューマンが買っている株の話をするたびに、学生たちも急いで買いにいくので、株価が上がり、高値で買わなければならなくなる。ジェリー・ニューマンはそれに腹を立てた。どうして会社のやっていることを他人に教えるんだ？　ウォール街で金を稼ぐには、自分のアイデアを人に漏らしてはいけないのに。だが、バフェットもいうように、「ベンは自分がどれほど金持ちかということには興味がなかった。充分なだけの金はほしいと思っていたし、一九二九年から三三年にかけての厳しい時代を潜り抜けている。でも、これだけあればいいと思うだけの金さえあれば、あとはどうでもよかったんだ」。

グレアム‐ニューマンは、それが存続した二〇年のあいだ、市場平均を平均で二・五ポイント上回っている。ウォール街の歴史で、そういう記録を残しているのは、ごく限られた人々だけだ。わずかな数字と思うかもしれないが、複利二・五パーセントが二〇年も積もると、グレアム‐ニューマンの投資家は、市場平均に投資したものよりも、一・六五倍以上儲けたことになる。それよりもずっと重要なのは、市場平均に投資した場合のリスクよりも、ずっと小さいリスクで、グレアムがこのすばらしい成績を達成したことだろう。

また、グレアムは数字を分析するスキルを持っていた。それまでは、株式価値評価はほとんど推測だった。株式の価値を分析する徹底したシステム的な手法は、グレアムがはじめて開発した。公開情報――主に財務諸表――のみで研究するのが、グレアムのやり方だった。会社の経営陣が出る公の会議に出席することは、めったになかった。(註9)ウォルター・シュロスがマーシャル・ウェルズの株主総会に出席したのは、グレアムの意向ではなく、シュロス自身の考えだった。

毎木曜日の夕方、相場がひけたあとで〝普通株の価値評価《バリュエーション》について〟を教えるグレアムを、三人目の妻エスティがウォール街五五のグレアム・ニューマン・コーポレーションのオフィスからコロンビア大学まで車で送った。この講座はコロンビア大学の金融カリキュラムをさらに高度にしたもので、きわめて高い評価を得ており、マネーマネジャーたちも一度ならず聴講していた。

ウォーレンはむろんグレアムを神のように崇拝していた。ノーザン・パイプラインの記事は、一〇歳のころに何度となくくりかえし読んだことがあった。そのころはまだ、ベンジャミン・グレアムが投資の世界でどういう地位にあるかは知らなかった。そしていま、ウォーレンはグレアムと絆を結びたいと思っていた。だが、授業を離れると、共通の趣味はほとんどなかった。グレアムは知識を追い求めて芸術や科学をかじり、詩を書き、ブロードウェイの脚本家としては派手に失敗し、おかしな発明のアイデアをノートに書いてのらくら過ごしていた。また、社交ダンスにも凝っていて、アーサー・マレーのダンススタジオでぎこちなく踊りながら、ステップを声に出して数えていた。数学の方程式に取り組むために晩餐会の最中に姿を消したり、プルーストを（フランス語で）読んだり、オペラのレコードを聞いたりしていた。退屈な人間の仲間に我慢するよりも、そういったことのほうが好きだった。(註10) 回顧録にグレアムは書いている。「生活で実践している物事よりも学んでいる物事のほうが記憶に残る」生活にまつわる物事で学問をしのぐたったひとつの例外は、情事だった。

古典の作家と競争してグレアムの注意を惹くことができる唯一の人間は、ベッドのお相手ができる女性に限られていた。グレアムは小柄だし、立派な体格ではなかった。どことなくいたずら好きな小妖精に似ていて、けっして美男子ではなかったが、それでもグレアムは挑戦の好きな女性にとってはエベレスト山のようなものだったらしい。目の前にあれば登ってみたくなるのだ。

グレアムの三人の妻を見ると、好みの幅が広いのがわかる。最初が意志の強そうな教師へイゼル・メイザー、つぎがブロードウェイのショーガールで一八歳年下のキャロル・ウェイド、そして三人目が聡明で快活な秘書のエステル・〝エスティ〟・メシング。グレアムが一夫一妻制に無頓着だったことが、これらの結婚生活をややこしくした。グレアムは回顧録で真っ先に、「自分の浮気についてできるだけ真面目に述べたい」と書いている。(註11)ところが、六行あとでは真面目さが消えてうわついた調子になり、自分の情事の秘訣を辛辣に分析し、「けっして美人とはいえないジェニー」は、「魅力は五分の一でも、口説き落とせる割合は五分の四」の女性だとしている。魅力が高ければ、口説き落とせる割合が低くてもよく、しつこくつきまとって、恥も外聞もなく口説こうとした。趣味の詩作も生かして、地下鉄で一目惚れした女性にその場で誘う詩を書きつけたこともある。それでいてあまりにも理性的なので、愛人たちはグレアムの注意を惹きつけておくのには苦労した。回顧録でつぎのように恋愛からビジネスへと話題を突然切り替えるありさまは、まさにグレアムらしい。(註12)

ウォード汽船の彼女の船室でともに過ごした最後の一時間は、センチメンタルな思い出として残っている(当時は、その名門の安定した汽船会社を私の会社が支配することになるとは、夢にも思わなかった)。

だが、当時のウォーレンはそういうグレアムの私生活についてはなにも知らず、すばらしい師から学ぶことだけに目を向けていた。一九五一年一月、グレアムの講義の初日に、ウォーレンは長方形の大きなテーブルがある教室にはいっていった。二〇人前後に囲まれて、グレアムがまんなかに座っていた。学生はたいがいウォーレンよりも年上で、出征経験のあるものもいた。半分は聴講生のビジネスマンだった。ここでもウォーレンは最年少だった——それでいて、もっとも知識は深かった。グレアムが質問するときは、きまって「ウォーレンが真っ先に手を挙げて、即座にしゃべりだした」と級友のジャック・アリグザンダーが述べている。(註13)あとの生徒たちは、グレアムとウォーレンのデュエットの聞き役になった。

一九五一年のアメリカ企業の大半は、存続させるより清算したほうがましな状態だった。グレアムはそれを説明するのに株式市場から実例を見つけるようにと、学生たちを促した。ウォーレンが株を所有している樽製造業のグライフ・ブラザーズ・クーパリッジのような怪しげな会社もその一例だった。本業はじわじわと衰退していた会社だが、資産や在庫を売って負債を返済した清算価値を下回る安値で取引されていた。川に投げ込まれた樽が冬は氷の下に隠れていても雪融けで浮上するように、いずれは〝内在〟価値が浮かびあがる、とグレアムは説明した。あとはバランスシートをしっかりと読みとり、氷の下に金が詰まった樽があるかどうかを判別すればいいだけだ、と。

会社は個人と似ている、とグレアムは説いた。個人の場合、持ち家の値打ちが五万ドル、ローンが四万五〇〇〇ドル、貯金が二〇〇〇ドルあれば、差し引きは七〇〇〇ドルになる。会社も個人とおなじように資産があって、製品を製造して売り、借金――負債――を抱えている。資産を売って負債をゼロにすると、残ったものが会社の持ち分《エクイティ》すなわち純資産になる。会社の純資産よりも低く評価されている株を買えば、いずれは――〝いずれは〟というのは危ない言葉だが――その株価は内在価値を反映する価格へと上昇する、とグレアムはいう。(註14)

しごく単純に思えるが、証券分析の技術で肝心なのは細部なのだ――探偵になって、どの資産がほんとうに価値があるかを探り、隠れた資産や負債を掘り起こす。その会社が儲けられるのか――あるいは儲けられないのか――を検討し、株主の権利を明らかにするために細部を分析する。グレアムの生徒たちは、株は抽象的な紙切れなどではなく、企業全体の価値を計算し、それを株数で割ることで分析できるものだと知っていた。

〝いずれは〟というのが問題を複雑にする。株は内在価値に反する価格で長期間売買されることがままある。たとえアナリストの計算がすべて正しくても、それを一生の投資活動に当てはめるのは間違っていると、市場に見なされるおそれがある。だから、グレアムとドッドが〝安全マージン〟(margin of safety)と呼んだ、失敗に備えるゆとりが必要なのだ。

グレアム流の教えは、ふたとおりの受けとめ方をされた。心奪われるすばらしい宝探しの方法だと賞賛するものもいれば、うんざりするほどの宿題で嫌になるものもいた。ウォーレンは、それまでずっと洞窟に住んでいた人間が太陽の光を見て目をしばたたき、はじめて五感で現実を知った、という反応を示した。(註15)それまでの〝株式〟という概念は、株という紙切れが売られている値段そのものの集まりだった。いまでは、その紙切れの売買によって形づくられた株価の集まりが〝株式〟を表わしているわけではないのだと、ウォーレンはただちに理解した。子供のころに山ほど集めた王冠が、人々が飲みたがる発泡性の甘酸っぱくスパイシーな炭酸飲料を表わしていないのとおなじことだ。ウォーレンの途方もない昔の夢は、あっというまに消え失せ、グレアムの哲学に征服され、その教えから光明を得た。

グレアムは授業でありとあらゆる洗練された効果的なテクニックを駆使した。ふたつひと組の質問を、わざとひとつずつ投げた。学生は最初は答がわかったように思うが、ふたつめの質問で、ひょっとしてわかっていなかったのではないかと気がつく。また、業績が悪くてほとんど破綻寸前の会社と順調な会社のそれぞれの特徴を説明し、学生たちにその二社を分析させる。そのあとで、それがじつはひとつの会社のある時期と別の時期であることを明かす。みんな仰天した。偏らない考え方をするための印象的な授業だった。

こうしたA社とB社を引き合いに出す教え方にくわえて、一級の真実と二級の真実についても語った。一級の真実はまったき真実。二級の真実は確信にもとづく真実。ある会社の株が価値Xであると充分な数の人間が思ったとき、そうではないと考える人間が充分な数現われるまでは、その株は価値Xになる。しかし、それは株の内在価値――すなわち一級の真実を動かしはしない。このように、グレアムの投資手法は、単純に割安株を買うというものではなかった。心理学の完璧な理解が根底にある手法はおしなべてそうだが、グレアムのこの教え方によって、生徒たちは意思決定が感情に左右されるのを抑えることができた。

グレアムの授業からウォーレンは三つの鉄則を得た。

- 〝株は企業の一部を所有する権利である〟その企業全体の価値を株数で割ったのが株価だ。
- 〝安全マージンを利用する〟投資は予想と不確実性の上に築かれる。安全マージンが大きければ、その投資判断の成果が失敗によって帳消しになることはない。なにより、後ずさりしないことが、前進への道である。
- 〝ミスター・マーケットは、主人ではなく、しもべである〟グレアムはミスター・マーケットという架空の気まぐれな人物を創造した。この人物は毎日株を売買している。不合理な価格をつけることも多い。ミスター・マーケットが気まぐれにつける価格に惑わされてはならない。しかし、彼はときどき安く買って高く売るチャンスをあたえてくれる。

この三つのうちもっとも重要なのは安全マージンである。株は会社を所有する権利かもしれないし、内在価値も計算できる。しかし、安全マージンがあれば安眠できる。グレアムは、さまざまなやり方で安全マージンを組み込んでいる。借金をしてまで買う危険はけっして冒さない。また、一九五〇年代はアメリカで最大の繁栄の時代になっていたが、グレアムには大恐慌の爪跡が深く刻まれていて、最悪の事態を想定する癖がついていた。グレアムは一九三二年に《フォーブス》に書いた記事のレンズを通して企業を見ており――存続させるより清算したほうが価値があるという見方だ――会社が清算された場合に備えて株の価値を考えた。つまり、会社が廃業して清算した時点での価値を見積もったのである。多くの企業が破綻した一九三〇年代を、グレアムはそれとなくふりかえっていた。自分の会社を大きくしなかったのも、リスクを忌み嫌ったからだ。それに、どんな会社の株でもごく少量しか買わなかった。その事業がいくら健全でもそうしていた。（註16）だから、グレアムの会社は所有する株の範囲が広く、手間がかかった。清算価値よりも低い価格で売られている会社の株は多く、その点でウォーレンは熱心なグレアム信奉者だったが、株の種類が多くなければならないという考え方には不満だった。ウォーレンは一種類に多くを注ぎ込んでいた。「ベンはいつもガイコは割高だと私にいうんだ。彼の基準では、買うべき株ではなかった。でも、一九五一年末に、私は純資産の四分の三かそれ近くをガイコに投資していた」ウォーレンはグレアムの持論からかなり遠ざかっていたにもかかわらず、それでも師であるグレアムを〝崇拝〟していた。

春学期が進んでいった。ウォーレンの級友たちは、グレアムとウォーレンのデュエットを毎度のこととして受け入れるようになっていた。「ウォーレンはとても集中力のある人間だった。一週間に七日、四六時中、ひとつの物事にスポットライトみたいに集中することができる。いつ眠ったんだろうね」ジャック・アリグザンダーはいう。（註17）ウォーレンはグレアムの例を参考にしながら、自分のアイデアを高めることができた。コロンビア大学の図書館にこもって、古い新聞を何時間も読んでいた。

「一九二九年からずっと目を通した。いくら読んでも読み足りなかった。あらゆるものを読んだ——ビジネスや株式市場の記事ばかりじゃない。歴史はおもしろく、新聞に書かれているものはまた格別だ。ちょっとしたところや記事、広告、なにもかもがおもしろい。別世界に連れていってくれる。目撃者の話が聞ける。まさにその時代を生きることができる」

ウォーレンは、『ムーディーズ・マニュアル』や『スタンダード&プアーズ・マニュアル』を何時間も読んで、株を探した。だが、自分がやっていることのなかでなにより も楽しみだったのは、毎週のグレアムの講義だった。

ウォーレンとグレアムの相性のよさは、だれの目にも明らかだったが、聴講生のなかにことにウォーレンに注目したものがひとりいた。キダー・ピーボディという証券会社に勤めるビル・リューアンは、伝説的名著『投資家のヨットはどこにある?』と『証券分析』を読み、母校のハーバード・ビジネススクールを通じて、グレアムに接近した。(註18)リューアンとウォーレンはすぐに仲良くなった。だが、リューアンやその他の生徒も、またウォーレンにしても、講義以外の場でグレアムと会おうとするほど向こう見ずではなかった。しかし、ウォーレンはなんとか口実を見つけて、あらたな知人のウォルター・シュロスを訪ね、グレアム・ニューマン・コーポレーションで会うことにした。(註19)シュロスと親しくなって、結婚してからずっと鬱《うつ》状態の妻の世話をしていることを知った。(註20)シュロスはデービッド・ドッドとおなじように誠実で信念の人だった。どちらもウォーレン・バフェットがつねに人に求める資質である。それにつけても、シュロスの仕事がうらやましかった。グレアム・ニューマンではだれもが、グレアムの投資基準に株が合格しているかどうかをチェックして帳票に記入するとき、私服の袖が汚れないように、実験室着のような薄いコットンでできたグレーの上っ張りを着ていた。ウォーレンはそれと引き換えだったら、便所掃除だってやっただろう。(註21)それぐらいグレアムのもとで働きたかった。

学期末が近づくと、級友たちは将来を決めるのに躍起になっていた。ボブ・ダンはUSスチールを目指していた。当時のアメリカで就職するには最高の名門企業だった。若いビジネスマンの大多数は、大手の重工業に就職し、出世の梯子《はしご》をのぼるのが成功の道すじだと考えていた。アイゼンハワー政権のもと、大恐慌を乗り越えた戦後のアメリカでは、組織という蜂の巣に巣穴を見つけて、そこに適応するすべを学ぶのが、まっとうで、なすべきことと見なされていた。

「USスチールがいい会社かどうかを考えた級友はひとりもいなかったと思う。たしかに大企業だったが、自分たちがどういう列車に乗り込むのかということを、彼らは考えていなかった」

ウォーレンにはひとつの目標があった。グレアムに雇ってもらえれば、存分に働けるとわかっていた。ほかの面では自信がないウォーレンだが、株という分野に限ればいつでもいける自信があった。グレアム・ニューマン・コーポレーションに入社したいと、ウォーレンは申し出た。偉大なグレアムのもとで働くというのは夢想するだけでも厚かましいが、大胆にもウォーレンはそういった。グレアムの愛弟子《まなでし》なのだし、Aプラスの成績をもらった生徒はほかにはいない。ウォルター・シュロスが働いているのだから、自分だって雇ってもらえるはずだ。なんとか話をまとめようと、無給でいいといった。ハーバード・ビジネススクールの面接を受けるためにシカゴへ行ったときよりもずっと自信を持って、グレアムのもとを訪れ、就職を希望した。

グレアムは受け入れなかった。

「厳しかった。こういっただけだ。〝いいかね、ウォーレン。ウォール街では、上流階級の大手投資銀行はいまだにユダヤ人を雇わない。ここはおおぜいを雇う力はない。だから、ユダヤ人だけを雇っている〟。女性社員ふたりも含めて、たしかに全員がユダヤ人だった。グレアムなりの差別反対の姿勢だったんだ。それに、五〇年代はユダヤ人に対する偏見がひどかった。私は納得した」

何十年もたったいまも、批判と解釈されるおそれのあることはこれっぽっちだってていえないと、バフェットは考えている。もちろん、落胆は大きかったはずだ。愛弟子なのだから、例外にしてもいいのではないか？　給料もいらないといっているのだから。

師を崇拝しているウォーレンは、グレアムが自分に私情を抱いていないことを認めざるをえなかった。自分が教えた最高の生徒であっても、信念を曲げるわけにはいかないのだ。ふたたび訴えることはしなかった——そのときは。無念な思いで卒業を迎えたウォーレンは、気を取り直して列車に乗った。

慰めになることがふたつあった。ひとつは故郷のオマハに帰れることだった。それに、オマハの女性に会って惚れてしまったので、そっちにいるほうが恋愛がうまくいくはずだった。例によって、女性のほうはウォーレンに惚れていない。しかし、今回はなんとかしてふりむかせようと思っていた。

第18章　ミス・ネブラスカ

——一九五〇年〜一九五二年　ニューヨークとオマハ

ウォーレンは、女の子のことではずっと落ちこぼれだった。ガールフレンドがほしくてたまらないのだが、ウォーレンの特異な性格がその邪魔をした。「女の子の前だと、だれよりも内気になる。でも、その反動なのか、レコードのように同じことを話してしまう」〝ぼくなんかにつきあってくれるわけがない〟と思っていた。だから、高校でも大学でも、ほとんどデートをしなかった。それにデートのときには、なにかしら問題が生じた。

ジャッキー・ギリアンと野球観戦に行ったときには、帰りの車で牛を轢《ひ》いた。霊柩車を運転してバーバラ・ワイガンドを迎えにいったのは、悪ふざけではなく「半ばやけくそ」だった。緊張はほぐれたが、そのあとが続かなかった。アン・ベックのような内気な女の子とのデートでは、ウォーレンはだんまりを決め込んだ。女の子は、ベン・グレアムや安全マージンの話など聞きたがらなかった。夏のあいだ、ずっとボビー・ウォーリーとデートしても一塁すら踏めなかったのだから、どんな見込みがあっただろう？　まずないと思ったし、それを女の子も見透かしていたのかもしれない。

一九五〇年夏、コロンビア大学に戻る前に、ようやく妹のバーティがノースウェスタン大学のルームメイトとのデートの機会をつくってくれた。キューピーみたいに豊かな頰をしたブルネットのスーザン・トンプソン(註1)で、一歳半年下のバーティはすぐに、スージーは他人を理解するコツを心得た特別な女性だという印象を抱いた(註2)。ウォーレンはスージーに会ったとたん、その魅力のとりこになったが、自分には過ぎた相手ではないかと迷った。「裏があるのかと最初は思った。興味はあったし、つきあいたかったが、堤防の小さな穴みたいな欠点を見つけてやろうと決心した。彼女みたいな人間がいるとは信じられなかったんだ」スージーのほうはウォーレンに興味がなかった。ほかの男に恋していた。

コロンビア大学に戻ったあと、ウォーレンは《ニューヨーク・ポスト》のアール・ウィルソン(註3)のゴシップ欄を読んで、一九四九年のミス・ネブラスカ、バニータ・メイ・ブラウンがウェブスター女性専用住宅(註4)に住んでいて、歌手でティーンエイジャーのアイドルであるエディ・フィッシャーとテレビで共演していることを知った。

ウォーレンは恥ずかしさをかなぐり捨てた。肉感的なミス・ネブラスカがニューヨークに住んでいるのだ。すぐにウェブスターに電話した。

バニータは誘いに乗った。ほどなくミスター・オマハであるウォーレンとデートしていた。バニータが自分とはまったく違った育てられ方だったことをウォーレンは知った。バニータはサウスオマハの家畜一時飼育場の近くで育ち、放課後はオマハ冷蔵倉庫で鶏をさばいていた。ピンナップ向けの肉体と親しみのあるかわいい顔が、そこから抜け出す切符になった。オマハのパラマウント劇場の案内係になり、自分の姿を人目にさらすのが好きだったので、美人コンテストに出て優勝した。「審判を悩殺する才能があったんだと思う」とバフェットはいっている。ミス・ネブラスカの称号を手にしたバニータは、ワシントンDCの桜フェスティバルで州代表のプリンセス・ネブラスカを務めた。そして、ニューヨークに移り、ショービジネスの世界に乗り出すチャンスを狙っていた。

ウォーレンは、女性を〈ストーク・クラブ〉の食事や〈コパカバーナ〉のショーに連れていくような男ではなかったが、故郷の人間に会えてバニータはうれしかったのだろう。やがてふたりは、いっしょにニューヨークの街の探検をはじめる。自分たちを高めるために、マーブル協同教会へ行って、自己啓発本を書いている有名な講師ノーマン・

ビンセント・ピールの話を聞いた。ハドソン川の岸辺で、ウォーレンはバニータのために〈スイート・ジョージア・ブラウン〉をウクレレで奏で、チーズサンドイッチを持ってピクニックをした。

バニータはチーズサンドイッチが嫌いだったが、(註5)会うのは嫌でなかったようだ。バニータは人を楽しませるのが上手なうえ、頭の回転が速かったので、おしゃべりをしていると言葉の卓球をやっているようだった。(註6)バニータの全身からは人を惹きつける総天然色のオーラが出ていた。しかし、バニータに興味を持ってもらったからといって、情けないくらい社交下手であることは隠せなかった。ウォーレンは年々歳々、それをなんとかしなければならないと思っていた。デール・カーネギー流の話術の講座を広告で見つけた。すでに著書を通じて、人とのつきあい方を改善してくれたデール・カーネギーをウォーレンは信頼していた。そこでカーネギーの講座を受けようと、ポケットに一〇〇ドルの小切手を入れて出かけた。

「社交が苦手なのがひどく気になっていたので、デール・カーネギーのところへ行った。小切手を渡したんだが、くじけてしまって支払いをやめた」

社交下手は、秋のあいだずっと手紙を出していたスージー・トンプソンとの仲を深めるのも妨げていた。スージーはウォーレンをその気にさせるようなことはしなかったが、かといって完全にはねつけもしなかった。ウォーレンはスージーに近づくために、彼女の両親と親しくなる戦略に出た。感謝祭のときには両親といっしょにエバンストンへ行って、ノースウェスタン大学のアメリカン・フットボールを観戦した。そのあとでスージーも交えて食事をしたが、途中でスージーはデートに行ってしまった。(註7)

休みが終わり、ウォーレンはニューヨークに戻った。がっかりもしていたが、あらたな興味もかきたてられていた。またバニータと会いつづけた。「あれほど想像力豊かな人間には会ったことがない」とバフェットはいう。

それどころか、バニータとのデートにはとんでもない危うい空気が漂うようになっていた。ワシントンDCへ行って、ハワードが下院で演説している前に身を投げ出し、「あなたの息子さんはわたしのお腹の子の父親です！」と叫んでやる、とバニータは何度もウォーレンを脅した。バニータならほんとうにやりかねないとウォーレンは思った。映画館を出たあと、バニータがそういう愁嘆場を演じたことがあり、聞いているのに耐えられなくなったウォーレンは、バニータの体を持ちあげてくの字に折り曲げ、道の角の金網でできたくずかごに入れた。金網にひっかかってわめくバニータを残し、ウォーレンは足早に立ち去った。(註8)

バニータは美人で頭がよく、楽しい相手だった。でも剣呑な女性で、これ以上深入りするのは危ないと、ウォーレンは思っていた。とはいえ、そこにはスリルもあった。バニータを連れて歩くのは、豹に引き綱をつけて散歩させて、いいペットになるかどうかを試すようなものだった。それでも、「バニータは自分をちゃんとコントロールしていた。本性を苦もなく隠していた。要は本人しだいだった。バニータがその気にならないかぎり、みっともない思いをする心配はなかった」。

ウォーレンはようやく悟った。バニータは「いつも私に恥をかかせたいと思っていたというのが、ほんとうのところだ。私といっしょのときは、そういう演技をしたかったんだ」。バニータはそんなことを頻繁にやった。でも、とにかくバニータはすばらしい魅力を備えていたし、もしウォーレンにほかの相手がいなかったとしたら、そのあとどうなっていたかは想像もつかない。(註9)

ネブラスカに帰るたびに、ウォーレンはスージー・トンプソンの許しがあれば、できるだけ会おうとした。ウォーレンの目から見たスージーは、すこぶる洗練されていて、威厳があり、感情が豊かだった。「スージーは私よりもずっとずっと大人だった」とバフェットはいう。スージーへの思いはつのり、バニータからは遠ざかろうとした。しかし、「自分がスージーのナンバーワンではないのはわかっていた。(註10)こっちの思いははっきりしていた。でも、応えてもらえなかった」。

スージー・トンプソンの家族は、バフェット家の人々にはなじみが深かった。ありていにいえば、ハワードが落選したときの選挙参謀が、スージーの父親〝ドク・トンプソン〟だったのだ。だが、トンプソン家はさまざまな面で、ウォーレンの家族とはまったく違っていた。スージーの母ドロシー・トンプソンは、心温かな気取らない小柄な女性で、世知に長け、家族には〝夫に付き従う妻〟と呼ばれていた。午後六時きっかりには夕食を整え、夫のウィリアム・トンプソン博士の生活を支えていた。トンプソンは銀髪で小柄な気取った感じの紳士で、ボウタイを結び、薄紫か淡いピンクか黄緑色のウールのスリーピースを着込んでいる。たいそう人目を惹く姿で、自分は尊敬されるものと信じ込んでいる人間らしい雰囲気をかもし出している。いつでも「昔の恩師や宣教師の言葉を引用し」、彼らの労苦を一手に引き受けたがっているように見えた。(註11)

トンプソンは、オマハ大学教養学部学部長として学部を切り盛りするいっぽうで、心理学を教えていた。運動部副部長として大学のスポーツプログラムを管理し、自分も元アメリカンフットボール選手で熱狂的なスポーツファンとして指導にあたっていた。この役割があまりにも有名なので、「街中の警官がトンプソンを知っていた」とバフェットはいう。「それは役に立ったよ。あの運転ぶりだったからね」(註12) IQテストや心理テストも作成し、オマハの学校に通う生徒すべてのテストを監督していた。他人を指揮し、子供たちにテストを受けさせる仕事を一日でも休みたくないとでもいうのか、日曜日には牧師として正式な祭服をまとい、ちっぽけなアービングストーン・クリスチャン教会で、よく響く低い声でとてもゆっくりとした口調でお説教をする。(註13) かたわらでは娘ふたりだけの聖歌隊が歌う。それ以外のときは、声が届く範囲に近づいてきただれかれかまわず、ハワード・バフェットとまったくおなじような政治信念を説いて聞かせる。

ドク・トンプソンは、快活に笑って自分の希望を述べ、それにただちに従うことを強く求める。女性は大切だといういっぽうで、自分にかしずくことを求める。心の内面にまつわる問題を仕事にしていたが、彼自身はびっくりするほど虚栄心が強かった。好きなものにしがみつき、それが見えないと不安になる。心気症でつねに不安にさいなまれ、気にかけるだれかの身の上に災難が降りかかると予言することもしばしばだった。要求の多いやり方を満足させてくれる相手には、惜しみなく好意を持った。

長女ドロシーはドティと呼ばれていたが、父親には好かれていなかった。家族によれば、ほんのふたつか三つのころ、気に入らないことがあると父親に物置に閉じ込められたという。(註14) 好意的に解釈すれば、博士論文を書きあげるという重圧に苦しんでいたときに幼児がうろうろしていたので、逆上したのだろう。

ドティが七つのときに次女スージーが生まれた。父親の無慈悲な育て方にドティがひどい反応を示したのを見ていた母親のドロシーは、「その子はあなたの子、この子は私が育てます」といい放ったという。

スージーは生まれたときから病弱だった。アレルギーがあり、しじゅう耳が化膿して、一八カ月になるまでに十数回の切開手術を受けた。リウマチ熱に長いあいだ苦しんで、四、五カ月家で寝ていることが幼稚園から二年生までに何度もあった。そのあいだ、友だちが遊んでいるのを窓から眺めて、いっしょに遊びたいと思ったのをスージーは憶えている。(註15)

病気のときはいつも、トンプソン夫妻がしじゅうスージーを慰め、だっこして、揺すってやった。父親は溺愛していた。「冷たくしたことなど一度もなかった」バフェットはいう。「スージーのやることはいつも正しい。でもドティがやることは間違っている。叱られるのはきまってドティだった」

ホームムービーが残っている。ままごと遊びをやっていて、四歳ぐらいのスージーが、「だめ!」と叫び、一一歳のドティに指図している。(註16)

スージーがやっと健康になり、寝室を出られるようになると、スポーツや戸外の遊びはせず、友だちづくりに熱中した。(註17)長い病気のあいだ、人と触れ合うことができずに淋しかったからだ。

スージーは成長するにつれて娘らしい豊かな頬になったが、まだ子供みたいに息が漏れるしゃべり方をした。オマハのセントラル高校に進んだが、そこは一九四〇年代にはめずらしく信仰や人種の違う生徒を受け入れていた。スージーは多少気取った俗物グループに属していたが、どの集団にも親しい生徒がいたと、友人たちがのちに述べている。(註18)あふれんばかりの温かさとあどけないしゃべり方は、〝嘘っぽい〟とか〝ちょっと足りない〟と見られることもあったが、(註19)すこしも偽りはなかったと友人たちは断言している。スージーは学問よりも弁論や舞台芸術に興味を惹かれた。高校の弁論チームでは説得力のある議論をした。父親の政治思想とはかけ離れていることに周囲の人々は注目した。学校の演劇では魅力あふれる演技をして、オペレッタではなめらかなアルトで歌い、聖歌隊でも中心だった。《桃色の旅行鞄》では、かわいらしく向こう見ずな主演の女の子役があまりにも印象的だったので、教師たちは何年たっても憶えていた。(註20)そんなふうに魅力的で個性が強かったので、当然ながら高校の恋人、ミス・セントラルとして、〝いちばん人気〟で〝引く手あまた〟だった。級友たちはスージーを総代に選んだ。

スージーの最初のボーイフレンドのジョン・ギルモアは、物静かで温和な少年で、スージーはおおっぴらにあこがれていた。セントラル高校でジョンがスージーの恋人になったときには、三〇センチ以上も身長が高かったが、スージーは〝子猫みたいな〟物腰

でジョンを支配していた。(註21)
　この時期、スージーは別の人なつっこい頭のいい少年ともデートをしていた。出会った場所は新入生の討論競技会だった。ミルトン・ブラウンは、オマハとはミズーリ川を隔てた対岸にあるアイオワ州カウンシルブラフスのトーマス・ジェファーソン高校の生徒だった。長身で髪が黒く、顔いっぱいに温かな笑みを浮かべる。高校時代はずっと、スージーはミルトンと週に何回か会っていた。(註22)スージーの親しい友人たちはミルトンのことを知っていたが、パーティーや学校行事ではずっとジョンが恋人役だった。
　ミルトンの父親はユニオン・パシフィック鉄道で働いている教育を受けていないロシア系ユダヤ人の移民だったので、スージーの父親はミルトンを認めようとしなかった。スージーは思い切ってミルトンを家に連れてきたことが何度かあるが、ドク・トンプソンがルーズベルトやトルーマンについて説教し、ミルトンは歓迎されていないことを思い知らされた。トンプソンは、娘がユダヤ人とデートするのをぜったいにやめさせると公言していた。(註23)バフェット一家もそうだが、民族や宗教の異なる集団がそれぞれ分かれて生活していて、宗教の違うもの同士が結婚するとしごく厄介なことになるオマハでは、ドク・トンプソンのような偏見はごくありふれていた。それでも、スージーはこの境界線を越えようとした――そのいっぽうで、ごくふつうの人気のある女子高生の生活も守ろうとしていた。

スージーは、大学入学までこの波風の立つ海を乗り切り、ミルトンといっしょに自由に向かって船出した——イリノイ州エバンストンのノースウェスタン大学に進んだのだ。そこでバーティ・バフェットとルームメイトになり、ふたりとも女子学生友愛会ファイ・デルタに入会した。ジャーナリズムを専攻したスージーは、毎日のようにミルトンと会えるように予定を組んだ。

ふたりはいっしょに〝ヤマネコ会議〟と称する連合学生自治会に参加し、学費を稼ぐためにやっているいくつかの仕事をミルトンが終えたあとで、図書館で会った(註24)。ユダヤ人の男子学生とおおっぴらにデートするという因習にとらわれないやり方は、ふつうの女子学生としての生活とは両立しなかった。ミルトンがユダヤ人男子学生友愛会にはいっているという理由で、スージーの女子学生友愛会はダンス・パーティーにミルトンを連れてくることを禁止した。スージーは傷ついたが、退会はしなかった(註25)。ただ、ミルトンとふたりで禅の研究をはじめた。宗教的な結びつきをもたらしてくれる共通の信仰がほしかったからだ(註26)。

こういった事情をまったく知らないウォーレンは、感謝祭にエバンストンへ行ってなんの成果もなかったあと、冬休みにオマハのスージーを訪ねた。そのころには、スージーを真剣に口説き落とそうと決意していた。スージーには、ウォーレンがつねに女性に求める資質が備わっていた。だが、スージーが愛を捧げようと思っている相手は、ミルトン・ブラウンだった。

一九五一年春、ミルトンは二年生の首席に選ばれ、バーティが次席になった。ミルトンと別れるようにと要求する親からの手紙が届くたびに、スージーは泣いた。バーティは事情を知っていたが、親しくなっていたにもかかわらず、けっしてスージーは秘密を打ち明けなかった(註27)。頭のなかにあることをだれにも知られないようにしているようだった。やがて、学期末が近づいたある日、バーティとスージーが寮の部屋にいると電話が鳴った。ドク・トンプソンからだった。「いますぐ帰れ」と、スージーの父親がいった。ミルトンから離れること、秋の学期にはノースウェスタンに戻さないことを、はっきりと告げられた。スージーは泣き崩れたが、父親の決定はぜったいだった。

コロンビア大学をその春に卒業したウォーレンも、オマハに戻っていた。両親はワシントンDCにいるので、実家に住むことにしたが、故郷では夏のあいだに何週間か州兵の兵役義務を果たさなければならなかった。とうてい州兵に向いているとは思えなかったが、朝鮮へ出征するよりはましだった。しかし、州兵に登録すると、毎年数週間、ウィスコンシン州ラクロスの訓練場で過ごさなければならない。訓練場はウォーレンを大人にするのには、なんの役にも立たなかった。

「訓練キャンプはきわめて民主主義的な組織だ。外の世界でなにをやっていたかは関係ない。溶け込むには、漫画を喜んで読めばいいだけだ。一時間たったら、私は漫画を読んでいたよ。みんなそうなんだから、そうするのが当然だろう。語彙は四つだけになった。なんだか想像はつくだろう。

自分よりも優れた人間とつきあったほうがいいというのを学んだ。そうすれば、こっちもちょっぴり向上する。自分よりもひどいやつらとつきあえば、そのうちにポールを滑り落ちてゆく。しごく単純な仕組みだよ」

そこでの経験からウォーレンは、訓練場から戻ったらすぐにもうひとつの誓いを実行しようと決意した。「人前でしゃべるのが怖かった。話をしなければならないとき、私がどんなふうだったか、想像もつかないだろうね。怖くて怖くて、ぜんぜんしゃべれなかった。吐きそうになった。それどころか、だれかの前に立たずにすむように、なんとか画策していた。大学卒業後にオマハに帰ったとき、また例の広告を目にした。それに、いつかは人前でしゃべらなければならないとわかっていた。ひどく苦しんだあげく、それ以上苦しまなくてすむように講座を申し込んだ」果たすべき使命はそれだけではなかった。スージー・トンプソンの心を射止めるには、ちゃんと話ができなければいけないとわかっていた。スージーを勝ち取る確率は低いが、その確率をすこしでも高めるためにはなんでもやるつもりだった。それに、その年の夏が最後の勝機になる。

デール・カーネギーの講座は、牧場主たちに人気のあるローム・ホテルでひらかれた。「現金一〇〇ドルを講師のウォーリー・キーナンに渡し、〝ぼくの気が変わらないうちにしまってくれ〟といった。

二五人から三〇人ぐらいが来ていた。みんな怖がりばかりだ。自分の名前もいえない。じっと立って、おたがいに話もしないんだからね。それはそれとして、感心したのは、これだけの人数と会ったあとで、ウォーリーが全員の名前を憶えていて、それをまくしたてたことだ。優秀な講師だったし、連想を使って暗記する方法を教えてくれた。私はそっちは会得できなかったが。

そこで演説の参考書をもらった――基調演説、選挙演説、副知事の演説――そういう演説を毎週やらなければならなかった。肝心なのは、自分の内面が引き出せるようになることだ。だれかと五分間しゃべることができるのに、おおぜいの前で凍りつくことはないわけだよ。そこで、それを克服する心理的なコツを教えてくれた。反復練習もそのひとつだ――ひたすら練習する。みんなで助け合った。それが効果があった。それは私が得た学位のなかでもっとも重要なものだ」

だが、スージーはめったに会ってくれないので、このあらたな技倆を試すことができなかった。ドク・トンプソンが娘に強い影響力を持っているのを意識して、ウォーレンは毎晩ウクレレを持って訪ね、スージーのかわりに父親の歓心を得ようとした。「彼女は別の男とつきあっていたから、行ってもやることがないので、ドク・トンプソンと親しくなり、いろいろな話をした」暑い夏が好きなドク・トンプソンは、うだるような七月の晩に、パステルカラーのスリーピース姿で虫除けの網を張ったポーチに座る。スージーはミルトンとこっそり会っている。ドク・トンプソンがマンドリンを弾き、ウォーレンは汗だくになってウクレレで伴奏しながら歌った。

民主党のせいでこの世は地獄に向かっているという自説を長々としゃべるところなど、父親のハワードにそっくりなので、ドク・トンプソンのお相手は気楽だった。冷戦時代に共産党のスパイから反共主義者に転向したいきさつを述べた、《タイム》の上級編集者ウィテカー・チェンバーズの自叙伝『証人』が、出版されたところだった。ウォーレンはこの本を興味深く読んでいたが、この手の話題なら、ドク・トンプソンは延々としゃべることができた。だが、ハワードと違うのは、スポーツの話ができることだった。息子がいなかったので、ウォーレンを風船ガムの発明このかた最高のものだと見なしていた。(註28)ウォーレンは頭がいいし、プロテスタントだし、共和党員だし、何よりもミルトン・ブラウンでないことがすべてだった。

ドク・トンプソンの支持を得たことは、思ったほどプラスには働かなかった。スージーの心を射止める確率は非常に低かった。ゆるんだ靴下や安物のスーツは大目に見てもらえるが、それ以外のことが不利に働いた。スージーの前に現われたのは下院議員の息子、〝特別〟とも見なされる男で、大学院修了でうなるほど金を持っているという利点を備え、成功間違いなしだった。ウォーレンはしょっちゅう株の話をするが、スージーはまったく興味がなかった。あらかじめ練習したジョークをいったり、謎々や難問を出したりするというのが、ウォーレンのデートでのもてなし方だった。父親にかなり気に入られていることも、父親の支配の延長と受け取られがちだった。ドク・トンプソンは「事実上、スージーをウォーレンに押しつけようとしていた」。「二対一だったんだ」とバフェットもいう。(註29)

スージーを渇望していたミルトンは、貧しいユダヤ人家庭の出身ゆえの偏見にぶつかっていた。父親が認めることのできない相手であることが、ミルトンをいっそう魅力的にしていた。

いっぽうスージーは秋からオマハ大学に通うことになっていた。こうなっては、父親のせいで〝会ったり会えなかったり〟の状態になることを、スージーもミルトンも受けとめるしかなかった。夏のあいだずっと、スージーは泣き暮らしていた。

最初のうちはウォーレンにまったく関心がなかったスージーだが、もともと相手のことをよく知らないままでほうっておけるたちではなかった。まず第一印象が間違っていた。ウォーレンはけっして特権を手にしたうぬぼれ屋ではなかった。「精神的にもろかった」とバフェットもいう。神経衰弱寸前でおどおどしていた。「自分は変で、社会に適応していないと思っていた。なによりも、人生の巡航速度が見つかっていなかった」自分を恃《たの》むところが強いのはうわべだけで、ウォーレンがほんとうは弱いというのを、スージーの友人たちですら見抜いていた。ウォーレンが心のなかでは自分はだめだと思っていることに、スージーは徐々に気づいた。(註30)株についての自信ありげなおしゃべりや、神童の雰囲気や、ウクレレの演奏は、壊れやすい貧弱な核をくるむためのものだった。孤独の衣をまとい、毎日をよろめき歩いている少年がそこにいた。「私は混乱のきわみだった。その一部をスージーが見通してくれたのはすばらしいことだった」精神的にもろくて混乱しきっている人間がスージーを惹きつけることはいうまでもない。スージーは私を理想の大義に変えようとしたのだと、バフェットはのちに述べている。「彼女にとって私はユダヤ人のようなものだった」が、彼女の父親にとっては「ユダヤ人というわけではなかった」。そんなわけで、スージーの気持ちは変わりはじめた。

たとえ相手が女性だろうと、他人の服装などほとんど目にはいらなかったウォーレンは、恋しさがつのるとスージーの着ているものにも目が向くようになった。デートのときにスージーが着ていたブルーのワンピースや、〝新聞ドレス〟と呼んだ黒と白のプリントの服は、はっきりと記憶に残っている。(註31) ペオニー・パークのあずまやで夏のホタルに囲まれ、グレン・ミラーの曲に合わせて下手なダンスを踊った。ウォーレンはまだダンスが憶えられず、必死で踊っていた。女子学生友愛会のパーティーに来た六年生の男の子みたいに、ダンスフロアが苦手だったが、「彼女が望むことならなんでもやった。シャツの背中に毛虫を入れられてもかまわなかった」。

レイバーデーには、ウォーレンは郡共進会にスージーを連れていき、ふたりはもうカップルになっていた。ウォーレンは一九五一年一〇月に、伯母のドロシー・スタールに宛てて精いっぱい自信ありげな気取った手紙を出している。「女性関係は人生最大の頂点に達しています……地元の女の子の手にぼくはぎゅっとつかまれています。フレッド叔父さんと伯母さんの許しを得たら、先に進むかもしれません。この女の子にはひとつだけ欠点があります。株のことをなにも知らないんです。あとは無敵ですから、アキレスの踵は大目に見てもいいでしょう(註32)」

用心深く〝先に進めた〟というのが正しい表現だろう。ウォーレンは勇気を奮い起こそうとした。結婚のプロポーズをしないで、「それは決まっている前提で、話をつづけた」。スージーのほうは、「選ばれたのだと気づいたが、どこでどうなったのかが不思議だった」。(註33)

ウォーレンは勝ち誇って、予定どおりデール・カーネギーの講座に出た。「その週には、賞品の鉛筆をもらった。難しいことをやり、訓練の大半をやったものには、鉛筆を一本あたえるんだ。鉛筆をもらったその週、私はプロポーズした」

そのあと、スージーはミルトン・ブラウンに長く悲しい手紙を書いて、それを知らせた。ミルトンは愕然とした。ウォーレンとデートしているのは知っていたが、それほど真剣な仲とは思いもよらなかった。(註34)

ウォーレンはスージーの父親に祝福を求めるために話をしにいった。わかっていたことだが、すんなりと祝福が得られるはずだった。ただ、ドク・トンプソンは、肝心な話をするまでに、いつになく延々としゃべりつづけた。共産主義に対処するにあたって、政府はまったくもって無能、もしくは最低だ。トルーマンは中国を民主化できなかった。共産主義者は世界を席捲し、株はなんの価値もない紙切れになるだろう。だから、株式市場で働こうというきみの計画は失敗するはずだ。しかし、私の娘がきみのせいで飢えても、恨みはしない。きみは頭のいい若者だ。民主党がこの国をだめにしていなければ、ちゃんとやっていけるはずだ。惨めな未来がスージーを待ち構えているのは、きみのせいではない。

自分の父親やスージーの父親のこういう長広舌にとうに慣れていたウォーレンは、辛抱強く肝心な承諾の言葉を待った。三時間後、ドク・トンプソンはようやく結論に達して、承諾を口にした(註35)。

感謝祭のころには、スージーとウォーレンは四月に結婚する予定を立てていた。

第19章　舞台負け

――一九五一年夏～一九五二年春　オマハ

どうやって家族を支えていくのかということをドク・トンプソンが心配しているのはわかったが、ウォーレンにはそういう不安はなかった。グレアム・ニューマンでは使ってもらえないので、ウォール街の谷間からは遠いオマハで株式ブローカーをやろうと決めていた。株式市場で金を儲けようと思ったら、ニューヨークでやるのが常識なので、ウォーレンの決断は異色だった。しかし、ウォール街のやり方にとらわれていなかったし、父親のもとで働きたかった。スージーもオマハの人間だし、自分は故郷を離れて幸せだったことはなかった。

二一歳になろうとしていたウォーレンは、自分の投資能力にとてつもない自信を抱いていた。一九五一年末には、手持ち資金を九八〇四ドルから一万九七三八ドルにまで増やしていた。一年で七五パーセント儲けたことになる。（註1）しかし、父親とベン・グレアムに相談したところ、意外にもふたりともおなじことをいった。「あと数年待ったほうがいいよ、ウォーレン」グレアムは、例によって相場が高すぎると見ていた。先行きに悲観的なハワードは、鉱山や金関係の株など、インフレに強い投資を好んでいた。それ以外はいい投資対象ではないと考えていたので、息子の将来が心配だった。

ウォーレンは納得がいかなかった。一九二九年からこのかた企業価値はかなり高まっている。

「昔のことが頭にあって、まったく逆の見方をしていたんだ。市場がとてつもなく高すぎる評価を受けていた時代があったからね。私はいろいろな企業を調べた。そういう会社に投資しようとしないわけがわからなかった。経済成長の評価といったようなことではなく、ミクロのレベルの話だし、私が動かしているのはミクロの金だった。とにかく投資しないのは馬鹿げていると思えた。そうはいっても、ＩＱ二〇〇のベンが待てという。それに、父親の言葉もある。父親に窓から飛び降りろといわれたら、そうしていただろう」父親とベン・グレアムというふたりの偉大な権威の助言を省みずに決断を下すのは、ウォーレンにとっては大きな一歩だった。その場合、自分の判断はふたりの意見よりも優れていると思わざるをえなくなる。しかし、内心では自分が正しいと思っていた。父親にいわれれば窓から飛び降りたかもしれないが、割安な株がいっぱい載っている『ムーディーズ・マニュアル』を置いていけといわれたら拒否していたことだろう。

とにかく、いっぱいチャンスがあったので、はじめて借金をしてもいいと思うようになった。純資産の四分の一までなら大丈夫だった。「資金がすでに不足していた。ある株を買おうとすればほかの株を売るしかなかった。金を借りるのは大嫌いだったが、オマハ・ナショナル銀行から五〇〇〇ドルを借り入れた。二一歳未満だったので、父の連署が必要だった」

ハワードは連署するのが誇らしげだったが、すこし馬鹿らしいとも思えただろう。息子のウォーレンは、十数年前から一人前のビジネスマンだったからだ。ウォーレンの決意が固いのを見て、ハワードは自分の証券会社バフェット・フォークで引き受けることにした——ただ、その前に、オマハの一流株式ブローカーがどんなものかを知るために、地元の名門カークパトリック・ペティス・カンパニーの面接を受けるように勧めた。

「私はスチュワート・カークパトリックに会い、面接中に、賢明な顧客がほしいといった。物事を理解してくれる人々を探すつもりだと。するとカークパトリックは、賢明かどうかは気にしなくていい、金持ちかどうかが重要だ、というような意味のことをいった。それはそれでいい。それを非難することはできない。でも、私は父の会社以外のところでは働きたくなかった」

バフェット・フォークで、ウォーレンはエアコンのない個室四部屋のうちのひとつをあたえられた。事務員が現金や証券を扱うガラス張りの〝檻〟のすぐそばだった。ウォーレンは自分好みの株を、叔母や大学の友人のような安心できる客に売りはじめた。ウォートンの最初のルームメイト、チャック・ピーターソンもそのひとりで、オマハで不動産業を営んでいるチャックと、あらためて親しくなった。

「最初に電話したのはアリス叔母さんで、ガイコを一〇〇株売った。自信を持たせてくれた。私に興味を示してくれて。そのあとはフレッド・スタンバック、チャック・ピーターソン、だれかれかまわず買ってくれそうな相手のところへ電話した。客がいないときは、なんとかガイコを五株ずつ買い増す算段をつけて、たいてい自分で買った。私には野心があった。ガイコの株の〇・一パーセントを所有するつもりだった。発行済株式数は一七万五〇〇〇株。いつか会社の価値が一〇億ドルになったとき、〇・一パーセントを所有していると一〇〇万ドルになる。だから一七五株は手に入れたかった」(註2)

だが、株を売って手数料を稼ぐのがウォーレンの仕事だった。狭い範囲の知人を一通りあたると、もうほかには売る相手がいなかった。父親がブローカーをはじめたときにぶつかった障害の一端を、ウォーレンも味わった。オマハの有力者は食料品店主の孫など、はなから馬鹿にしていた。両親がワシントンDCにいてオマハでひとりぼっちのウォーレンは、軽くあしらわれているのを痛感した。

当時、株式はフルサービス型の証券会社によって売られ、たいがいの顧客がミューチュアル・ファンド（投資信託）ではなく個別株を買っていた。一株六セントの固定手数料だった。取引は、セールスマンと顧問と友人を兼ねている〝あなたのブローカー〟とすこし雑談してから商売の話にはいるのがふつうだった。〝あなたのブローカー〟は、近所に住んでいることもあれば、パーティーで会ったり、カントリークラブでゴルフをいっしょにやったり、お嬢様の結婚式に出席したりした。GMは年一回新型車を出していたが、ビジネスマンは株を売買するより車を買い換えることのほうが多かった。そもそも株を持っていないビジネスマンもいた。

有力顧客はウォーレンを軽視していた。「二一歳のころ、こうした相手に株を売りにいって説明を終えると、〝父上はどう考えているのかね？〟ときかれた。そんなことがしょっちゅうあった」風采の上がらないウォーレンは、セールスに苦労した。（註3）相手の考えを読むのも雑談をするのも苦手で、会話というよりは一方的な演説で、聞き手になれない。神経質になると、好きな株の情報を消防ホースから噴出する水のようにまくしたてる。ほかの情報源で確認してからウォーレンのアイデアをいただく客もいたが、たいがいほかのブローカーから株を買うので、ウォーレンには手数料がはいらない。面と向かって話をした相手がそういう裏切りをすることにウォーレンはびっくりした。あちこちでそういう目に遭った。騙されたと思った。

「だいたいにおいて私は孤立無援だった。ガイコ株を売りはじめたとき、バフェット・フォークはダウンタウンに小さなオフィスを構えていて、株券が届くと、そこにはジェローム・ニューマンの名前が記されていた。私はグレアム・ニューマンが手放した株を扱っていたわけだ。バフェット・フォークの連中はいうんだ。〝なにしてるんだよ。あんたがジェリー・ニューマンよりも頭がいいなんて思っているのか……〟」

じつはグレアム・ニューマンはあらたなパートナーシップを結んでいたところで、投資家数人がパートナーシップの資金としてガイコ株を同社に譲っていた。だから、手放したのは実質的にはグレアム・ニューマンではなく、それらの投資家だったのだが、ウォーレンはそれを知る由もなかった。(註4)しかし、ことガイコ株に関しては、手放したのがだれであろうとかまわなかった。売った理由をグレアム・ニューマンに問い合わせようとも思わなかった。ウォーレンは自分の意見に揺るぎない自信を持っていた。それを隠そうともしなかった。

「大学に行っていない人々のなかでただひとり、院卒の生意気なやつがいると思われていた。あるとき、保険代理店をやっているラルフ・キャンベルがフォークさんに会いにきてこういった。〝この若造、こんな会社を売り込んでまわるなんて、とんでもないやつだ〟。ガイコが代理店を使わない保険会社だからだ。私は生意気な口調でこう答えた。〝キャンベルさん、失業保険のかわりにこの株を買っておくことをお勧めしますよ〟」

デール・カーネギーの原則《ルール》のひとつ、〝批判するな〟を会得していなかったようだ。だれよりも自分のほうがよく知っていることを見せつけるというバフェット流の機知が、ここでも顔を出しているが、二一歳の若造のいうことをだれが信じるだろう。しかし、ウォーレンの知識は本物だった。バフェット・フォークの社員たちは、朝から晩まで便覧《マニュアル》を読み尽くしては知識の戸棚を満たしているウォーレンを見て、肝をつぶしたに違いない。

「『ムーディーズ・マニュアル』は一ページも漏らさずに読んだよ。『ムーディーズ・マニュアル』の工業版、運輸版、銀行・金融版は合わせて一万ページほどあるが、二度読んだ。じっさいにあらゆるビジネスに目を通した——斜め読みの部分もあったが」

ウォーレンは単なるセールスマンや単なる投資家にはなりたくなかった。ベン・グレアムのように教師になりたかった。やがて、オマハ大学で夜間コースを教えることになった。

最初は株式ブローカーの友人ボブ・スーナーと組み、スーナーが最初の四週間、〝儲ける株式投資〟を教えた。《ウォールストリート・ジャーナル》の読み方のような基本をスーナーが教えているあいだ、ウォーレンは廊下に立って、投資のヒントが聞けないものかと耳をそばだてていた。つづいて六週間をウォーレンが引き継いだ。(註5)そのうちに通しの講義を引き受けるようになり、〝正しい株式投資〟という穏当な題にした。いったん教壇に立つと興奮して、歩きまわりながらこれでもかというように早口でしゃべった。受講者はウォーレンの吐き出す情報の洪水でおぼれかかっていた。だが、知識は披露しても、金持ちになれるだの、特定の成果が得られるだのということは、けっして口にしなかった。自分の投資の成功を吹聴することもしなかった。

受講者は株式のプロからビジネスにうとい主婦や医師、引退生活者まで、さまざまだったが、そのことは市場に微妙な変化が訪れていることを象徴していた。一九二〇年代からずっと絶えていたたぐいの投資家たちが戻ってきたのだ——グレアムが市場が割高になっていると考えていた理由のひとつがそれだった。ウォーレンは講座の内容を、生徒の知識や技倆に合わせて調整した。〝A社とB社〟方式など、グレアムのいくつかのテクニックを利用して教えた。成績は公平を期すようにした。叔母のアリスも聴講して、尊敬のまなざしでウォーレンを見ていた。(註6)ウォーレンはアリス叔母にCをつけた。

生徒たちはしじゅう具体的な社名を挙げて、買うべきか売るべきかと質問した。どんな銘柄が挙げられても、ウォーレンは五分でも一〇分でも話をすることができた。財務データ、PER、売買高など、数百の銘柄ごとにまるで野球の統計のように記憶していた。(註7)投資についての具体的な質問ではウォーレンは非常に慎重になると生徒たちは気づいた。

いっぽう、ウォーレンはもうじき家族の面倒をみなければならない。そうなると金の流れがふたつに分かれる。自分が稼いだ一部——自分の流れ——は、そのまま運用していけばいい。大きな変化は自分とスージーの生活費に充てる部分が生まれたことだ。これまでは、コロンビア大学のメイド用の部屋に住み、チーズサンドイッチを食べ、デートの相手は講演会に連れていったり、ウクレレを弾いてやったりして節約していた。高級な〈21クラブ〉には連れていかなかった。ネブラスカに戻ると、両親の家に住むことでいっそう節約できたが、ときどきワシントンから戻ってくる母リーラと会わなければならないことだけが厄介だった。

いわれるまでもなくウォーレンは資本をできるだけ有効に働かせていたが、さらにバフェット・フォークの事務所でデスクに足を載せ、グレアムとドッドの本をくまなく読んでアイデアを探し求めていた。(註8)そして、フィラデルフィア&リーディング石炭鉄鉱会社に注目した。フィラデルフィア&リーディング株を自分で買って、叔母のアリスとチャック・ピーターソンに売った。一株九ドルに値下がりすると、なおのこと買うべきだと判断した。

クリーブランド・ウーステッド紡績という繊維会社も買った。流動資産*は一株当たり一四六ドルだったが、株価はそれ以下だった。「設備が整っている紡績工場数カ所」の価値が株価に反映されていないと、ウォーレンは思った。

この株について、ウォーレンは短い報告書を書いた。利益の多くを株主に還元しているのが気に入っていた――株主の掌中に一羽の鳥を引き渡していた。クリーブランド・ウーステッド紡績は、配当金を支払える充分な利益をあげていると思った。けれど、この予測ははずれた。

「そこが配当金の支払いを打ち切ったとき、私は〝クリーブランズ最悪《ワースト》紡績〟と呼ぶことにした」頭にきたウォーレンは、事情を探るためにお金を使うことにした。「クリー

＊　流動資産は換金性――会社をどれだけ早く現金化できるか――を測るひとつの物差し。現金、有価証券、在庫、未収金などを含む。不動産、設備、負債、年金資産は換金しにくいか未払金にあたるので含まれない。

ブランズ最悪紡績の株主総会に行った。それも飛行機で。五分遅れると、総会は終わっていた。自分の金で株を買っている二一歳のオマハの若者——かくいう私——がそこに現われると、会長は〝悪いね。遅かったな〟といった。取締役会に名を連ねている販売代理店の人間が気の毒に思って、私を脇に呼び、質問に答えてくれた」しかし、答えてもらっても、なにも変わらなかった。ウォーレンは惨めな気持ちだった。クリーブランズ最悪紡績株は、人にも買わせていたのだ。

他人に投資させて損をさせるほど、ウォーレンが嫌いなことはない。人の期待を裏切るのは我慢できなかった。ドリスに投資させたシティーズ・サービス・プリファード株で失敗した六年生のときからそうだった。ドリスはそのことを容赦なく思い出させたし、責任を感じていた。いまや、なんとしても他人を失望させたくないと思った。

嫌になりはじめていた仕事に頼らなくてすむ方法はないかと考えた。自分で商売をやるほうが楽しいので、州兵で知り合ったジム・シェーファーと共同でガソリンスタンドを買った。〈シンクレア〉のガソリンスタンドで、隣に〈テキサコ〉があった。「いつも向こうのほうが売上が多いので、腹が立ってしかたがなかった」ウォーレンは、ドリスが結婚したトルーマン・ウッドといっしょに週末もガソリンスタンドで働いた。ウォーレンは肉体労働が嫌いなのに、「笑顔で」フロントウィンドウを拭いた。新しい客を集めようと必死だったが、ドライバーはみんな向かいの〈テキサコ〉にはいっていった。そこの店主は「地盤を固めていたし、とても好かれていた。毎月こっちが売り負けていた。そこで私はカスタマー・ロイヤルティの力を知ったんだ。相手は長年商売をやっていて、常連ができていた。だれもそれを変えることはできない。

ガソリンスタンドを買ったのは、ほんとうに愚かだった――二〇〇〇ドル損をしたが、当時の私にとっては大金だった。一度にそれだけ失うのははじめてだったし、こたえたよ」。

オマハでやることなすことのほとんどすべてで、自分の未熟さを感じ、いっそういらだった。もはや男らしくふるまおうとしている早熟な少年ではない。結婚を控えているのに少年のような見かけで行動もときどき幼い青年だった。ボブ・スーナーの証券会社で二年前に空売りした自動車メーカーのカイザー‐フレイザー株は、ウォーレンの予想に反して、ゼロにならずにいまも頑固に五ドル前後を推移している。カール・フォークはいつもおかしな目つきでウォーレンを見て、その判断に疑問を呈する。それに、ウォーレンは株式ブローカーの仕事にますます嫌気がさしてきた。まるで〝薬剤師〟になったような気分だった。「アスピリンとアナシンの違いもわからない人たちに薬の説明をしなければならなかった」そして、彼らは〝白衣を着た人間〟――株式ブローカー――

のいうことならなんでも聞く。株式ブローカーは助言ではなく出来高に応じて報酬がはいる。「薬を売った量に応じて報酬をもらう。薬によっては報酬の多いものもある。出す薬の量のみによって報酬が増減する医者のところに、だれが行きたがるだろうか」だが、当時の株式ブローカーのビジネスは、そういう仕組みだった。

このビジネスにはもともと利益相反が存在すると、ウォーレンは感じていた。ウォーレンは友人や家族にガイコのような株を勧めて、二〇年ずっと持っているのがいちばんいいと助言していた。そうなると、そこからはもう手数料ははいらない。「それでは暮らしていけない。自分と顧客の利害が相反している」

それでも、大学院の友人のネットワークを通じて、小規模ながら顧客グループをつくりはじめた。しかし、まだ利益相反のことが気になっていた。ウォーレンのやり方をすれば、バフェット・フォークは、ディーラーとして株の売り買いを仲介するマーケットメーカーの役を演じられる（註9）。株を買った値段よりもわずかに高く顧客に売ったり、売る値段よりもわずかに安く顧客から買う。〝値幅《スプレッド》〟と呼ばれるその差額が利益になる。〝値幅〟は顧客には見えない。マーケットメーカーの役目を果たせば、ブローカーはただの注文取りではなく、ウォール街のゲームプレイヤーになれる。ウォーレンはバフェット・フォークをマーケットメーカーにするノウハウを持っているのが誇らしかったが、その反面、顧客との利益相反が気になっていた。

「顧客とテーブルを挟んで向き合うのが嫌だった。自分がいいと思っていないものや、所有していないものは、ぜったいに売らないようにしたかった。そのいっぽうで、明らかにしていない利幅《マークアップ》があった。きかれれば説明しただろう。しかし、そんなやり方は好きじゃなかった。パートナーである人々とテーブルのおなじ側にいて、みんなが事情を知っているようにしたかった。商売をする人間は、本来、そういうことはしないものだがね」

株式ブローカーとしての仕事にウォーレンがいくら悩もうが、利益相反の問題がつねに潜んでいるのはたしかだった。それに、顧客の金を失ったり、事情を打ち明けて顧客を落胆させる可能性もある。それだったら、株を売りつけるのではなく、顧客と利益を共有して顧客の資産を運用したい。ただ、オマハにはそういうビジネスチャンスがなかった。一九五二年春、ガイコについて書いた記事がある有力者の目に留まり、運命が好転するかに思えた。《コマーシャル&ファイナンシャル・クロニクル》に載った〝私がもっとも好きな株〟という記事は、ただウォーレンの好みの株を宣伝しているだけではなく、投資のアイデアも披露していた。記事に注目したのは、シアーズ・ローバックの会長を長年務めた慈善家ジュリアス・ローゼンウォルドの息子のビル・ローゼンウォルドだった。ビル・ローゼンウォルドは、一族のシアーズ持ち株を元手に資産運用会社アメリカン・セキュリティーズを経営していた。(註10)資本を守りつつローリスクでハイリターンを追求するのが、この会社の目的だった。ベン・グレアムからウォーレンを強く推薦されたローゼンウォルドは、自分の会社に勧誘した。そんな一流の資産運用の仕事はめったにないし、なんとかして応じたいとウォーレンは思ったが、それにはニューヨークへ引っ越さなければならない。そのためには州兵にオマハから出る許可をもらう必要があった。

「仕事のためにニューヨーク州に転居するのは可能かと、指揮官にきいた。指揮官は、〝州兵司令官に会ってきくしかない〟と答えた。そこでリンカーンへ行き、州議事堂でしばらく待たされて、ヘニンジャー司令官に会い、〝バフェット伍長、出頭しました〟といった。申請書は、あらかじめ書面で送ってあった。

即座に司令官がいった。〝申請は却下する〟

それで終わりだった。司令官が拘束しているかぎり、私はオマハを離れることができない」

そんなわけで、ウォーレンはバフェット・フォークに残り、生活のために〝処方箋〟を書きつづけた。オマハに帰って最初の年にいろいろ難題に取り組んだが、婚約者が得られたのはせめてもの慰めだった。ウォーレンはスージーに頼るようになっていた。いっぽうスージーは、ウォーレンを理解しようと努めた。リーラ・バフェットの癇癪《かんしゃく》がウォーレンの自尊心を傷つけてしまったことがわかってきたので、それを修復しようとした。愛されていて、叱られないと感じることが、ウォーレンには大切なのだと、スージーは見抜いた。社交の面でもうまくやっていけるという自信も必要だった。「スージーといっしょだと、みんなすんなり受け入れてくれた」とバフェットはいう。ウォーレンが世の中に出て働いているのに対し、スージーはまだオマハ大学で学んでいたが、未来の妻に向けるウォーレンのまなざしはまるでよちよち歩きの幼児が母親を見上げるようなものだった。

ふたりともまだ親の家に住んでいた。そのうちにウォーレンは母親に対処する方法を見つけた。ふたりきりになるのさえ避ければよかったので、家事に熱心な母親の性質につけこみ、母親が家にいるときには要求や頼みごとで攻め立てた。しかし、大学に行っているあいだずっと家を離れていたために、ウォーレンのリーラに対する許容度は高まるどころかずっと低くなっていた。ウォーレンとスージーの結婚式に出るためにハワードとリーラがワシントンから戻ってきたとき、ウォーレンが母親を避けたがっているのにスージーは気づいた。母親と同席しなければならないときには、ウォーレンはそっぽを向いて歯を食いしばっていた。

実家を出る潮時だった。ウォーレンはチャック・ピーターソンに電話して、「チャス・オー、ぼくたちには住む家がないんだけど」と頼んだ。チャックが、ダウンタウンから五、六キロメートル離れた狭いアパートメントを貸してくれた。自己表現のセンスが豊かなスージーに、ウォーレンはアパートメントの家具調度に一五〇〇ドルの予算をあたえた。スージーは未来の義姉ドリスといっしょにシカゴへ行き、自分の好きなカラフルな現代風の家具を取りそろえた。(註11)

一九五二年四月一九日の結婚式が近づくと、そもそも式をやれるかどうかという問題が持ちあがった。一週間前にオマハの上流でミズーリ川が氾濫していた。洪水は南下しており、当局は週末には堤防を越えて街が浸水すると予測していた。そうなると、州兵予備役のウォーレンは召集される可能性が高い。

「街中に土嚢が積まれていた。結婚式にはあちこちから友だちが来ることになっていた――フレッド・スタンバックが花婿の付添人で、そのほかにも先導役や来賓が来る。私が州兵予備役なので、みんなからかうんだ。〝心配しなくていいよ。新婚旅行はかわりに行ってやるから〟というんだ。そういうひどい冗談をいわれた。一週間ずっと、そんなぐあいだった。

土曜日が来て、午後三時ごろに結婚する予定だった。正午近くに電話が鳴り、母が〝あなたによ〟といったので、受話器を取った。電話をかけてきた相手がいった。〝バ、バ、バフェット、ご、伍長だね？〟私の指揮官は、そんなふうに吃音があるのですぐにわかった。〝こ、こ、こちらは、マ、マーフィー、た、大尉だ〟

大尉に吃音がなかったら、私は友だちが悪ふざけをしていると思い込んで、軍法会議にかけられそうなことを口走っていたかもしれない。とにかく、大尉がいった。〝しゅ、出動命令が出た。ぶ、武器庫には、な、何時に来られる？〟私は、〝三時に結婚するんですよ。五時には行けると思います〟と答えた。大尉がいった。〝しゅ、しゅ、出頭し、き、き、き、勤務に服せ。イ、イーストオマハの、か、か、川の近くをパ、パ、パトロールする〟。〝イエッサー〟と答えた。

がっかりして受話器をかけた。すると、一時間後にまた電話がかかってきた。こんどは吃音もなく、〝バフェット伍長かね？〟といった。〝イエッサー〟と答えると、〝ウッド准将だ(註12)〟と相手が名乗った。第三四師団長で、ネブラスカ西部に住んでいる。そのウッド准将がいった。〝マーフィー大尉の命令を取り消した。せいぜい楽しんでくれたまえ〟」

人生最大の行事まで二時間しかない。ゴシック風の建物がそびえるダンディー長老派教会に、三時よりもずっと早く到着した。下院議員の息子とドク・トンプソンの娘の結婚は、オマハでは一大行事だった。オマハの上流階級の人々多数を含めた数百人の客が出席するはずだった。(註13)

「私は不安のあまり、一計を案じ——眼鏡をかけていなければ、客もよく見えないはずだと考えた」スタンバックに、目の前のことから気をそらしたいからおしゃべりをしてくれと頼んだ。(註14)

式のあと、お客は教会のリノリウムの床の地下でノンアルコールのパンチを飲み、ウエディングケーキを食べた。スージーは白い歯を見せてにこにこ笑っていた。ウォーレンはうなり、元気をみなぎらせ、スージーといっしょに空に飛んでいこうとしているみたいに、腰に手をまわしていた。写真を撮ってから、ハネムーン用の服に着替え、歓声をあげている人だかりを走り抜けて、アリス・バフェットの車に乗り込んだ。ハネムーン用に、アリスが貸してくれたのだ。ウォーレンは早くも『ムーディーズ・マニュアル』や帳簿類をリアシートにどっさり積んでいた。先が思いやられると、そのときスージーは思った。(註15)新婚のバフェット夫妻は、オマハから大陸を横断する自動車でのハネムーンに出発した。

「結婚したその晩は、ネブラスカ州ワフーの〈ウィグワム・カフェ〉でビーフカツレツを食べた」バフェットはいう。(註16)〈ウィグワム〉はオマハから一時間足らずのところにあるちっぽけな店で、ボックス席がいくつかあり、装飾はカウボーイ風だった。ウォーレンとスージーは、そこから五〇キロメートルくらい走って、リンカーンのコーンハスカー・ホテルに泊まった。「この話はここまでだよ」と、バフェットは釘を刺した。「翌日、《オマハ・ワールド・ヘラルド》を買うと、〝州兵を止めるのは愛のみ〟という見出しの記事が載っていた(註17)」一九五二年の洪水は現代のオマハでは最悪の自然災害で、被害を食い止める活動はたいへん難航した。「州兵の仲間たちはみんな、何日も土嚢を積んだり、ヘビやネズミがいる冠水箇所を渉ってパトロールしたりしていた。召集されなかったのは私だけだった」

　バフェット夫妻は、アメリカ西部と南西部のあちこちへ行った。だが、「一部に書かれているのは事実と違う。会社訪問をしたり、投資案件を見たりはしなかった」とバフェットは断言する。帰り道にラスベガスに寄ると、元はオマハにいた連中がたくさんいた。彼らはすこし前に拠点を移して、フラミンゴ・ホテルと、フラミンゴやバーバリー・コーストのカジノを買収していた。いずれもずっとバフェット食料品店で買い物をしていた連中で、競馬場とおなじ雰囲気があって家族の知り合いがいるラスベガスは、ウォーレンにとってしごく居心地がよかった。だから、カジノにも気後れしなかった。

「スージーがスロットマシンで大当たりを出した。まだ一九歳なので、店が払い戻ししようとしなかったので、私が〝遊ぶときはお金をとっておきながら、なんだ〟というと、払ってくれた」

ラスベガスからオマハに帰った。ウォーレンは不運な州兵仲間をからかわずにはいられなかった。「最高のハネムーン、すばらしい三週間だった。そのあいだずっと、州兵の連中は泥にまみれて働いていたのさ」

第3部

競馬場

第20章　グレアム-ニューマン

――一九五二年～一九五五年　オマハとニューヨーク

結婚式から数カ月後の一九五二年七月、スージーは両親や義父母とともに、シカゴの共和党大会へ行った。彼らは、民主党に政権を独占された苦渋の二〇年を経てホワイトハウスを共和党の手に取り戻そうとして聖戦をくりひろげていた。(註1)ウォーレンはむろんオマハに残り、あくせく働いていた。政治に興味はあったが、お金ほどには魅入られていなかった。それでも、史上はじめて党大会の様子がテレビに映し出されたときには、さまざまな行事を誇張して影響力を及ぼすこのメディアの力に圧倒されつつ、ウォーレンは熱心に見守っていた。

党大会に乗り込んだ指名最有力候補は、オハイオ州選出のロバート・タフト上院議員だった。(註2)〝ミスター清廉潔白〟と呼ばれていたタフトは、ビジネスに干渉しない小さな政府を望み、トルーマンよりも激しく共産主義を攻撃することをなによりも切望する共和党の少数派閥のリーダーだった。(註3)タフトは盟友のハワード・バフェットを、大統領選挙運動のネブラスカ州委員長兼広報部長に指名した。タフトの対抗馬は、第二次世界大戦で連合軍最高司令官を務め、その後NATO軍初代最高司令官に就任した穏健派ドワイト・D・アイゼンハワー元帥で、彼は多くの国民に偉大な戦争の英雄とあがめられる人気者だった。党大会が近づくにつれ、〝アイク〟は世論調査でも差を詰めていった。

このシカゴでの共和党大会は、その後、史上でもっとも由々しいものと見なされることになる。アイゼンハワーの支持者が、タフト派の代議員の資格と投票権を剝奪する議事規則の修正動議を提出し採決させ、そのためにアイゼンハワー側は一回目の投票で指名を得たのである。タフト支持者は勝利を強奪されたと考えて怒り心頭に発した。しかし、アイゼンハワーはほどなく〝忍びよる社会主義〟と闘うことを約束して和解をはかり、タフトはホワイトハウスを民主党から奪い返すために怒りをこらえてアイゼンハワーに投票するよう支持者を説得した。共和党員は、アイゼンハワーと副大統領候補リチャード・ニクソンの導きで団結し、〝アイ・ライク・アイク（アイクが好き）〟のバッジがいたるところで見られた。(註4)いたるところといっても、ハワード・バフェットの胸は例外だった。ハワードは、アイゼンハワー支持を拒んで党と袂《たもと》を分かった。(註5)

それは政治的自殺行為だった。党内のハワード支持派は一夜にして消滅した。ハワードは信条を貫いて取り残された――たったひとりで。ウォーレンは、父親の窮地には〝自業自得〟の面があると見ていた。(註6) ごく幼いころからウォーレンは、守れない約束をすることや背水の陣を敷くことや対決を、避けようとしてきた。そしていま、ハワードの悪戦苦闘は、ウォーレンの脳裏に三つの信条をいっそう深く刻みつけた。ひとつ、味方は不可欠である。ふたつ、約束は神聖なものだから、あたりまえのことだが、めったなことで誓約などしてはならない。三つ、人目を惹く派手な行為でなにかを成就できることはまれである。

アイゼンハワーは、一一月の大統領選挙で民主党のアドレイ・スティーブンソン候補を打ち破った。翌年一月、ハワードの任期消化のために、ハワードとリーラは重い足取りでワシントンに戻った。物事に拘泥しすぎる性格がいろいろな形でふたりの足をひっぱっていることに前から気づいていたウォーレンは、スージーの両親の流儀のいいところを吸収するようになった。ドロシー・トンプソンはおおらかな女性だったし、ドク・トンプソンは専制君主ではあるが、ハワードとは違って、人好きがして、人間関係に敏感だった。スージーとその家族とともに過ごす時間が増えれば増えるほど、ウォーレンはそこから大きな影響を受けるようになった。

「ウォーレン、いつもまわりに女性を置いたほうがいい。女性は忠実で働き者だ」ドク・トンプソンが、山上の垂訓さながらに助言する。(註7) それはウォーレンも心得ていた。それどころか、あれこれ指図しない女性であれば、いつでも面倒をみてもらいたいとつねづね切望していた。スージーは、ウォーレンに母親のような役割を求められているのを知っていた。だから、ウォーレンを包み込み、壊れて混乱しているのを〝修理〟しようと励んだ。「ほんとうに、ウォーレンは患者みたいだったの」(註8) スージーは、知り合った当時をふりかえる。「あんなに苦しんでいる人は、それまで見たことがなかったわ」

　ウォーレンは自分の苦しみの深く大きいことに気づいていなかったかもしれないが、自分の人生でスージーが果たした力強い役割をつぎのように説明している。「スージーには父とおなじくらい影響を受けた。ある意味では、もっとずっと大きかったかもしれない。私にはいろいろな防御機構があった。自分ではわからなくても、スージーにはわかっていた。ほかの人間には見えない、私の心のなかが見えていたんだ。でも、それを取り出すには時間をかけて育ててあげないといけないと知っていた。スージーのおかげで、小さいじょうろを持って花をちゃんと育てようとしている人がそばにいてくれる、という気がした」

　スージーは、ウォーレンの弱さや、安らぎと慰めと励ましを必要としていることを肌で感じていた。リーラが子供たちにあたえた影響の大きさがいよいよわかってきた。ドリスのほうがひどい傷を負っていたが、リーラはウォーレンとドリスの心の奥底に、自分たちは役立たずだという思いを植えつけていた。ビジネス以外のあらゆる分野でウォーレンが自信喪失に蝕《むしば》まれていることに、スージーは気づきはじめた。ウォーレンは愛されたという思いを味わったことがなく、自分は愛されない人間だと思っているのだと察した。(註９)

「私にはなんとしてもスージーが必要だった」バフェットはいう。「仕事には満足していたが、自分自身には満足していなかった。スージーは文字どおり私の人生を救ってくれた。私を復活させてくれた。(註10)私を組み立て直してくれた。親から受けるのとおなじ無償の愛で」

ウォーレンはスージーに、ふつうなら親からあたえられるはずの多くのものを求めた。おまけに、それまでは身の回りの世話をすべてしてくれる母親に育てられてきた。今度はスージーがそれをやる番だった。ふたりの結婚生活は基本的にその当時のモデル――夫が生活費を稼ぎ、妻が夫の世話をして家事を担当する――どおりだったとはいえ、並大抵のものではなかった。バフェット家では、すべてがウォーレンとその仕事を中心にまわっていた。夫はずば抜けた人間だと考えていたスージーは、喜んで芽生えたばかりの野望を包む繭《まゆ》になった。ウォーレンは昼間は仕事をし、夜は『ムーディーズ・マニュアル』を読みふけった。おまけに、ゴルフと卓球を余暇にやれるようにスケジュールを組み立て、オマハ・カントリークラブの準会員にまでなった。

二〇歳になったばかりのスージーは、けっして料理に凝るほうではなかったが、いかにも一九五〇年代の妻らしく——オマハの女性が地方テレビ局KTMVの番組《典型的《ティピカル》な主婦《ハウスワイフ》》に出演しようとこぞってオーディションを受けた時代だった——初歩的な料理と基本的な家事をこなしはじめた。そして、ウォーレンならではの特殊な要求を満たすことに専念した。冷蔵庫のペプシ、読書用電気スタンドの電球、大雑把に料理した肉とポテトの夕食、上までいっぱい入った食卓塩入れ、食器棚のポップコーン、冷凍庫のアイスクリームを切らさないようにすることだ。また、ウォーレンの着替えを手伝い、やさしく気遣い、頭を撫で、抱擁し、人づきあいを助けてやらなければならなかった。理髪店に行くのが怖いというので、散髪までしてやった。(註11)

「私はスージーに夢中だったが、スージーのほうは私の内面の問題を感じとっていた」とバフェットはいう。スージーがあたえる側、ウォーレンが受け取る側だった。「スージーは私のことをどんどん吸収し、私がスージーを理解するよりずっと私のことを理解していった」ふたりは人前でいつもキスしたり抱き合ったりした。そんなときスージーはよくウォーレンの膝に乗っていた。スージーはこうしていると父親を思い出すのだと、よく口にした。

結婚から六カ月後、スージーは妊娠してオマハ大学を中退した。姉のドティも二人目の子を身ごもっていた。ドティとスージーはとりわけ仲がよかった。黒髪の美しいドティは、知的なところが父親に似ていて、家族の記憶によると、セントラル高校に通っていたころはIQが学校で一番だった。(註12)しかし容貌や家庭的なところは、母親に似ていた。結婚した相手のホーマー・ロジャーズは、バリトンの豊かな声量の持ち主で、戦争中はパイロットとして活躍した英雄だったが、そのころの手柄を鼻にかけることはなかった。ホーマーは陽気でエネルギッシュな牧場主で、自分が売買している大きな雄牛とおなじくらい肉付きがよかった。ロジャーズ家にはいつも客がおおぜいいて、ドティがピアノを弾くかたわらでホーマーが「ケイティ、ケイティ、テーブルから離れろ、その金はビール代だ」というような歌を歌った。スージーとウォーレンは生真面目で酒を飲まなかったから、ロジャーズ家の活発な社交生活にはくわわらなかったが、姉妹はよくふたりきりで時間を過ごした。ドティは昔から決断力が弱く、長男のビリーが生まれてから、母親の役割がたいへんなのに打ちのめされているようだった。スージーは当然ながら手伝うことになった。

スージーは、結婚してからオマハで学校教師をしていた義姉ドリスとも仲良くなった。ドリスの夫のトルーマン・ウッドは、オマハの名家出身の気さくな美男子だったが、ドリスは、自分は歩みの遅い荷馬車用の重輓馬《じゅうばんば》につながれた雌の競走馬なのではないかと思いはじめていた。行動の人であるドリスは夫に拍車をかけたが、トルーマンはすこしばかり足を速めただけだった。

アイゼンハワー大統領が宣誓就任をした一九五三年一月、ハワードが下院議員の任期を終えて、リーラとともにネブラスカに永住するべく戻ってくると、ウォーレンとドリスを守ろうとするスージーの努力は一段と強力になった。ドリスもウォーレンも、リーラが帰ってくることに戦々兢々《せんせんきょうきょう》としていた。ウォーレンは母親とおなじ部屋にいることさえほとんど耐えられなかったし、ドリスはいまだに頻々《ひんぴん》とリーラの非難を浴びていた。

オマハに戻ったハワードには定職がなかった。ときどき父親といっしょに株を買っていたのを正式な事業にするため、ウォーレンはバフェット&バフェットというパートナーシップを設立した。ハワードがかなりの資本を出し、ウォーレンはたいしたお金は出さなかったが、アイデアと労力をおもに提供した。だが、ハワードは、みたび株式ブローカーを生業とすることに落胆していた。ハワードが下院議員をしていたあいだ、ウォーレンは父親の顧客を管理していた。だが、ウォーレンがその仕事を嫌々やっていて、ベン・グレアムに雇ってもらおうと粘りつづけており、ニューヨークに行けるとなったら即座に出発するつもりであることを、ハワードは知っていた。ハワード自身は、ほんとうに好きなもの、すなわち政治が恋しかった。とくに共和党員が大統領に就任したいま、上院議員になりたいと熱望していた。とはいえ、その野心を自身の極端な政治観が阻んでいた。

一九五三年七月三〇日、叔母アリス・バフェットの誕生日に、スージーとウォーレンの第一子の娘が生まれた。ふたりはこの長女をスーザン・アリスと名づけ、リトル・スージーまたはリトル・スーズと呼んだ。スージーは、ひたむきで陽気で献身的な母親になった。

リトル・スーズは、ハワードとリーラにとって初孫だった。一週間後、スージーの姉のドティが二人目の息子、トミーを生んだ。それから数カ月のうちに、ドリスが一人目の子――長女ロビン・ウッド――を身ごもった。一九五四年の春には、スージーが二度目の妊娠をした。こうして、バフェット家とトンプソン家に、孫というあらたな関心事ができた。

数カ月後、ハワードにとって時機到来かと思えるような瞬間が訪れた。一九五四年七月一日の朝、ネブラスカ州の古株上院議員ヒュー・バトラーが、脳卒中で病院に運ばれ、助かる見込みがないとの知らせがワシントンから届いた。上院の空いた議席を埋める予備選挙立候補の締め切りは、その日の晩だった。礼節を重んじるハワードは、バトラーがじっさいに亡くなるまで立候補の書類を提出しなかった。そのためバフェット夫妻は、一日中じりじりしながら知らせを待った。ハワードの知名度を考えれば、共和党幹部にうとんじられていても、党の指名プロセスを踏まなくていい補欠選挙で立候補した場合、勝算はかなり高いはずだった。

バトラー死去の知らせは、その日の午後、州務長官フランク・マーシュのオフィスが定刻の五時に閉まったあとで届いた。ハワードは立候補申請の書類を車にほうり込み、締め切りは午前零時だから時間はたっぷりあると見込んで、リーラといっしょにリンカーンまで車を走らせた。マーシュの自宅で書類を提出しようとすると、ハワードがその日に前もって提出料を払っていたにもかかわらず、マーシュは受理を拒んだ。ふたりは憤怒に燃えてオマハに帰った。(註13)

折しも共和党州大会がひらかれていて、バトラー死去の知らせを受け、出席していた代議員たちは、任期満了まで代理を務める臨時の後任者を選出した。代理になれば、ほぼ自動的に一一月にはバトラーの職を引き継ぐことになる。州の有力共和党員であるハワードは、明らかに候補のひとりだった。しかし、ハワードはひとりで仮想敵と戦い、些細な倫理問題で我を張り、アイゼンハワー不支持という党への裏切り行為を働くような狂信者と見なされていた。そこで党大会では、ハワードの後任として下院議員になった人望のあるローマン・ルスカを選んだ。ハワードとリーラは、ふたたびリンカーンに駆けつけ、急いで州最高裁判所に、党にハワードの指名を認めさせるための訴訟を起こした。しかし、二四時間後には勝ち目のない戦いを断念し、訴訟を取り下げた。

ウォーレンは、ルスカの一件を聞いて激怒した。「彼らは父の喉をかっさばくようなことをした」共和党のために何十年も忠実に働いてきたハワードに対して、あまりにもむごい仕打ちだった。

五一歳のハワードは、目の前で未来が雲散霧消するのを見た。怒りが収まると、落ち込んだ。生活の中心だった舞台、自分が世の役に立つと感じさせてくれる舞台から閉め出されてしまった。結局、ハワードはふたたびバフェット・フォークで働くはめになった。

リーラは惨めさに打ちのめされた。ハワードの世間的な地位の栄誉をともに浴びていたリーラは、それをハワード自身が感じるよりもいっそう大事に思っていたのかもしれない。妹イーディスはブラジルで暮らしているし、末娘のバーティはシカゴにいる。ドリスやウォーレンとの関係はよくいっても不安定だった。だから、リーラにとっては二二歳のスージーだけが頼りだった。しかし、スージーは身重の若い母親で、ウォーレンの世話もあって多忙をきわめていた。

それに、スージーはまもなくオマハを離れることになっていた。二年前からウォーレンはベン・グレアムと連絡を取りつづけていた。父親とのパートナーシップで購入した樽製造会社グライフ・ブラザーズ・クーパリッジのような株に関するアイデアを書き送っていた。ニューヨークにもしじゅう出かけていっては、グレアム - ニューマンに立ち寄った。

「私はいつもグレアム先生に会おうとした」

もちろん、かつての教え子がグレアム - ニューマンにちょくちょく出入りするというのは、よくあることではなかった。

「そうだな、いやまったく私はしつこかった」

地元の共和党が上院議員候補指名で父親に門前払いをくわせたころには、ウォーレンはもうニューヨーク行きを決めていた。「ベンが手紙で〝こっちに来ないか〟といってきた。パートナーのジェリー・ニューマンは〝きみのことをもうちょっと詳しく調べてみた〟と説明した。私は莫大な鉱脈を掘り当てたような心地だった」ウォーレンが承諾するか否かということが問題になるはずはなかった。こんどは州兵の承認も得られた。

ウォーレンは雇われたことに大喜びして、一九五四年の八月一日にニューヨークへ行き、正式入社のひと月前の八月二日にグレアム・ニューマンに出社した。そのとき、一週間前にベン・グレアムが悲劇に見舞われたことを知った。二四歳の誕生日を四週間後に控えたウォーレンは、父親につぎのような手紙を書いた。「陸軍の一員としてフランスにいたベン・グレアムの息子のニュートン（二六歳）が、先週自殺しました。以前から精神的に不安定なところがありました。でも、《ニューヨーク・タイムズ》で軍の発表を読むまで、グレアムは自殺だということを知らなかったのです。これほどつらいことはありません」(註14)ベン・グレアムは、息子の遺品を引き取りにフランスに行き、ニュートンの恋人マリー・ルイーズ・アミング、通称マルーに会った。ニュートンよりいくつか年上の女性だった。グレアムは数週間後に帰国したが、すっかり人が変わってしまった。マルーと手紙をやりとりするようになり、たびたびフランスへ行った。しかし、そのころ、ウォーレンは崇拝する師の私生活についてはなにも知らなかった。

それよりも、ウォーレンは自分の用事に身を入れなければならなかった。なにはさておき、家族が住む場所を見つけなければならない。ウォーレンがニューヨーク入りした最初の一カ月、スージーとリトル・スーズはオマハに残っていた。

ウォーレンはあちこちで安いアパートメントを探した。最終的に、五〇キロメートルほど離れたニューヨーク州ウェストチェスター郡にある中流階級向け郊外住宅地ホワイトプレーンズに決めた。寝室が三つある白煉瓦造りのアパートメントだった。二週間ほどしてスージーとリトル・スーズが到着したとき、アパートメントはまだ入居できる状態ではなかったので、一家はウェストチェスター郡の別の家の一室を借りた。ひどく狭苦しい部屋で、鏡台の引き出しで当座しのぎのベビーベッドをこしらえなければならないほどだった。一家はそこに一日か二日だけ泊まった。

ところが、のちにウォーレンの倹約家ぶりについてさまざまな噂がささやかれると、この話は、ウォーレンが出し惜しみしてリトル・スーズのベビーベッドを買わず、ホワイトプレーンズでの幼児期はずっと引き出しに寝かされていたという伝説にふくらんだ。(註15)

身重のスージーは、荷をほどいて新居の整頓をしながら赤ん坊の世話をし、すこしずつ隣人たちと顔見知りになった。いっぽうウォーレンは、毎朝起きてニューヨーク・セントラル鉄道でグランドセントラル駅まで行った。最初の一カ月間はグレアム - ニューマンの資料室に腰を据え、部屋中にあふれかえる大きな書類整理の木箱の引き出しにはいった書類すべてに目を通した。

社員はたった八人だった。ベン・グレアム、ジェリー・ニューマンと息子のミッキー、経理担当のバーニー、ウォルター・シュロス、女性秘書ふたり、そしてあらたにくわわったウォーレン。着たくてたまらなかった実験着風の薄いグレーの上っ張りが、ついにウォーレンのものになった。「あの上っ張りをもらったときは最高の瞬間だったね。社内の皆が着ていたよ。ベンも着ていたし、ジェリー・ニューマンも着ていた。みんな平等におなじ上っ張りを着ていた」

といっても、まったく平等というわけではなかった。ウォーレンとシュロスの席は、ティッカーと証券会社への直通電話を据え付け、参考図書やファイルを置いてある、窓のない部屋にあった。ベン・グレアム、ミッキー・ニューマン、ジェリー・ニューマンが、ティッカーから印字される株式相場を調べにそれぞれのオフィスから定期的にやってきた。ジェリーがもっとも頻繁に来た。「私たちはいつも調べ物をしたり、資料を読んだりしていた。『スタンダード＆プアーズ・マニュアル』や『ムーディーズ・マニュアル』に目を通し、流動資産を下回る価格で売られている会社を調べた。当時はそういうのがたくさんあった」と、シュロスは回顧している。

そういう会社を、グレアムは「シケモク」と呼んでいた。舗道に転がっている安葉巻のべとべとの吸殻のように、人気のない株は割安で見捨てられているからだ。グレアムは、他人が見過ごす、そういうまずそうな残り物を見つけるのが得手だった。それらを首尾よく手に入れ、残っているひと吸い分を無料《ただ》で吸うのだ。

グレアムは、シケモクによってはほんとうに腐っていて吸えないものがあるのを知っていたので、シケモクの質を一本一本調べるのは時間の無駄と考えていた。大数の法則からすれば、ほとんどがひと吸いはできるはずだった。グレアムはつねに、会社が死ぬときにどれほどの価値が残るか——清算した場合、資産がどのくらいの価値になるか——という考え方をした。その価額まで値を下げて買うことを「安全マージン」と称していた。それが破産の可能性に対する安全装置として働く。さらなる安全策として、多数発行されている株のごく一部を買うようにしていた——分散の鉄則である。グレアムは分散について極端な発想をしており、一社分の持ち高がわずか一〇〇〇ドルということもあった。

自分の判断に自信があるウォーレンは、そんなふうにリスクをヘッジするのは合理的ではないと思っていて、内心ではこの分散化にあきれ果てていた。ウォーレンとウォルター・シュロスは、『ムーディーズ・マニュアル』から数字を拾い集め、グレアム - ニューマンが判断を下すときの資料に用いる大量の簡易な帳票に記入していった。ウォーレンは、まず全貌を眺め渡してから、範囲を絞って、さらなる綿密な調査に値するひと握りの株を選び出し、もっとも確実な投資対象と見なしたものに金を投じた。ガイコのときのように、ひとつの籠にほとんどの卵を入れることを厭わなかった。しかし、そのころには、投資のための金がいくらあっても足りない状況で、ガイコ株は売っていた。決断を下すときはかならず〝機会費用〟を考えた――ゆえに、それぞれの投資機会を次善のものと比較しなければならなかった。ガイコを気に入ってはいたが、もっとほしい別の株を見つけたときに、売却というつらい決断を下した。それはウェスタン・インシュランスという株だった。この会社は一株当たり利益が二九ドルで、株価はたったの三ドルだった。

毎回さくらんぼが三つならぶスロットマシンを見つけたようなものだった。ウェスタン・インシュランスというスロットマシンに二五セント硬貨を入れてレバーを引くと、二ドル以上払い戻されることがほぼ確実に約束されていた。(註16)正気の人間ならだれでも、起きていられるあいだずっとそのスロットマシンをやっているだろう。それまでウォーレンが出合ったなかでもっとも割安でもっとも安全マージンの高い株だった。買えるだけ買い、友人たちも仲間に引き入れた。(註17)

ウォーレンは、無料《ただ》のものや安いものを執拗に追い求めた。数字を吸収しそれを分析する能力がずば抜けているおかげで、すぐにグレアム・ニューマンの秘蔵っ子になった。

ウォーレンにとっては、ごく自然ななりゆきだった。ベン・グレアムのシケモク手法は、競馬場を這いまわって捨てられた当たり券を探すという、かつての趣味に通じるものがあったからだ。

ウォーレンは、パートナーたち――ベンとジェリーとミッキー――のいる奥の院の動向に細心の注意を払っていた。ベン・グレアムは、フィラデルフィア&リーディング石炭鉄鉱会社の取締役で、グレアム－ニューマンが同社を支配していた。ウォーレンは以前から独力で同社株に目をつけていて、一九五四年末には自分のお金を三万五〇〇〇ドルも注ぎ込んでいたので、夢中で聞き耳を立てていた。(註18) フィラデルフィア&リーディングは、事業価値はあまり高くなかった。しかし、ふんだんにある現預金を使って他社を買収すれば、もっと有望なビジネスに路線を変更することができる。

「私は隅っこの部屋で地味な仕事をしている社員にすぎなかった。彼らは、フィラデルフィア&リーディング石炭鉄鉱と合併させるためにユニオン・アンダーウェア・カンパニーを買い、フィラデルフィア&リーディング・コーポレーションが誕生した。(註19) 会社が多角化する第一歩だった。私は部外者だったが、重大なことが起きていると知ってものすごく興味をそそられた」

耳をそばだてることでウォーレンが学んだのは、資本の配分――最高の収益をあげられるところにお金をまわすこと——の技術だった。この一件についていえば、グレアム・ニューマンは、ある会社の資金を、より収益性の高い会社を買うために使ったのだ。長い目で見ると、それが破産と成功の明暗を分けることもある。

このような取引をいくつも目の当たりにするうちに、ウォーレンは、巨額な金融取引が行なわれるさまを窓の外から覗いているような気分になった。といっても、じきにウォーレンも気づくのだが、グレアムのふるまいはウォール街の人間とは異なっていた。グレアムは、たえず頭のなかで詩を暗誦したり、ウェルギリウスを引用したりしていて、しょっちゅう地下鉄で荷物をなくした。身なりに気を使わないのは、ウォーレンとおなじだった。あるときだれかに「おもしろい靴ですね」といわれたとき、グレアムは片足に茶色、もういっぽうの足に黒のオクスフォードを履いている足元に目を向け、まばたきもせずに答えたという。「ええ、じつは、家にこれとおなじ組み合わせの靴がもう一足あるんです(註20)」しかし、ウォーレンとは違い、お金そのものには無関心で、競い合うゲームとしての株取引にも興味がなかった。グレアムにとって、銘柄選択は脳の鍛錬だった。

「あるとき、私たちはエレベーターを待っていた。レキシントン街四二丁目にあるチャニン・ビル一階のカフェテリアへ食事に行くところだった。するとベンがこういった。

〝ウォーレン、ひとつ憶えておくといい。お金があっても私やきみの暮らしぶりはたいして変わらない。私たちはこの先も昼食をとりにカフェテリアへ行き、毎日仕事をし、楽しい時間を過ごす。だから、あまりお金のことを心配するな。お金があっても暮らしぶりはたいして変わらないのだから〞とね」

ウォーレンはベン・グレアムに畏敬の念を抱いていたが、そうはいってもじつはお金のことで頭がいっぱいだった。たくさん蓄えようと思っていたし、それをゲームと見なしていた。持っているお金をいくらか手放すようにいわれると、骨を奪われまいと必死になる犬のように、あるいは、まるで攻撃されたかのような反応を示した。出ていくお金を最小限に抑えようと努力していることは明々白々で、ウォーレンがお金を所有しているのではなく、お金がウォーレンを所有しているかに思えた。

スージーはそのことを重々知っていた。アパートメントの住民のあいだでも、ウォーレンはすぐにけちで風変わりだという評判が立った。職場でワイシャツの状態のせいで恥ずかしい思いをしてから――スージーは襟と前ポケットと袖口にしかアイロンをかけなかった――やっとワイシャツをクリーニングに出すことを許した。(註21) 地元の新聞売店と交渉し、処分する直前に一週間前の雑誌を安く買えるようにした。車を持っていなかったので近所の人から車を借りたが、ぜったいにガソリンを満タンにして返さなかった

（ようやく車を入手したあとは、すすぎという単純労働を雨に任せられるよう、雨降りの日しか洗車しなかった）。（註22）

ウォーレンにしてみれば、はじめてチューインガムを売り歩いたときからつづいている一セントも無駄にするまいとするこの姿勢は、二五歳という年齢で比較的裕福になった理由のひとつだった。もうひとつの理由は、すこしでも多くの現金を集めていることだった。コロンビア大学時代から、金儲けのペースは速まるいっぽうだった。そしていまでは、会社のデータや株価が頭のなかで渦を巻いていて、たっぷり空想にひたれる生活を送っている。調査分析をしていないときは、教壇に立っていた。聴衆の前で凍りつかないようデール・カーネギーの講座で習得した技倆を維持するため、近くの郊外住宅地の高校で開催されているスカーズデール成人学校の投資講座の講師をした。そうこうするうちに、バフェット家がつきあう相手は、一家の稼ぎ手がもっぱら株に関心を寄せている夫婦ばかりになった。

ウォーレンとスージーは、ウォール街に働く若い夫婦たちとともに、ときおりカントリークラブやディナーパーティーに招待された。ビル・リューアンはウォーレンを、株式ブローカーのヘンリー・ブラントとその妻ロクサンのほか数人に引き合わせた。ヘンリー・ブラントは、喜劇俳優のジェリー・ルイスをだらしない身なりにした感じだったが、ハーバード・ビジネススクールをトップの成績で卒業していた。ウォール街の人々がウォーレンに抱いた印象は、そのうちのひとりの言葉を借りれば、「見たこともないような田舎くさい男」だった。しかし、ウォーレンがひとたび株について弁舌をふるいはじめると、周囲の人間は、彼の足元にへばりついて聞き入り、ロクサン・ブラントがいうように「イエスとその使徒」のような光景になった。(註23)

夫人たちは女性だけでかたまって座り、ウォーレンが金にまつわる呪文を紡ぎ出しているあいだ、スージーは愛嬌のある純真な人柄で夫人たちを魅了した。相手の子供のことや、子供をつくる予定について、細かに知りたがった。スージーは人の心をひらかせるすべを心得ていた。人生における重大な決断についてたずねては、熱い眼差しで「後悔してない？」ときく。すると、相手の心の奥底から感情があふれ出す。スージーのほうはそれほどではなくても、相手は知り合って三〇分もたつと、もう新しい親友ができたような気持ちになった。人々は自分に強い興味を持ってくれるスージーが大好きになった。

だが、スージーは二人目の子供が生まれるまではたいがいひとりで過ごし、毎日洗濯、買い物、掃除、料理にくわえて、リトル・スーズの食事や着替えや遊びの相手をするのに追われていた。彼女は、あたかも日常の神聖な儀式であるかのように、ウォーレンの食事の世話をすることで、仕事の面を支えているつもりだった。夫がグレアム先生に抱いている崇敬の念を理解していたからだ。ウォーレンは仕事のことを詳しく話さなかったし、どのみちスージーも興味がなかった。スージーはその間ずっと、ウォーレンに自信をつけさせ、愛情を注いで人とのつきあい方を教えて「組み立て直す」辛抱強い作業をつづけた。しかし家庭のことでひとつだけ譲らなかったのは、父と娘の絆を築くことの大切さだった。ウォーレンは、いないいないばあをしたり、おむつを替えたりはしなかったが、毎晩リトル・スーズに歌を歌ってやった。

「私はいつも〈虹の彼方へ〉を歌った。それが条件反射よろしく眠りを誘ったものだ。あまりにも退屈だったからかもしれないが――私が歌いはじめたとたんに、娘は眠りに落ちた。肩のところまで抱きあげると、だいたいすぐに腕のなかで溶けたみたいになった」

信頼できるシステムを見つけると、ウォーレンはそれを壊さないようにした。歌っているあいだ、遠いところで頭のなかの書類の山をかきまわすことができた。それこそ毎晩〝虹の彼方へ〟行っていた。

一九五四年一二月一五日、スージーの陣痛がはじまったためウォーレンが仕事を切りあげて帰宅していたところ、玄関のベルが鳴った。スージーが出ると、戸別訪問の宣教師が立っていた。スージーは宣教師を丁重に招き入れて、居間のソファを勧めた。そして話に耳を傾けた。

ウォーレンも、この男を家に入れるのはスージーぐらいだろうと思いつつ、話を聞いた。聞きながら、話を終わらせようとした。長年の不可知論者なので、改宗にまったく興味がなかったし、スージーは産気づいている。病院に行かなければならなかった。

スージーはひたすら耳を傾けた。「もっと話してください」といった。宣教師が話しつづける横で、ときおりぴくりと動いたりかすかなうめき声を発したりした。(註24) 病院に行くより、訪問客に礼儀正しく接し、話をわかってもらえたと思わせることのほうが大事だと思っているようで、ウォーレンの合図を無視していた。宣教師はスージーが産気づいていることに気づかないようだった。ウォーレンは、とめどなく出てくる宣教師の言葉がようやく尽きるまで、どうすることもできず、焦りをつのらせながら座っていた。

「あの男を殺してやりたいと思った」とバフェットはいう。それでも、ふたりは時間に余裕をもって病院に着くことができ、翌日の早朝にハワード・グレアム・バフェット、〝ハウイー〟が誕生した。

第21章　どちらの側に立つか

――一九五四年～一九五六年　ニューヨーク

ハウイーは〝手のかかる〟赤ん坊だった。リトル・スーズがおとなしくて穏やかだったのに、ハウイーは鳴りやまない目覚まし時計みたいだった。大音量の泣き声がやむのを両親は待ったが、大きくなりこそすれ、静まることはなかった。突如、家のなかがごった返して騒々しい場所になったようだった。

もちろん、ハウイーの泣き声で飛び起きるのはスージーと決まっていた。ウォーレンは、ハウイーが夜ごと泣きわめいても、さほど気が散らなかった。アパートメントの三番目の寝室にもうけた狭いオフィスで、何時間も考えごとに没頭できた。

そのころウォーレンは、その後の仕事に大きな影響を及ぼすことになる新しい計画に熱中していた。グレアム‐ニューマンに入社してまもなく、カカオ豆の価格が一ポンド当たり一セントから五〇セント以上に急騰した。ブルックリンでは、「低収益の」チョコレートメーカーのロックウッド&カンパニーがジレンマに直面していた。(註1)ロックウッドの主力製品は、チョコレートチップ・クッキーに使われるチョコレートビッツという粒状のチョコレートだったが、食品原材料であるこの商品の価格をあまり上げることができず、大きな損失が出はじめていた。しかし、カカオ豆の価格急騰を考えれば、ロックウッドは在庫のカカオ豆を売りさばいて棚ぼた式に利益をあげられる可能性があった。(註2)ただ、残念ながら、そのやり方では利益の半分以上はあとで税金として持っていかれる。

ロックウッドのオーナーはグレアム－ニューマンに売却を持ちかけたが、価格面で折り合わなかった。そこでロックウッドは投資家ジェイ・プリツカーに頼った。彼はすでに多額の税金を免れる方法を見つけていた。(註3)それは、会社が事業を縮小して在庫を「部分的に整理」する場合には税金がかからないという一九五四年の連邦税法を利用することだった。そんなしだいでプリツカーがロックウッドを支配できるだけの株式を買い、同社をチョコレートビッツのメーカーとして存続させ、カカオバター事業からは撤退するという道を選んだ。カカオ豆一三〇〇万ポンドが、カカオバター事業の在庫とされた。そして、その分のカカオ豆を〝整理する〟という算段だった。

ところが、プリツカーは、カカオ豆をただ売って現金に換えるのではなく、ほかの株主たちに株式との交換を申し出た。彼らの株を手に入れて会社の所有権を強化したかったからだ。株主をその気にさせるために、プリッツカーは好条件を提示した――三四ドルで取引されている株(註4)を一株当たり三六ドル分のカカオ豆と交換する(註5)という条件だった。

グレアムは、この一件でひと儲けする方法を思いついた。グレアム‐ニューマンがロックウッドの株を買い、プリッツカーのカカオ豆と交換してそれを売れば、一株当たり二ドルの利益が得られる。これを裁定取引という。ふたつの似通った物が異なる値段で取引されている場合、抜け目ないトレーダーは同時にいっぽうを買い、もういっぽうを売って、ほぼリスクなしで価格差から利益を得る。「ウォール街には古い諺《ことわざ》をもじった言い伝えがある」と、後年バフェットは述べている。いわく、「人に一匹の魚をあたえればその人は一日食べ物にありつける。人に裁定取引を教えればその人は一生食べ物にありつける」(註6)。プリッツカーはグレアム‐ニューマンに倉荷証券を渡す。倉荷証券とは、読んで字のごとく、証券の所持者が大量のカカオ豆を所有していることを記した一枚の紙切れだ。それは株とおなじように売買される。倉荷証券を売ることでグレアム‐ニューマンは利益を手にする。

三四ドル（グレアム‐ニューマンがこの値段でロックウッド株を買う。それをプ

リッツカーの所有するカカオと交換する）
三六ドル（グレアム - ニューマンがプリッツカーからもらった倉荷証券のカカオの価格。この値段で売る）
二ドル（ロックウッド株一株当たりの利益）

しかし、ほぼリスクがないというのは、いくらかはリスクがあるということだった。カカオ豆の価格が下がり、倉荷証券が突如三〇ドルの価値しかなくなったらどうなるか。グレアム - ニューマンは二ドル儲けるどころか、一株当たり四ドルの損を出す。利益を確定し、そういったリスクを排除するため、グレアム - ニューマンはカカオ豆を〝先物〟で売った。それもよい手だった。カカオ豆の価格はいまにも下がりそうだったからだ。

〝先物〟市場では、買い手と売り手が、カカオ豆や金やバナナといった商品を、これこれの価格で将来取引するという取り決めを結ぶ。グレアム - ニューマンは、少額の手数料と引き換えに、所定の期間、既定の価格でカカオ豆を売るように取り決め、それによって相場が下落するリスクを排除できる。取引の相手方——相場下落のリスクを受け入れるもの——は投機に賭けるわけだ。(註7) カカオ豆の価格が下がっても、投機家はカカオ豆をそのときの時価より高く買わなければならないから、グレアム・ニューマンの利益は守られる。(註8)グレアム・ニューマンから見た投機家の役回りは、いわば価格下落のリスクに対する保険を売ってくれているわけだ。その時点では、もちろん両者は今後のカカオ豆の相場の動きを知ることはできない。

したがって、できるだけ多くのロックウッド株を買うと同時に、それに相当する量の先物商品を売るのが、この裁定取引の目標だった。

グレアム・ニューマンは、ウォーレンにロックウッドの取引を任せた。ウォーレンは適任だった。数年前から、転換優先株を買い、おなじ会社が発行する普通株を空売りして、裁定取引の経験を積んでいた。(註9)ウォーレンは数週間かけて日中は地下鉄でブルックリンとのあいだを往復し、シュローダー信託銀行で株を倉荷証券と交換した。夜は状況分析に徹し、リトル・スーズに〈虹の彼方へ〉を歌ってやり、スージーがハウイーに哺乳瓶でミルクを飲ませようとするときに聞こえてくる金切り声を頭から閉め出しつつ、考えごとにひたった。

表面上、ロックウッドの件は、グレアム・ニューマンにとってしごく単純なものだった。なにしろ、コストは地下鉄の乗車券と、脳みそと、時間だけなのだ。しかし、ウォーレンは、グレアム・ニューマンが期待している以上の打ち上げ花火を上げられる可能性に気づいた。(註10)ベン・グレアムの考えとは別に、ウォーレンは裁定取引をしないことにした。つまり、カカオ豆を先物で売る必要はない。そのかわり、ロックウッド株を自分で二二株買い、そのまま持っていた。

ウォーレンは、プリツカーの提案を念入りに検討していた。カカオバター事業の在庫分だけではなく、ロックウッドが所有しているすべてのカカオ豆を、発行済株式数で単純に割ったところ、プリツカーが提示した一株当たり八〇ポンドを上回る量になった。つまり、カカオ豆と交換せずにいれば、その株に割り当てられるカカオ豆はプリツカーの提示した量よりも多くなる。それだけではない。この条件で株とカカオ豆を交換する株主が出れば、その株主に割り当てられるはずだったカカオバター事業以外の在庫が残りの株主に足されるわけで、一株当たりのカカオ豆の数はさらに増える。

株を売らずにいた人々は、ロックウッド社の工場、設備、顧客から支払われるはずの金、閉鎖されずに残る事業部門という分け前にあずかれるから、さらに利益は増える。

ウォーレンは、逆の立場に立ち、プリツカーの視点から考えてみたのだ。ジェイ・プリツカーが買う側にいるのに、売る側にまわるのは合理的だろうか？　計算をした結果、合理的ではないとわかった。プリツカーとおなじ側に立つべきなのだ。ウォーレンは以前から、株は会社の小さな切れ端だと思っていた。

発行済みの株式がすくないほど、自分の持ち分の価値は上がる。ウォーレンは単に裁定取引をするより高いリスクを背負っていた——が、きちんと計算したうえで、きわめて勝算の高い賭けをしていた。とはいえ、裁定取引による二ドルの利益は、手に入れやすく、リスクをともなわない。カカオ豆の価格が下がっても、先物契約によってグレアム・ニューマンの利益は守られる。グレアム・ニューマンと、ほかのかなり多くの株主は、プリツカーの提案を受け入れ、たくさんのカカオ豆があとに残された。

しかし、ふたをあけてみると、株を手放さずにいたことはすばらしい判断だった。グレアム・ニューマンのように裁定取引をした人々は、一株当たり二ドルの儲けを手にした。ところが、ロックウッド株は、プリツカーの提案の前は一五ドルで取引されていたのだが、その後八五ドルまで急上昇した。ウォーレンはこうして、裁定取引をしていたら二二二株の保有株による儲けが四四四ドルだったところを、計算し尽くした賭けのおかげで途方もない額の利益——およそ一万三〇〇〇ドル——を得た。(註11)

その一件を通じて、ウォーレンはちゃっかりとジェイ・プリツカーの知己を得た。今回の取引を考え出したほどの人間なら、「今後もっと賢いことをするだろう」と思ったからだ。株主総会に出席していくつか質問したのだが、それが、プリツカーへの自己紹介となった。(註12)当時ウォーレンは二五歳、プリツカーは三二歳だった。

比較的すくない資金——一〇万ドル未満——を動かしているだけでも、今回のような考え方でやっていけば、可能性に満ちた世界を自分の手で切り拓くことができると、ウォーレンは気づいた。制約は、どれだけの金とエネルギーと時間を使えるかということだけだ。木こりのように体力を要する作業だが、それがおおいに気に入っていた。オフィスで椅子に腰かけ、他人が行なった調査の結果に関するレポートを読むというような、たいがいの投資家のやり方とは、まったく違っていた。ウォーレンは探偵であり、しかも、その昔、壜《びん》の王冠《キャップ》を集めたりシスターの指紋を採取したりしたように、もともと自分で調査をするたちだった。

仕事にあたって重宝したのは、『ムーディーズ・マニュアル』の工業版、銀行・金融版、公共事業版だった。ムーディーズやスタンダード&プアーズに直接出向くことも多かった。「ああいうところに顔を出すのは私くらいのものだった。顧客かどうかということさえきかれなかった。私はいつも四〇年分ないし五〇年分のファイルを見せてもらった。コピー機を置いていなかったから、その場で、いろいろな数字を手早く書き写した。書庫に入って自分で選ぶことはできなくて、見たいものを持ってきてもらわなければならなかった。だから、いちいち、ジャージー・モーゲージとか、バンカーズ・コマーシャルとかの社名を告げた。だれひとり閲覧要請などしたことのない会社ばかりだよ。

それらを持ってきてもらっては、座ってメモをとった。証券取引委員会（SEC）の書類を見たいと思うときがよくあって、そういうときはSECまで行った。そうしなければ手にはいらないものだったからね。会社が近くにあるときは、まず例外なく経営陣に会いにいった。前もってアポイントメントをとったりはしなかった。それでも、たいがい通してもらえた」

お気に入りの情報源のひとつは《ピンクシート》だった。ピンク色の紙に印刷されている週報で、証券取引所で取引されない小さな会社の株に関する情報が得られる。もうひとつは、『ナショナル・クォーテーション』という本で、これは半年に一回だけ発行され、《ピンクシート》にも載っていない小企業の株を記載していた。どれほど小さな会社も、どれほど見つけにくい詳細情報も、逃さなかった。「私はたくさんの会社を隅々まで調べては、一万ドルないし一万五〇〇〇ドル投じてもいいようなとんでもなく割安な会社を、ひとつかふたつ見つけた」

ウォーレンは自慢しなかった。むしろ、グレアムやプリツカーといった有用な情報源からアイデアを拝借できることを光栄に思っていた。自分は便乗しているだけだといい、アイデアがすばらしかろうが平凡であろうが気にしなかった。あるとき、グレアムに導かれるままに、ユニオン市街電車という会社に行き当たった。(註13) マサチューセッツ州ニューベッドフォードにあるトロリーバス会社で、純資産に比して株価は格安だった。会社について調べ、経営陣と直接会って、(註14)ウォーレンはこの株だけで、ほんの数週間でおよそ二万ドル儲けた。

バフェットの家系では、ひとつのアイデアで二万ドルを儲けた人間は、それまでひとりもいなかった。一九五五年当時、それは、平均的な年収の数倍に相当する金額だった。数週間の仕事で所持金を二倍以上にするというのは、瞠目すべきことだった。しかし、ウォーレンにとってもっと重要なのは、それを大きなリスクを負わずにやり遂げたことだった。

スージーとウォーレンは、カカオ豆の裁定取引やトロリーバス会社の株についてこと細かく話題にすることはなかった。スージーは、使う分以上のお金には興味がなかった。それに、このホワイトプレーンズの小さなアパートメントに大金が流れ込んできても、ウォーレンから渡される生活費は微々たるものでしかないということだけはわかっていた。子供のころから細かな出費を記録する習慣のなかったスージーにとって、節約のために新聞売店と交渉して一週間前の雑誌を安く買うような男との結婚生活は、想像すらできない生き方だった。精いっぱい努力してなんとか家計をやりくりしていたものの、ウォーレンの稼ぎと妻に渡す金との差は、愕然とするほど大きくなっていた。ある日、スージーは、あわてふためいて隣のマデリーン・オサリバンに電話をかけた。「マデリーン、たいへんなことになったの。こっちに来てちょうだい！」とスージーはいった。マデリーンが駆けつけると、スージーが取り乱していた。ウォーレンのデスクの上にあった配当小切手の束を、アパートメントの焼却炉に直接つながっている落とし口に、誤ってほうり込んでしまったのだ。(註15)

「焼却炉は動いてないかもしれないわ」マデリーンがそういい、ふたりは建物の管理人に電話をかけ、地下に連れていってもらった。たしかに焼却炉に火ははいっていなかった。小切手を探してごみを掻き分けるあいだじゅう、スージーは手を揉みながら、「ウォーレンに合わせる顔がない」といいつづけた。小切手が見つかったとき、マデリーンは驚いて目を丸くした。想像していたような二五ドルや一〇ドルではなく、何千ドルもの額面の小切手だった。(註16)ホワイトプレーンズの小さなアパートメントで暮らしているバフェット家は、まぎれもない金持ちになりつつあった。

ウォーレンは、そのすばらしい仕事ぶりでグレアム・ニューマンの出世株になった。ベン・グレアムは、ウォーレンと、温かくて社交的でいつも人に囲まれているスージーに、めずらしく個人的な興味を抱いた。ハウイーが生まれたときには出産祝いとしてムービーカメラと映写機を贈り、ハウイーにあげるテディ・ベアのぬいぐるみを持ってアパートメントを訪れさえした。(註17)妻のエスティとそろって一度か二度、バフェット夫妻を夕食に招待したとき、グレアムは、ウォーレンがあのぎょろ目でスージーをうっとりと見つめ、しょっちゅう手を握っていることに気づいた。それでいて、ウォーレンは甘い言葉をかけることがなかったので、スージーはたまにはロマンティックな愛情表現がほしいのではないか、とも思った。(註18)スージーが、ウォーレンがダンスをしないのだとさみしげにいったので、グレアムはホワイトプレーンズにあるアーサー・マレーのダンス教室の受講券をウォーレンの席に持ってきた。その教室でグレアム自身も、不器用なステップで床を踏みならしつつレッスンを受けていた。しばらくして、グレアムはダンス教室を覗きにいき、弟子が受講券を一度も使っていないことを知った。そのことをウォーレンにいい、遠慮なく使うように促した。断りきれなくなったウォーレンは、どうにかこうにかスージーといっしょに三回のレッスンを受け、そこで挫折した。結局、すこしも踊れるようにはならなかった。(註19)

そんな一件があっても、グレアム・ニューマンにおけるウォーレンの早い昇進が阻まれることはなかった。入社して一年半もしないうちに、ベン・グレアムとジェリー・ニユーマンは、パートナー候補と見なしているような感じでウォーレンに接するようになり、自然と、家族ぐるみのつきあいをする機会が増えた。一九五五年中ごろ、気難しいジェリー・ニューマンでさえ、ニューヨーク市ルイスボロにある邸宅メドウポンドでの催し――〝ピクニック〟だろうとバフェット夫妻は思った――への招待状を送ってきた。スージーは、干草を積んだトラックかなにかで遠出するのに適した服装をしていったが、着いてみると、ほかの女性客はみな、ドレスに真珠のアクセサリーというい でたちだった。ふたりは自分たちが田舎者であるような気がしたが、そんな失敗もウォーレンの出世株としての地位をこれっぽっちも傷つけなかった。

ウォルター・シュロスは、そういう催し物には招待されなかった。シュロスは、けっしてパートナーシップまでのぼりつめることのない、ただの熟練社員と見なされていた。だれに対してもめったにやさしくふるまおうとしないジェリー・ニューマンが、ことさらに見下した態度でシュロスに接したため、ふたりの幼い子供を持つシュロスは独立する決心をした。勇気を出してそれをグレアムに告げるまで時間がかかったが、(註20)一九五五年の終わりには、パートナーたちから集めた一〇万ドルを元手に投資パートナーシップを立ちあげた。パートナーのリストには、のちにバフェットが評したように「エリス島の移民局の名簿をそのまま写したような」名前が並んでいた。(註21)

バフェットは、シュロスならグレアムの手法をうまく活用できるだろうと確信し、自分の会社を設立した彼の度胸をすばらしいと思った。〝ビッグ・ウォルター〟ことシュロスがあまりにすくない資本ではじめたため、家族を養っていけないのではないかと心配したが[註22]、グレアム・ニューマンに投資しなかったように、シュロスのパートナーシップにも自分の金を一切投じなかった。自分の代理として他人に投資してもらうなど、ウォーレン・バフェットには考えられないことだった。

バフェットはシュロスの穴を埋める人物を見つけた。おなじウォール街にあるブライス&カンパニーでの昼食会で、トム・ナップと知り合ったのだ[註23]。ウォーレンより一〇歳年上で、長身で黒髪の美男子、毒のあるユーモアセンスに恵まれたナップは、かつてデービッド・ドッドの夜間講義を聴いておもしろさに取り憑かれ、すぐに専攻を化学からビジネスに変更したという経歴の持ち主だった。グレアムは、会社で二人目の非ユダヤ人となるナップを採用した。「私はジェリー・ニューマンに、〝よくある話ですよ。異教徒をひとり雇ったら、やがて異教徒だらけになるものです〟といってやった」とバフェットはいう。

隣のウォルター・シュロスのいた席をナップが占めるころ、ウォーレンも、ベン・グレアムの私生活をうかがい知るようになっていた。ナップのほうは、グレアムにニュー・スクール・フォー・ソーシャル・リサーチで講演をするから見にくるように誘われてはじめて事情を呑み込んだ。その会場でふと気がつくと、ナップのテーブルに六人の女性が同席していたという。ナップはこう話している。「ベンのスピーチを聞いているとき、六人の女性がみんなベンに恋していることに気づいた。彼女たちはたがいに嫉妬している様子はなく、全員がベンとすこぶるねんごろな感じだった」(註24)

じつは一九五六年はじめにはグレアムは投資に飽きて、外の世界の関心事――女性、古典文学、美術――に強く惹きつけられ、すでに片足を扉の外に踏み出している状態だった。ナップが外出していたある日、ウォーレンがひたすら帳票を記入している窓のない部屋に、受付係がひょろりとした若い男を案内してきた。ウォーレンを見下ろすように立っていたその男は、エド・アンダーソンといい、プロの投資家ではなくナップとおなじ化学者だと自己紹介した。カリフォルニアにある原子力委員会リバモア研究所に勤務しているが、暇なときに投資をやっているという。洗濯機メーカーのイージー・ウォッシング・マシーンのような割安銘柄が豊富に紹介されている『賢明なる投資家』を読み、おおいに感銘を受けた。こりゃすごい！　こんなことがありうるのか。いったいどうやったら会社を、それが所有する現預金の額より安い値段で買えるんだ、とアンダーソンは思った。(註25)

興味をそそられたアンダーソンは、グレアムに便乗するようになった。グレアム‐ニューマンの株を一株買い、四半期ごとの事業報告書を読んでグレアムの動向を知り、おなじ株を買った。グレアムは、そういったことを阻止しようとはしなかった。人の師となり、手本となるのが好きだったからだ。

アンダーソンが来たのは、グレアム‐ニューマンをもう一株買おうと考えているのだが、妙なことに気づいたため、それについて問い合わせたいと思ったからだった。グレアムは、米国電話電信会社（AT&T）の株を買い込んでいた。これほどグレアムらしくない株はない。ありとあらゆる人に所有され、研究され、追跡され、適正な価格がつけられ、リスクもほとんどない株なのだ。なにか事情があるのか、とアンダーソンはウォーレンにたずねた。

ウォーレンはしばし考えた。〝投資ビジネス〟は特別な訓練を受けたものだけが実践できる司祭職のようなものだと考える人間がきわめて多いのに、化学者というまるで畑違いのこの男が、AT&Tがこれまでのパターンからはずれた株だと見抜く眼力を持っているとは驚きだった。ウォーレンはアンダーソンに、「いまは、もう一株買うのに最適な時期ではないかもしれない」といった。(註26) ふたりはすこし雑談をし、交際をつづけることを念頭に置いて親しげな雰囲気で別れた。友人のシュロスが退職して独立したのはほんとうによかったと、ウォーレンは思った。会社の取引パターンを観察し、たえず耳を澄ませていたウォーレンは、グレアムがパートナーシップを解散するつもりでいることをとっくに突き止めていた。

ベン・グレアムの仕事人生は、終わりを迎えようとしていた。グレアムは六二歳になり、市場は一九二九年のピークを上回っていた(註27)。株価の高騰で、グレアムはいつも神経をぴりぴりさせていた。それまで二〇年以上にわたり、市場平均を平均二・五ポイント上回る成績をあげつづけてきた(註28)。もう引退して、余生を楽しむためカリフォルニアに移り住みたいと思っていた。ジェリー・ニューマンも引退するが、ジェリーの息子のミッキーは残ることになった。一九五六年春、グレアムはパートナーたちに通知を出した。しかし、その前にまずウォーレンに、会社のゼネラル・パートナーにならないかと持ちかけた。ウォーレンのように若くて経験年数のすくないものが選ばれたということは、これほど短い期間で非常に価値ある存在に成長した証しだった。だが、「もし私が残ったら、私がベン・グレアムのような立場、ミッキーがジェリー・ニューマンの立場ということになっただろう――だが、ミッキーのほうが、はるかに格上のシニア・パートナーになっただろう。社名はニューマン・バフェットになったはずだ」とバフェットはいう。

ウォーレンは光栄に思ったが、そもそもグレアム・ニューマンに入ったのはグレアムのもとで働きたいからだった。彼がいないのなら残留してもしかたないし、ベン・グレアムの頭脳を受け継ぐものと見なされることさえどうでもよかった。それに、トロリーバス会社で大当たりを取ったり、カカオ豆でお祭り騒ぎをしたりしているあいだずっと、「このままニューヨークには住みたくない。電車に乗って行ったり来たりの毎日じゃないか」と思っていた。だいいち、パートナーとして働くのには――とりわけだれかの下でジュニア・パートナーとして働くのには――向いていなかった。ウォーレンはグレアムの申し出を辞退した。

第22章　隠れた輝き《ヒドゥン・スプレンダー》

――一九五六年～一九五八年　オマハ

「手元におよそ一七万四〇〇〇ドルの金があったので、引退しようと思った。オマハのアンダーウッド通り五二〇二番地の一軒家を月一七五ドルで借りた。わが家の生活費は年一万二〇〇〇ドル。私の資本は増えつづけるはずだった」

いまにして思えば、二六歳でバフェットが〝引退〟という言葉を口にしたのは、ふつうの人から見れば謎だ。

たしかに数字の上では、ウォーレンは手持ちの資金で引退したとしても三五歳までに百万長者になれた。*資産が九八〇〇ドルに達したコロンビア大学入学時以来、ウォーレンは年六一パーセント以上の割合でお金を増やしてきた。しかし、ウォーレンは急いでいたし、目標を達成するには高利回りで複利の運用をしていかなければならなかった。(註1)

そこで、グレアム‐ニューマンの姉妹会社のヘッジファンドであるニューマン＆グレアムに似たパートナーシップを設立することにした。(註2) 上司はいないし、家にいながら投資ができるし、以前なら自分ひとりのために買ったであろう株に友人や身内を取り込むことができる。パートナーのために一ドル稼ぐごとに二五セントの手数料を取り、それをパートナーシップに再投資すれば、百万長者への道はいっそう早まるかもしれない。ベン・グレアムの株の購入法とグレアム式のヘッジファンドを武器にすれば、かならず自分は金持ちになれると確信していた。

ウォーレンの構想には、ひとつだけ問題があった。株価が下がってパートナーから非難を受けたら、耐えられないということだ。しかし、ウォーレンは、パートナーシップに誘うのは家族と友人だけ――自分を信用してくれるとわかっている人々――にするつもりだった。一九五六年五月一日、ニューマン＆グレアムを手本とした、(註3) 七人のパートナーからなるパートナーシップ、バフェット・アソシエーツが発足した。

ドク・トンプソンは二万五〇〇〇ドルを出資した。「ドク・トンプソンはそういう人だった。持っている金をほとんど一銭残らず私に預けた。私は彼のお気に入りだったか

＊ 当時の一〇〇万ドルは、二〇〇七年の貨幣価値にすると八〇〇万ドル近い。

ら」ウォーレンの姉ドリスとその夫のトルーマン・ウッドは一万ドルを投じた。叔母のアリスは三万五〇〇〇ドルを出資した。「それ以前にも、人に株を売ったことがあったけれど、今度は私は受託者、それも私にとってなによりも大切な人たちの受託者になったわけだ。みんな私の力を信じてくれてる人たちだった。損を出すことがあると思っていたら、アリス叔母さんや姉や義父の金を受け取ることは、ぜったいにできなかった。そのとき私は、損を出すかもしれないとは考えなかった」

ウォートン時代のルームメイトのチャック・ピーターソンが五〇〇〇ドルを出資し、四人目のパートナーになった。チャックは、ブローカー時代の〝薬剤師〟ウォーレンがニューヨークに行く前に〝処方〟した株を買った最初の客のひとりだった。チャックの母親のエリザベスは、前年に夫を亡くした際に相続した二万五〇〇〇ドルを出資した。

六人目のパートナーのダン・モーネンは、黒髪でがっしりした体つきの寡黙な若者で、ウォーレンとは少年時代に祖父の家の裏庭でタンポポを掘り起こしたりしていっしょに遊んだ仲だった。いまではウォーレンの専属弁護士で、精いっぱいの出資金五〇〇〇ドルを投じた。

ウォーレンが七人目のパートナーだった。出資はわずか一〇〇ドルだったが、パートナーシップ管理から得られる手数料を再投資して持ち分を増やすつもりだった。「実質的に、私はパートナーシップ管理をレバレッジとして利用した。私にはあふれるほどのアイデアがあったが、それほどの資本はなかったから」とはいえ、アメリカの国民大多数に比べれば、ウォーレンにはあふれるほどの資本があった。しかし、ウォーレンは、パートナーシップを複利運用マシンと見なしていて、いったん金を中に入れたら引き出そうとは思わなかった。だから、年間一万二〇〇〇ドルという家族の生活費は、別に得なければならなかった。その金は別途投資していた。

ウォーレンは、新しいパートナーたちと運用委託の取り決めをした。「私は利益が四パーセントを超えた分の半分を取り、四パーセントに達しなければその差の四分の一を負担することにした。つまり、収支トントンの場合でも私は損をする。しかも、損失分を支払う私の義務には制限がなかった。青天井だったんだよ」(註4)

そのころ、ウォーレンは、アン・ゴットシャルトとキャサリン・エルバーフェルド――コロンビア大学時代の友人フレッド・クールケンの母親とおば――の財産を管理していた。フレッドが前年にヨーロッパに発ったとき、おばと母親の財産の一部を管理してくれと頼まれていたからだ。(註5)それ以降、ウォーレンは低い手数料で細心の注意を払って国債に投資してきた。

ゴットシャルトとエルバーフェルドをパートナーシップに誘うことも考えられたが、

その場合には現在よりも高い手数料を請求することになる。それはフェアではないと思った。もちろん、ウォーレンが思っているとおり、今回のパートナーシップが万全であれば、誘わないとふたりから絶好のビジネスチャンスを奪うことになる。しかし、投資がうまくいかなかったとしても、叔母や姉やドク・トンプソンなら、けっして自分を責めたりはしない。そこまでの強い確信を、他人に対しては持てなかった。

〝受託者〟を務めるからには、その責任は無制限でなければならないとウォーレンは考えた。パートナーたちに基本原則を説明するために、パートナーシップを結成した当日、ウォーレンはバフェット・アソシエーツの最初の正式な総会を招集した。チャックが、オマハ・クラブの会食の予約をとってくれた。個室で集まりたいときには、そこが街一番の場所だった。ウォーレンは、自分の責任の定義と範囲をきっちりと決めるつもりでいた。会食の代金支払いは、引き受けない職責のひとつだった。そこで、チャックに、おのおのが自分の食事代を払うよう伝えさせた。(註6)そして、その会食を、パートナーシップの基本原則だけではなく、株式市場の話をする好機として利用した。このときすでにウォーレンは、パートナーシップを人に大事な物事を教える場と見なしていたのである。

パートナーたちは、すぐさま絶対禁酒主義者とそれ以外の二つのグループに分かれた。テーブルの端の席についたドク・トンプソンは、父親が諭すような口調で、酒を口にする人たちが地獄に落ちることをほのめかした。しかし、その晩の説教師はウォーレンであり、だれもがその話を聞くために集まっていた。

「最初に話したのは、出資者である彼らとの取り決めのことだった。これは、私たちが進歩しても、さほど変更する必要のないまま今日にいたっている。ありとあらゆるよいことが、ここから生み出された。これ以上ないほど、わかりやすいものだ。

私は基本原則を簡潔にまとめて説明した。私にできることはこれ、できないことはこれ、できるかできないか私にもわからないこともある、私はこうやって判断を下す、というぐあいにね。じつに短い説明だった。賛成できないと思うなら参加してはいけない。なぜなら、私が満足しているのにみなさんが不満足だという事態は望ましくないし、その逆もまた真なりだからだ(註7)」

ウォーレンがパートナーシップをはじめたあと、バフェット一家はシーズン最後の夏を過ごすためにニューヨークに戻った。ミッキー・ニューマンは、フィラデルフィア&リーディング石炭鉄鉱のCEOに正式就任しフルタイムで働いていた。グレアムは、ミッキーとウォーレンのどちらにもゼネラル・パートナーになってもらえない以上、会社をたたむ肚《はら》を決めた(註8)。ウォーレンは、ベン・グレアムがパートナーシップを縮小するのを手伝った。彼は家族のために、ロングアイランドにある海辺の丸太づくりの小別荘を友人のトム・ナップから借りた。遠い昔、インフルエンザの大流行から逃れる人々のために建てられた住宅群の一部で、ロングアイランド北岸のストーニーブルックにほど近いウェスト・メドウ・ビーチにあり、ロングアイランド海峡を挟んでコネティカット州を望んでいた。

平日は、ウォーレンは節約のために、やはり妻子をロングアイランドで避暑させている株式ブローカーの友人ヘンリー・ブラントのニューヨーク市内にある自宅に泊めてもらった。週末は海辺にいる家族のもとへ行き、別荘の狭い寝室で仕事をした。近所の人々があとでナップの家族に語ったところによると、ウォーレンが外にいるのを一度も見かけなかったという。(註9) ウォーレンが仕事をしているあいだ、水が怖くて泳いだことのないスージーは、水際近くの岩場を子供たちとぶらぶらした。別荘には申し訳程度の配管設備しかなかったので、バフェット一家は通りの向こうの泉から飲み水を汲み、スージーは、もうじき三歳になるリトル・スーズと一八カ月のハウイーと彼女自身の入浴を、湯の出ない戸外のシャワーですませた。

その夏、ふたつの衝撃的な知らせが飛び込んだ。ウォーレンの少年時代の友人ボブ・ラッセルの父親が自殺した。また、コロンビア大学時代の友人フレッド・クールケンの母親とおば——アン・ゴットシャルトとキャサリン・エルバーフェルド——から電話があり、ポルトガルでフレッドの乗った車が二〇メートル以上横滑りし、コルクガシの木に激突して死んだと知らせてきた。(註10)

夏が終わり、バフェット一家はオマハに帰る予定を立てた。ウォーレンは、人を失望させないようにするためには極端なくらい用心するくせに、それとはまったく対照的にリスクの大きい決断を下し、ニューヨークを離れてひとりで投資家の道を歩むことになった。ニューヨーク市場は、証券取引所でいっしょに昼食をとったり週に一回ポーカーをしたりする人々の結びつきで成り立っていた。投資家たちの昼食会、バー、スカッシュ・コート、大学同窓生クラブのクロークでの邂逅《かいこう》など、出会いや人脈からもたらされる情報、噂、世間話が、株式市場を盛りあげる。どんな小さな地方都市にも、バフェット・フォークのような中小証券会社はあったが、どれも重要な役割を担ってはいなかった。地方の会社の株式ブローカーは、ニューヨークにいる〝金融の医者〟が書いた処方箋どおりに調剤している〝薬剤師〟にすぎなかった。当時は、本気で金融に携わろうとするアメリカ人が、ニューヨーク以外で働くということはありえなかった。そういったことをいっさい顧みずに独り立ちし、ウォール街とブロードウェイからリムジンで行けないような遠隔地で金持ちになろうと考えるのは、大胆きわまりない無謀な行為だった。

さらにいえば、大卒者が自営業者になり、自宅でひとりで仕事をするということ自体が、一九五〇年代にはとんでもなくめずらしいことだった。『灰色の服を着た男』の主人公が、成功した人間のあるべき姿だった。(註11) ビジネスマンは大企業に――大きければ大きいほどいい――入社し、成功への階段を着実にのぼりながら、力仕事は避け、ゴルフクラブを折らないようにしながら、給料の高い仕事をめぐり熾烈な競争をくりひろげる。それも目的は富ではなく権力だ。あるいは、そこまで行かなくても、環境のいい郊外に分相応の家を買い、新型車に毎年乗り換え、一生安定した暮らしを送れるようにするために競う。

夫が常人とは違うことを理解していたスージーは――その針路にともなうと思われる危険のことまではわからなかったにせよ――リトル・スーズとハウイーとともに、飛行機でオマハへ帰り、ウォーレンがチャック・ピーターソンから借りたアンダーウッド通りの家に移った。ウォーレンが選んだのは、趣のある半梁、大きな石の煙突、組み材の見える高い天井という、住み心地のよさそうな灰色のチューダー様式の二階建ての家だった。家を賃借するという決断も型破りだった。一九五〇年代半ば当時、アメリカの若者の大多数が手に入れたいと望むものの代表が持ち家だった。大恐慌の絶望感と、なんでもあるもので間に合わせた戦争下のわびしい日々は、記憶の底へと消えつつあった。

アメリカ国民は、乾燥機付き洗濯機、冷凍冷蔵庫、食器洗浄機、電動ミキサーなど、突如として買えるようになった新しい刺激的な機能や器具を新居に備えつけていた。バフェット家には、そういうものをすべて買いそろえる財力があった。だが、ウォーレンが資本について別の使い道を考えていたため、住まいは借家となった。しかも、その家は、魅力的ではあるが、一家がかろうじて住める程度の広さしかなかった。もうすぐ二歳になるハウイーは、大きめにつくられたクロゼットで眠らなければならなかった。

一家がオマハで落ち着くようスージーが手配するあいだ、ウォーレンはニューヨークで自分の仕事の整理をした。株を保有している会社に、配当小切手がオマハの転居先に届くよう転居通知を出した。それを終えると、車に乗り込んでネブラスカへ向かいながら、途中でいくつかの会社を訪れた。

「大陸をジグザグに進んだ。いろいろな会社を見学するまたとない機会だと思った。ペンシルベニア州へイズルトンに行って、ジェッド・ハイランド石炭を訪れた。ミシガン州カラマズーでは、ストーブやかまどの製造会社カラマズー・ストーブ&ファーネス・カンパニーを見学した。さらに足をのばして、オハイオ州デラウェアにも寄って、樽製造のグライフ・ブラザーズ・クーパリッジを訪れた。とんでもなく割安価格で株が売られていた会社でね」それは、『ムーディーズ・マニュアル』を隅々まで読んだウォーレンが一九五一年に見つけた会社だった。ウォーレンと父親は、二〇〇株ずつ買い、ふたりの小さなパートナーシップで保有していた。

ウォーレンは、夏の終わりにオマハに着き、自分が家庭で必要とされていることを知った。おとなしくて臆病なリトル・スーズは、弟ハウイーの限りない要求で母親が体力を使い果たすのを、じっと眺めていた。(註12)しかし、夜になると、リトル・スーズは父親を求めた。寝床にはいるのが怖かったのだ。アンダーウッド通りの家に着いたとき、リトル・スーズは眼鏡をかけた引っ越し業者の男に話しかけられた。そのときにどんな無作法なことをいわれたのかは憶えていないのだが、居間を見下ろす錬鉄のバルコニーに面した寝室のすぐ外に「眼鏡のおじさん」が潜んでいると思い込むようになっていた。ウォーレンは、毎晩バルコニーを調べ、眠っても大丈夫だと娘を安心させてやらなければならなかった。

「眼鏡のおじさん」の件を片付けると、ウォーレンは廊下の先にある夫婦の寝室につながっている小さなサンポーチで、パートナーシップの仕事か、講義の準備に取りかかる。ウォーレンはパートナーシップを結成するとともに、オマハに戻るとオマハ大学の秋学期に開講される〝男性のための投資分析〟と〝賢明な投資〟というふたつの講座を早々引き受けた。時を置かず、〝女性のための投資〟という三番目の講座が増えた。何年か前には、デール・カーネギーのスピーチ講座で会話を切り出すことさえできなかった怯えた青年は、もうどこにもいない。かわりに出現したのは、あいかわらず不器用ではあるが、教室をせかせか歩きまわりながら学生に熱く説き聞かせ、事実と数字を尽きることなくまくしたてる強烈な印象の若者だった。いつものように、体よりふたまわりほど大きく見える安物のスーツに身を包んだウォーレンは、大学の講師というより、どこかの宗派の布教本部から派遣された若い説教師のようだった。

その優れた頭脳にもかかわらず、ウォーレンには、いまだひどく幼稚なところがあった。ウォーレンは家ではなにもできないので、スージーにしてみれば世話を焼く子供がもうひとりいるようなものだった。一家の社交生活のありようも、ウォーレンの性格と興味に左右された。大きな文化施設のすくない中西部の中都市オマハでは、週末を過ごす手段が、結婚式かパーティーかお茶会か慈善行事ぐらいしかなかった。バフェット家は、その時代のおなじ階層の若い夫婦のなかでは、ずいぶん静かな生活を送っていた。社交の場は、たいてい、ウォーレンが株の話をできるような、友人夫婦との夕食会か、たまのディナーパーティーだった。そこでの光景はいつもおなじで、ウォーレンは株の話を長々と開陳したり、ウクレレを弾いたりして相手をした。スージーの教えの甲斐あって、ほかの話題についても以前よりすんなりと意見のやりとりができるようになっていたが、金儲けのことしか頭になかった。自宅での食事会やパーティーのときは、しょっちゅう中座しておしゃべりの輪から抜け出し、二階に上がった。しかし、ベン・グレアムとは違い、二階でプルーストの小説を読むのではなく、仕事をしていた。ウォーレンの楽しみは、あいもかわらず、なにかをくりかえし行なうか、競うか、できればその両方をすることだった。スージーは相手を勝たせようとするので、ウォーレンはいっしょにブリッジをするのに我慢できなくなり、すぐにほかの相手を探した。（註13）ウォーレンの意識はじっとしていられない猿のようなものだったから、リラックスするためには、積極的になにかに集中し、その猿の気を惹いておく必要があった。卓球、ブリッジ、ポーカー、ゴルフ——いずれもウォーレンを熱中させ、一時的にお金のことを忘れさせた。しかし、プールサイドでだらだら過ごしたり、星を眺めたり、森をぶらぶら散歩したりということは、ぜったいにやらなかった。ウォーレンが星を眺めたら、北斗七星がドル記号に見えたに違いない。

こういったもろもろの性格にくわえて反体制の傾向もあるウォーレンは、いろいろな団体に加入したがる人間でも、委員会や理事会のあいだじっと座っているような人間でもなかった。叔父のフレッド・バフェットが家に来てロータリー・クラブにはいってくれといったときには、身内への義理から承諾しないわけにはいかなかった。ところが、もっと重要な市民リーダーの団体で、慈善とビジネスと町興しと社会活動のすべてを目的とするアクサーベンの騎士団への入団を要請されたときには断った。ウォーレンは出資金を集めなければならない新進のマネーマネジャーだったのに、オマハを牛耳っている人々を面と向かって愚弄したことになる。この自分を恃《たの》む生意気で傲慢な行為によって、ウォーレンは自分の属する社会集団の大半とは一線を画した。姉ドリスは、アクサーベンのプリンセスとして社交界にデビューした。チャック・ピーターソンなどの友人たちは、アクサーベンの社交的な集まりにかならず顔を出していた。下院議員だったハワードは、参加が義務づけられていた。しかし、ウォーレンは、ホテルの一室で密談をする政治家のごとく排他的で体制順応的なアクサーベンの会員を、軽蔑していた。父親を「食料品店の息子」と見下していたのは、ほかならぬその連中だった。ウォーレンは、アクサーベンを鼻であしらう機会がめぐってきたことをおおいに喜び、相手が縮みあがるような辛辣な言葉を吐いた。

スージーは、独自の反体制の志を持っていた。スージーは高校時代から、自分が寛容で、分け隔てなく人々を受け入れる主義であることに誇りを持っていた。当時のアメリカ国民の大半は、宗教や文化や人種や経済的階層をおなじくする人間同士で友人づきあいをしていた。友人――そのころにはウォーレンの友人にもなっていた――の多くはユダヤ人だった。人種差別のあったオマハでは社会通念に反するそういう道を選ぶのは、反抗的ともいえる大胆な行為だった。スージーもそれは意識していた。なにしろ高校から大学時代にかけてユダヤ人男性とおおっぴらにつきあい、家族に衝撃をもたらしたことがある。自分の社会的地位は、友人の疎外感を減じるぐらいの値打ちしかないと思っていた。反エリート主義のウォーレンは、スージーのそんな一面をとても魅力的だと思った。それに、コロンビア大学時代と、グレアム・ニューマンで働いていたときに友人になったユダヤ人たちの影響で、ユダヤ人排斥主義に対する問題意識が芽生えていた。ウォーレンの母リーラは、スージーとはまったく違い、つねに周囲に溶け込むことに執着していた。リーラは祖先について調べ、米国愛国婦人会とユグノー協会に入会した。現在からも肉親からも心の安定が得られなかったために、過去からそれを得ようとしたのかもしれない。リーラはすこし前に、ノーフォーク州立病院から、姉バーニスが自殺を図ったらしく川に飛び込んだという知らせを受けていた。いまやバーニスと母親の面倒をみるという責任を負ったリーラは、親孝行の娘としてふるまいつつ、実家の問題から距離を置くために、母と姉にまつわる用事は事務的に処理した。スタール家の精神病の家族歴は、バフェット一族にしてみれば世間体のよくない話題だった。当時の世相では、どこでもそうだった。バフェット家で家族歴についての見方がいっそう混乱したのは、母方の祖母ステラと伯母バーニスに対する診断が不明確だったからでもあった。医師はこの深刻な問題について、曖昧な説明しかできなかった。しかし、母娘とも成人後に精神が不安定になっている。叔母イーディスと仲のよかったウォーレンとドリスは、イーディスも以前より直情的で気分屋になり、そのためにリーラに疎んじられるようになったことを知っていた。リーラのふるまいと性格も、自分たちとは無縁ではないかもしれないという気がした。ウォーレンとドリスは、頭上で時計がチクタクと秒読みをしているような気分になった。

なんとかして〝ふつう〟になりたいのに、そう思えたためしのないウォーレンは、統計学的に分析し、この不可解な状態になるのは、一族の女性だけだと結論づけて不安を静めた。不快なことをいつまでもくよくよ考えはしなかった。やがて、自分の記憶が、バスタブのような仕組みになっていると思うようになった。興味のある考えや経験や物事がたくさん入っているバスタブだ。情報が無用になると、ポンと栓が抜けて記憶は流れ出す。ある事柄に関する新しい情報が現われると、それが古い情報に取って代わる。これっぽっちも考えたくないものは流れ去る。出来事、事実、思い出、人までもが、消えてなくなるようだった。つらい記憶が真っ先に流された。効率のいいバスタブ方式の記憶のおかげで、新しいものや建設的なものを入れられる莫大な容量の空間ができた。

ウォーレンは、バスタブ方式の記憶は、母親のリーラがずっとやってきたように〝うしろを見る〟のではなく〝前に目を向ける〟手助けをしてくれると信じていた。二六歳のいま、そのおかげで余計なことをほぼすべて忘れ、仕事のことを徹底的にじっくり考えられるようになっている――百万長者になるという目標に向けて。

その目標への一番の早道は、元手の金をもっと増やすことだった。八月、ウォーレンはグレアム・ニューマンの最後の株主総会に出席するためにニューヨークへ行った。グレアム・ニューマンの〝通夜〟は、ウォール街の大物が一堂に会した感があった。やけに長い安葉巻の臭い煙を顔のまわりにもうもうと漂わせた投資家ルイス・グリーンが、一九〇センチの長身で周囲を睥睨《へいげい》していた。(註14)なぜグレアムとニューマンは人材を育てなかったのか？「ふたりは三〇年間ここで働いて事業を拡大した」グリーンは、手当たりしだいに近くの人間にそう主張した。「なのに、あとを任せようと思えば任せられるのは、ウォーレン・バフェットという若僧だけだ。やっこさんが一番というんじゃしかたがない。バフェットと相乗りしたいやつがどこにいる」(註15)

ウォーレンはかつてルイス・グリーンに、マーシャル・ウェルズの株を買った理由を「ベン・グレアムが買ったから」だと説明した。その昔の過ちがここに来て大事な観客の前でグレアムの推薦の力を弱めた。しかし、グレアムのお墨付きは、すでにウォーレンにひとつの大きな配当をもたらしていた。ハーバード大学出身の物理学教授で一九五一年までバーモント州ノースフィールドのノーウィッチ大学の総長を務め、長年グレアム・ニューマンに出資していたホーマー・ドッジが、先ごろグレアムのもとを訪れ、グレアム・ニューマンが解散したあと資産をどう運用すればいいかと相談した。「そのとき、ベンは〝そうだね、うちで働いていた人間で、期待できそうなのがいるよ〟といったようだ」

そんなわけで、その年の七月、中西部らしい猛暑の日に、休暇で西海岸へ行く途中のドッジがオマハに立ち寄った。木目調の車体のステーションワゴンの屋根には、青いカヌーがくくりつけてあった。「ドッジはしばらく私と話をしてから、〝財産を運用してくれないか〟といった。それで私はそのために別のパートナーシップを設立した」

一九五六年九月一日、ドッジはバフェット・ファンドへの出資金として一二万ドルを出した。(註16)最初のパートナーシップであるバフェット・アソシエーツを上回る出資金額だった——これによってウォーレンは、身内や友人のために少額の金を運用する単なる株式ブローカーではなく、プロのマネーマネジャーへと大きく前進した。*なにしろ、かのベン・グレアムに勧められてやってきた人のために投資をしているのだ。(註17)

一九五六年一〇月一日に、父親の以前の同僚であるジョン・クリーリーが出資した、三番目のパートナーシップであるB・C(註18)が結成されたことにより、ウォーレンは、パートナーシップには入れない自己資金を含めて五〇万ドルを超える資金を運用する身になった。仕事の拠点は、寝室を通らないとはいれない自宅の狭い書斎だった。スージーと同様に宵っぱりのウォーレンは、パジャマ姿で年次報告書を読み、ペプシを飲み、〈キティ・クローバー〉のポテトチップスを食べて自由と孤独を楽しみながら、自分の都合のいい時間に仕事をした。『ムーディーズ・マニュアル』を隅々までじっくり読みながら、アイデアを模索し、あらゆる会社のデータをつぎつぎと吸収した。昼間は図書館へ行って新聞や業界誌を読んだ。ＩＢＭのタイプライターを使い、レターヘッドのついた便箋を丁寧にキャリッジにそろえて、自分で手紙をタイプした。複写をとるときは、一枚目の便箋の下に青いカーボン紙と薄い半透明用紙を挟み込んだ。書類の整理もすべて自分でやった。自分で帳簿をつけ、自分で所得申告書を作成した。数字を扱い、正確さを求められ、結果を判定するという、記録管理に通じる部分がウォーレンには楽しかった。

株券は、慣例に従って証券会社に預けるということはせず、パートナーシップ名義で作成されて直接ウォーレンのもとに送られた。株券が届くと、自分でそれを——鉄道とハクトウワシ、海獣とトーガをまとった女性の精緻な絵柄が浮き彫りになっている上品なクリーム色の証書を――オマハ・ナショナル銀行へ持っていき、貸金庫に収めた。株を売るときは、銀行へ行き、株券の束をぱらぱらとめくり、しかるべき株券を三八番通りにある郵便局から発送した。銀行から電話が来て、預金する配当小切手が届いたことを知らされると、出向いていって小切手を確認し、自分で裏書きをした。

ウォーレンは、つきあいのあるひと握りのブローカーに日々連絡をとるために、家に一本だけ電話を引いた。出費はできるかぎり抑えた。出費を記録する際、郵便料金三一セント、『ムーディーズ・マニュアル』一五ドル三三セント、《オイル&ガス・ジャーナル》四ドル、電話代三ドル八セントというぐあいに、黄色い罫紙に手書きで記入した。(註19) 人より綿密に計算し、はるかに深く思考する点を除けば、ウォーレンの仕事の進め方は、ブローカーを通じて株の売買をしている個人投資家のやり方と、さほど変わらなかった。

＊ ウォーレンがバフェット・アソシエーツで一五パーセントの利益をあげたとする。各パートナーに規定の四パーセントの利子を支払ったあと、彼にはいる手数料は五七八一ドルである。ホーマー・ドッジの資金を運用して得られる手数料は、総額九〇八一ドル。得た手数料はパートナーシップに再投資する。翌年、その九〇八一ドルが生む利益は一〇〇パーセント彼のものになり、くわえて、ほかのパートナーの資本からの手数料もふたたびはいる。そのくりかえし。

一九五六年末、ウォーレンはパートナーへ運用成績をおおまかに説明する手紙を書いた。総収益が四五〇〇ドル強という、市場平均を約四ポイント上回る成績をあげたことを報告した。(註20) そのころ、弁護士のダン・モーネンは、ウォーレンがかねてから個人的に推し進めていたプロジェクトのほうにくわわった。そのプロジェクトとは、オマハを本拠とする保険会社ナショナル・アメリカン火災保険の株を買うことだった。一九一九年に悪辣な株式プロモーターが、当時はほとんど無価値だったこの会社の株を、第一次世界大戦中に発行された自由公債と引き換えにネブラスカ中の農場主に売りつけた。(註21) それ以来ずっと、株券は引き出しのなかで朽ちるままになり、株主たちはしだいに金を取り返す望みを失っていった。

ウォーレンは、バフェット・フォークで働いていたときに『ムーディーズ・マニュアル』をめくっていて、ナショナル・アメリカンを見つけた。(註22) 父親の会社からほんの一ブロック先に本社があった。オマハで有名な保険外交員だったウィリアム・アーマンソンは、当初、事情を知らずに巻き込まれ、詐欺まがいの行為としてはじまった事業の現地窓口役をやらされた。しかし、アーマンソン一族は、徐々にそれをまともな会社に変えていった。そしていまウィリアムの息子のハワード・アーマンソンが、自分がカリフォルニアで設立し、アメリカで最大かつ最高の業績の貯蓄貸付会社になりつつあったホー

ム・セービングス・オブ・アメリカを通じて、超一級の保険事業をナショナル・アメリカンに提供していた。(註23)

騙された農場主たちは、朽ちかけた紙切れがその後かなりの値打ちを持つようになったことを知らなかった。ハワードは、何年も前からナショナル・アメリカンの経営者である弟のヘイデンを通じて、目立たないように彼らから株を安く買い戻していた。いまやアーマンソン一族は、同社の株の七〇パーセントを保有していた。

ウォーレンはハワード・アーマンソンを高く評価している。「ハワード・アーマンソンほど大胆に資本を管理する人間はほかにはいなかった。ハワードはいろいろな意味で抜け目なかった。かつては、住宅ローンを支払う客はたいがい直接ホーム・セービングスにやってきた。ハワードは客の住所からもっとも離れた支店を住宅ローンの窓口にした。そうすれば、客は郵便で支払うしかなく、三〇分も子供の話をして社員の時間を無駄遣いすることもない。一般の人たちは《素晴らしき哉、人生！》を見て、主人公のジミー・スチュアートのような姿勢で仕事をしなければならないと考えていたが、ハワードは客に会おうとはしなかった。だから、営業経費がよそよりもだいぶ低かった」

ナショナル・アメリカンの一株当たり利益は二九ドルで、ヘイデンは同社の株を一株三〇ドル前後で買い戻していた。つまり、ウォーレンが追い求めている割安銘柄のなかでもとりわけ希少かつ魅力的なこの株に関して、アーマンソン一族は一株買うコストのほぼ全額を一株当たり利益でまかなっていたことになる。ナショナル・アメリカンは、ウォーレンが出合ったなかでもっとも割安な銘柄のひとつだった。しかも、べとべとのシケモクではなく、業績のいい小さな会社だった。

「私はずっと前からその株を買おうとしていた。だが、一株も手にはいらない。町にひとり証券ディーラーがいて、ヘイデンがその男に株主一覧を渡していたからだ。このディーラーというのが、私を青二才扱いしていてね。とにかく、向こうにはリストがあり、私にはリストがなかった。それでそのディーラーはヘイデンの勘定で株を三〇ドルで買っていた」

ヘイデン・アーマンソンからは即金で支払われたので、価値のない株券を持っているよりはいい話だと思う農場主もいた。ずっと昔に一株につき一〇〇ドルほど払っていたのに、受け取るのはたった三〇ドルだった。それでも農場主の多くは、だんだん株を売ったほうが得だと思い込むようになった。

ウォーレンは肚を決めた。「私は保険の冊子やらなにやらを調べた。二〇年代にさかのぼって調べれば、だれが取締役をしていたかがわかる。あの会社は、大株主のうち、営業に特に力を入れていた町の人間を取締役にしていた。ネブラスカ州にユーイングという町があって、過疎地なのに、だれかがその町で株をたくさん売っていた。三五年前にその町の銀行家を取締役にしたのは、その貢献を認めたからだろう」

そこで、ウォーレンのパートナーであり代理人でもあるダン・モーネンが、ウォーレンから預かった大金と、いくばくかの自分の金を持って、その田舎町へと出かけた。モーネンは赤と白のシボレーで州内をゆっくりまわり、農村部の郡裁判所や銀行に顔を出しては、なにげないふうを装って、ナショナル・アメリカンの株を持っていそうな人を知らないかとたずねた。(註24)民家のフロントポーチに腰かけ、農場主やその妻とアイスティーを飲んだりパイを食べたりしながら、株券を現金で買うと申し出た。(註25)

「ハワードに知られてはまずかった。私のほうが高い金額を提示していたからね。ハワードは三〇ドルでむしり取っていたので、値を吊りあげる必要があった。株主たちはおそらく一〇年間ずっと三〇ドルといわれてきたはずだから、そのときはじめて値が動いたわけだ。

最後のほうでは、ついに一〇〇ドル払ったよ。そもそも彼らはその値段で買ったのだから、それがマジックナンバーだった。一〇〇ドルなら株を残らず吸いあげられるとわかっていた。果たせるかな、ダン・モーネンがその件で動いているとき、ひとりの男がやってきて、こういったものだよ。〝おれたちは昔、羊を買うみたいにこぞって買って、

いまは羊を売るみたいにこぞって売っているね〟と」（註26）

そのとおりだった。ほとんどの人は一株当たり利益である二九ドルの三倍以下で売ってくれた。最終的に、モーネンは、ナショナル・アメリカンの株式の一〇パーセントを集めた。ウォーレンは、もとの株主名義のままにしておき、自分に全権があることを証明する委任状を添付した。自分の名義には換えなかった。「そんなことをしたら、ハワードに私が対抗していることを知られてしまう。向こうは知らなかったよ。知っていたとしても、全貌には気づいていなかったはずだ。とにかく株を集めつづけた。そして、ヘイデンのオフィスに行った日に、株券をまとめてポンと置き、私の名義に換えてほしいといった。ヘイデンは〝兄貴に殺される〟といった。それでも結局、名義を換えてくれた」（註27）

ナショナル・アメリカン株の買いあげに大成功したこの妙案は、価格だけに目をつけたものではなかった。ウォーレンは、数すくないものをできるだけ多く集めるのが肝心だということを知っていた。車のナンバープレートにはじまり、シスターの指紋、コイン、切手、ユニオン市街電車、そしてナショナル・アメリカンにいたるまで、いつもおなじ考え方でやってきた。生まれながらの収集家なのだ。（註28）

悲しいかな、そうした貪欲な性向が、ウォーレンをおかしな方向に向かわせることもあった。ジェリー・ニューマンを手伝ってグレアム - ニューマンの残務整理をしたあと、小規模な証券会社トゥイーディー・ブラウン&レイリーに転職したトム・ナップが、ウォーレンを訪ねてきて、連れだってウィスコンシン州ベロイトにベン・グレアムの講演を聞きにいくことになった。その途中、アイオワのとうもろこし畑を車で走っているとき、ナップは、アメリカ政府がまもなく四セント切手の流通を廃止するという話をした。ウォーレンの頭のなかのキャッシュレジスターが、チン！と鳴った。「二、三軒の郵便局に寄って、四セント切手を売っているかどうか見てみよう」帰り道、ウォーレンはそういった。ナップは一軒目の郵便局にはいり、戻ってきて、二八枚あるといった。ウォーレンは「買ってきてくれ」といった。ふたりはしばらく話し合い、帰宅したら郵便局へ切手の在庫を買いあげたいという旨の手紙を書くことに決めた。切手は、いちどきに数千枚という単位で送られてくるようになった。デンバーの郵便局からは、二〇パッドあるという返事が来た。一パッドには、一〇〇枚の切手が一〇〇シートはいっている。つまり、デンバーには二〇万枚の切手があった。

「これでぼくらの思うがままだ」ウォーレンはいった。ふたりは八〇〇〇ドル払って二〇パッドの切手を買った。

「それが失敗だった」当時をふりかえってナップは語っている。「供給量を減らすために、デンバーの郵便局には切手を政府に返還させるべきだった」

自分たちで郵便局を営めるぐらいの甚大な労力を投じることによって――ほとんどの作業はナップがしたが――六〇万枚以上の四セント切手が集まった。費用総額およそ二万五〇〇〇ドルに達した。ウォーレンの日ごろのお金に対する態度と純資産を考えれば、たいへんな金額だった。ふたりは切手の山を地下室に保管した。自分たちのしでかしたことを悟ったのは、そのときだった。どうしたって一枚四セントの価値にしかならない切手を、苦心して地下室を埋め尽くすほど集めてしまったのだ。「あれだけ大量の切手があったら、収集したがる人間はあまり出てこないだろう」とナップは説明する。

そういうわけで、つぎなる仕事は切手の処理だった。二万五〇〇〇ドル分の四セント切手を処分するという問題をウォーレンは如才なくナップに任せた。そして、笑い話の思い出だけを残してその件を頭の外に追いやり、ほんとうに重要な事柄、すなわち、パートナーシップの資金調達にふたたび専念した。

一九五七年夏、街の有名な泌尿器科医であるドクター・エドウィン・デービスからバフェットに電話があった。彼にバフェットの名を教えたのは、患者のひとりで、当代屈指のマネーマネジャーであるニューヨークのアーサー・ウィーゼンバーガーだった。バフェットがウィーゼンバーガーをよく知っていたのは、ウィーゼンバーガーが、『インベストメント・カンパニーズ』という、クローズドエンド型投資信託の〝バイブル〟を年一回発行していたからだ。クローズドエンド型投信とは、市場で取引されているミューチュアル・ファンドに似ているが、追加出資を受け入れない点が異なる。かならずといっていいほど純資産価額以下で売られているため、ミューチュアル・ファンドのシケモクのようなものだった。ウィーゼンバーガーはそれらを買うべきだと推奨していた。(註29)

大学院にはいる前の夏、ウォーレンは、バフェット・フォークのオフィスで椅子に腰かけ、ハワードが仕事をしているかたわらでウィーゼンバーガーの〝バイブル〟を読んでいた。グレアム・ニューマンで働いていたころ、首尾よくウィーゼンバーガー本人に会うことができ、ウォーレンいわく「あのころの私はそれほど印象的な人間ではなかったのだが」、ウィーゼンバーガーはバフェットから強い印象を受けた。

一九五七年、ウィーゼンバーガーはデービスに、マネーマネジャーとしてバフェットの名前を出した。「私自身、彼を雇おうとしたのだが、彼はパートナーシップを結成したところだったから雇えなかった」と、ウィーゼンバーガーは説明した。(註30)そして、デービスにバフェットへの出資を検討するよう熱心に勧めた。

デービスの電話からまもなく、ウォーレンは、ある日曜の午後にデービス夫妻と会う予定を組んだ。「私はデービス家に行き、居間に腰かけて、一時間ほどしゃべった。〝私はこのように資金を運用し、このような取り決めをしています〟という話をした。あのとき私は二六歳だったと思うが、二〇歳くらいにしか見えなかった」じっさいのところ、エディー・デービスによると、ウォーレンは一八歳に見えた。「襟はボタンを留めてないし、上着はぶかぶか。えらく早口でしゃべっていた」とデービスは語っている。当時、ウォーレンはオマハのどこへ行くにも、みすぼらしいセーター――おそらく慈善団体に寄付されたものに違いないとある人物はいっている――に、古いズボン、磨り減った靴という格好をしていた。「年に似合わず子供っぽくふるまっていた」とバフェットはふりかえる。「私が話すことは、本来もっと若いものが話すようなことばかりだった」というより、ペンシルベニア大学時代に手で太鼓を叩く真似をしながら〈マイ・マミー〉を歌っていた少年の部分が、かなりそのまま残っていた。「あのころは、たくさんのことを大目に見てもらわなければならなかったよ」

しかし、ウォーレンは、デービス夫妻に売り込みにいったのではない。基本原則を説明しにいった。ウォーレンは資金に関して絶対的な支配権を有していたいと考え、資金がどのように投資されたかをパートナーに教えるつもりはなかった。そこが異論を招きそうな点だった。が、ベン・グレアムのように他人に便乗されるという不利益を受け入れるのは、ウォーレンの主義ではなかった。出資者は、運用成績のおおまかな年次報告を受け取り、一二月三一日に限って金を投じたり引き出したりすることができる。それ以外の三六四日間は、お金はパートナーシップにしまい込まれる。

「私が話しているあいだ、エディーは、ずっとうわの空だった。ドロシー・デービスは、とても熱心に聞いていて、ときおりいい質問をした。エディーはなにをするでもなく隅に引っ込んでいた。ずいぶん齢《とし》をとっているように見えたけれど、まだ七〇歳になっていなかった。ひととおり話が終わると、ドロシーはエディーのほうを向いて〝どう思う？〟ときいた。エディーは〝彼に一〇万ドル預けよう〟といった。私は、もっと丁寧ない方だったけれど、〝ドクター・デービス、あの、それだけのお金を預けてもらえるのはうれしいですが、あなたは私の話をあまり注意深く聞いていませんでした。それなのに、どうしてですか？〟という意味のことをいった。

するとエディーは、〝きみはチャーリー・マンガーを思い起こさせるから〟と答えた。(註31)

私は、〝そうですか、私はチャーリー・マンガーという人を知りませんが、彼のことを大好きになりました〟といった」

しかし、デービス夫妻がウォーレンに出資する気になったもうひとつの理由は、ウォーレンが意外にも「アーサー・ウィーゼンバーガーのことを彼らよりよく知っていた」からだった。(註32)それに、ウォーレンの明確でわかりやすい説明のしかたも気に入り、どちらの側についているかを確信できた。勝っても負けても運命をともにしてくれる人だとわかった。ドロシー・デービスいわく、「彼は利発で、聡明です。正直な人だと私にはわかります。あの若者のすべてを気に入りました」。一九五七年八月五日、デービス夫妻と彼らの三人の子供が出資した一〇万ドルが元手となって、デイシー・パートナーシップが生まれた。(註33)

デイシーによって、ウォーレンの事業はさらに大きく飛躍した。より大型の株をより多くの株数で取得できるようになった。個人的なポートフォリオのなかでは、あいかわらず、ウラン株のような〝ボロ株〟に手を出すこともあった。ウラン株は、政府がウランを買っていた数年前には人気があったが、いまではべらぼうに安くなっていた。(註34)ウォーレンは、ヒドゥン・スプレンダーや、スタンロック、ノーススパンといった鉱山会社の株を買った。「魅力的な株がいくつかあったよ――樽のなかの魚を狙い撃ちするみたいにたやすい仕事だった。大きい魚じゃないけれど、樽のなかにいるのを撃てるのだから。確実に儲けられる方法だった。それを主流にしていたのではないがね。パートナーシップでは、もっと大きな仕事をしていた」

パートナーがあらたにくわわると、もちろん資金が増えるが、株券の枚数や、五つのパートナーシップにくわえてバフェット＆バフェットを運営するための事務処理の量も、格段に増えた。ウォーレンは目まぐるしく動かなければならなかったが、気分はよかった。不足しているのは、例によって資金だった——いくらあっても足りないように思えた。ウォーレンが調査の対象にしていた会社の時価総額は一〇〇〇万ドルから一〇〇〇万ドルであることが多く、そういう会社に重大な影響力を行使できるだけの株式を所有するには、一〇〇万ドルに及ぶ資金が必要だった。運用資産を増やすことが不可欠だった。

当時のウォーレン・バフェットは、おそらくウォール街のだれよりも、運用のやり方しだいでお金がどんどんお金を生むことを理解していた。ウォーレンがパートナーシップにあらたに一ドル投資するごとに、パートナーのために生み出した利益に占める自分の持ち分が増える。(註35)それを再投資すると、その一ドル一ドルからまた利益が生まれる。(註36)その利益が再投資されて、さらに利益を生む。運用成績が良好であるほど、ウォーレンの利益は増え、パートナーシップにおける持ち分が大きくなって、さらに利益を増やしていくことができる。ウォーレンの投資の才能をもってすれば、そうした資金運用の可能性を最大限にふくらませることは可能だった。それに、不器用そうな外見にもかかわらず、彼が自分の売り込みに成功していることに疑いの余地はなかった。さらにふたつのパートナーシップをてきぱきと設立していた。ひとつはエリザベス・ピーターソンから八万五〇〇〇ドルの追加出資のあったアンダーウッドと名づけられたもの。もうひとつは、ダン・モーネンと妻のメアリー・エレンがナショナル・アメリカン株から得た資金をもとに七万ドルを投じたモー・バフだ。ウォーレンはまだ投資の世界でほとんど無名の存在だったが、雪の玉《スノーボール》は転がりはじめていた。

勢いのついたウォーレンは、住むのがやっとという狭い家を離れる潮時だと考えた。ふたりの幼い子供――そのうちひとりは並外れて活動的な三歳半の幼児――を抱え、さらにもうひとりくわわろうとしていた。バフェット家ははじめて一軒家を購入した。ブロック内でいちばん大きな家だったが、傾斜した板葺き屋根に数カ所の屋根窓が突き出し、波型屋根のついた小さな採光窓がひとつあって、これ見よがしではなく、愛らしい雰囲気があった。(註37)ウォーレンは、地元の実業家サム・レイノルズに三万一五〇〇ドルを払い、さっそく家を〝バフェットの愚行〟と名づけた。(註38)ウォーレンの頭のなかでは、三万一五〇〇ドルは一〇〇万ドルにひとしい。自分の力をもってすれば、すばらしいリターンが見込める。投資して一〇年ほど複利で運用すれば、それだけのものになることは間違いない。だから、一〇〇万ドルという法外な大金を家に費やしてしまったような気がした。

引っ越し業者のトラックがアンダーウッド通りの家を出るとき、ウォーレンは、五歳のリトル・スーズをバルコニーに通じる階段へ連れていき、「眼鏡のおじさんはここに残るからね。さよならをいいなさい」といった。リトル・スーズは、さよならといい、それからは、「眼鏡のおじさん」のことで怖がらなくなった。(註39)

妻スージーの仕事は、妊娠八カ月の身重ながら、引っ越しを監督し、ハウイーをひっきりなしに追いかけることだった。年来の友人が語ったところによると、ハウイーは「いつも騒ぎを起こす子」だった。あふれ出る無尽蔵のエネルギーがすさまじい嵐を巻き起こしたので、〝竜巻《トルネード》〟という綽名《あだな》がついた。ウォーレンの幼いときの綽名〝ファイアボルト〟と似ているが、意味は大きく違っていた。ハウイーは、歩けるようになったとたんにさすらい人のようになった。おもちゃの道具で庭を掘り起こし、母親にそれを取りあげられると、家中を引っかきまわして探した。母親がまたシャベルを奪い取ると、戦いがくりかえされた。(註40)

ファーナム通りに移って一週間後、パートナーシップのモー・バフが生まれる前の日に、バフェット家の次男、ピーターが誕生した。ピーターは、最初からおとなしくて手のかからない赤ん坊だった。ところが、出産後まもなく、スージーが腎臓の感染症にかかった。(註41)リウマチ熱と耳の感染症に悩まされた幼少期よりのちは、スージーはずっと自分を健康だと思ってきた。腎臓の病気は、ウォーレンの気を揉ませないようにすることに比べれば、さして不安ではなかった。だれかが病気になると、ウォーレンは自分がなったのと同じように苦しむので、ウォーレンにも注意を払うようにと、前々から家族をしつけてあった。ついに自分の家を持ったことに、スージーは熱中した。病気も、生まれたばかりの赤ん坊とふたりの幼子の世話も、家の内装に手を加えたいという衝動を抑えることはできなかった。衝動に火がつくと、スージーは改装をはじめ、レザーとステンレス材を組み合わせた家具を置き、大きくて色鮮やかな現代絵画を白い壁にところせましと飾って、心地よい現代風の内装にした。内装にかかった総額一万五〇〇〇ドルは家そのものの値段の半分近くにあたるので、ゴルフ仲間のボブ・ビリグによると、「ウォーレンは死にそうになった」という。(註42) 見た目の美しさには興味がなかったので、目を向けたのはべらぼうな金額の請求書だけだった。

「ほんとうに私はこの散髪に三〇万ドルを費やしたいだろうか」というのが、ウォーレンの考え方だった。(註43) しかし、ウォーレンがとっておきたいお金を、スージーは使いたがった。ウォーレンはスージーに喜んでもらいたかったし、スージーのほうもおなじだったから、ふたりの個性はしだいに嚙み合って、交渉と取引というシステムができあがった。

スージーは、友人や身内から見て、柔軟で、おおらかで、それでいて細やかな気遣いのできる母親だった。新居は両方の実家に近いところにあったから、子供たちは以前より祖父母と多くの時間を過ごすようになった。一ブロック半先にあるトンプソン家には、ゆったりとした楽しい雰囲気があり、ハウイーが窓を割ったり子供たちが散らかしたりしても、祖父母は気にしなかった。ドロシー・トンプソンは、いつでもいっしょになって盛りあがり、ゲームをしたり、復活祭の卵探しゲームを企画したり、何段にも重ねた凝ったアイスクリームをつくったりした。子供たちは、しかつめらしく尊大で、もったいぶった話し方をするドク・トンプソンのことも大好きだった。あるとき、ドク・トンプソンはハウイーを膝に乗せ、「酒を飲んではいけない」と、くりかえしいい聞かせた。「脳細胞を殺してしまうのだよ。脳細胞を一個たりとも無駄にしてはいけない」(註44)

日曜日には、ドク・トンプソンがゼリービーンズのような色のスーツを着てやってきて、ウォーレンとスージーの家の居間で説教をすることもあった。それ以外のときには、ハウイーとリトル・スーズは、バフェットの実家に行き、リーラに教会へひっぱっていかれた。トンプソン家に比べると、リーラとハワードは堅苦しく厳格な感じがした。ハワードは、あいかわらずビクトリア朝時代のような考え方をしていたし、妹のバーティの件でドリスとウォーレンに電話をかけてきたときなど、絞り出すように「たいへんなことになった!」というのが精いっぱいだった。ドリスとウォーレンは、ほかのだれかから聞いてようやく、バーティの赤ん坊が助からなかったことを知った。ハワードは

〝流産〟という言葉を口にすることができなかったのだ。

広い新しい家に移ってから、ウォーレンとスージーは両家の親を招待するようになった。だがリーラも同席している親族の集まりでは、ウォーレンはできるだけ早く退散して二階で仕事をした。

スージーは、主寝室につながっているウォーレンの小さな仕事部屋に、ドル紙幣の柄の壁紙を貼った。お金に囲まれた心地よい環境で、ウォーレンは、『ムーディーズ・マニュアル』をめくる指を目いっぱい動かして割安銘柄を買う算段に取りかかった。必需品や第一次産品を売っていて評価の容易な企業、たとえば、ダベンポート洋品製造、メドウリバー石炭&天然資源、ウェストパン炭化水素、マラカイボ石油探鉱といった会社の株を買った。パートナーシップのためであれ、自分個人のためであれ、スージーのためであれ、あるいはそれらすべてのためであれ、資金が手元にはいりしだい投資した。

多くの場合、ウォーレンはアイデアを実行する際に秘密裏に動かなければならず、ダン・モーネンのような頭のいいやる気のある人々を代理人として利用した。そうした代理人のひとりが、ニューヨークの小さな証券会社へトルマン&カンパニーで働いているダニエル・コーウィンだった。事故死したコロンビア大学時代の友人フレッド・クールケンを通じて、ウォーレンはダン・コーウィンと知り合った。(註45)

コーウィンは九歳年上で、深くくぼんだ目と、射るような鋭い眼差しの持ち主だった。ふたりがいっしょにいると、外見上は、大人が大学生と親しくつきあっているように見えたが、多くの共通点があった。コーウィンは、一〇代で家族を養った。一三歳の誕生日にプレゼントとしてもらったお金を、株に投じた。(註46)コーウィンの売買が好成績で、なおかつ自分自身のアイデアを活用している点に、バフェットは魅力を感じた。(註47)コーウィンは、グレアム・ニューマンで働いていたウォーレンに、一〇〇〇ドルを節税するためのミューチュアル・ファンドの購入資金として五万ドルを一週間貸したことがあった。そのときからすでにウォーレンに好感を持たれていた。(註48)やがて、頭の禿《は》げかかったコーウィンをシニア・パートナーとしてふたりは協力態勢を組むようになった。コーウィンのほうが経験も投資資金も豊富だったが、情報とアイデアはひとしく提供し合った。

ウォーレンとコーウィンは、週に一度、小型株の情報が載っている《ピンクシート》が発行されると、たがいに電話をかけて情報交換をした。「あれは買ったかい?」「ああ! 買ったとも、あれはぼくがいただきだ!」というぐあいだった。おなじ株を選んだときは、ふたりとも勝者になった気がした。「勝ち馬を選んでいるみたいだったわ」と、ダン・コーウィンの妻のジョイスは語っている。(註49)

バフェットが語ったところによると、ふたりは、連邦住宅局が無料《ただ》同然の値段で競売に出していたメリーランド州の〝町〟を買収しようとしたこともあった。その町には、郵便局とタウンホールがあり、家賃が世間相場より低い賃貸物件が多数あった。大恐慌のときに建設された町だった。競売の広告を見たふたりは、家賃を即座に世間相場まで引きあげようと、テレビアニメの悪役スナイドリー・ホイップラッシュの夢のような計画によだれを流したものだと、バフェットは回想している。しかし、いくら〝無料同然《ただ》〟といっても町の値段は高く、充分な資金を集められなかった。(註50)

ウォーレンにはいくらお金があっても足りなかった。だがそのころ、グレアムとの結びつきが、ふたたび利益を生もうとしていた。美容整形と形成外科の先駆者バーニー・サーナットが、ある日、妻の従兄弟にあたるベン・グレアムのもとに世間話をしにいった。ベンは、エスティとともにカリフォルニアに引退して、サーナット家の向かいに移り住んでいた。サーナットの話では、これから資産をどうしたらいいかたずねたという。

「そうしたら、ベンは、〝ああ、AT&Tを買うといい〟といったあと、三種類のクローズドエンド型投信といくつかの株式を私に教えてくれた。それから、〝昔の教え子のひとりが運用をしている。ウォーレン・バフェットだ〟といった。それだけだよ。あまりになにげなかったものだから、聞き流してしまった」

ウォーレン・バフェットを知っているものは、まだほとんどいなかった。オマハの岩の下に隠れているコケみたいなものだった。サーナットの妻ローダは、義理の従姉妹にあたるグレアムの妻エスティと散歩するのを日課にしていた。「それからだいぶあとのことだけど」と、ローダはふりかえる。「エスティがこういったの。〝ねえ、ローダ。たくさんの人がひっきりなしに、パートナーシップに出資してもらおうと私たちに近づいてくるわ。ベン・グレアムが自分のところに出資していると宣伝できたら、成功間違いなしだもの。私たちはすべて断ってるの。でも、あのウォーレン・バフェットという人は──別よ。私たちはバフェットに出資しているの。あなたたちもそうしたほうがいいわよ〟

〝エスティ、頭のいい人だというのはわかったけど、私は正直な人かどうかということのほうが気になるの〟って私はいったの。するとエスティは、〝間違いなく正直よ。とことん正直。私は一〇〇パーセント信用している〟と答えたの」サーナット夫妻は一万ドル、エスティ・グレアムは一万五〇〇〇ドルを、モー・バフに投じた。

デール・カーネギーのスピーチ講座の講師だったウォーリー・キーナンのように、ウォーレンの投資講座の生徒からもパートナーシップにくわわった人間がいた。じつのところウォーレンは、一九五九年には街でいくらか名を知られるようになっていた。よい面も悪い面も含めて、オマハではその資質はもはや隠れようもなく明らかになりつつあった。かつて一〇代の少年少女によるラジオ番組《アメリカの学校放送》でウォーレンが演じたような反論者の面は、オマハでは生意気な知ったかぶりと見なされた。「どんな議論でも対立する側につくのが好きだった」とバフェットはいう。「どんなことでも。ぱっと立場を変えることができた」なにを買うのかを教えもせずに投資資金を要求するなど鉄面皮にもほどがあると思う人々もいた。「オマハの住人のなかには、私がネズミ講のようなことをしていると思う人もいた」とバフェットは回顧している。それが思わぬところに影響したこともあった。オマハ・カントリークラブの正会員になるため再申請したが、却下されたのだ。カントリークラブへの申請を却下されるというのは、由々しい事態だった。具体的な辱めをあたえようと思うくらいにこちらを嫌っている人間がいるわけだからだ。社会の異端者に同調してはいたが、帰属を拒まれるというのは困る。ウォーレンは人脈を使って働きかけ、ブラックリストからはずさせた。

だが、ウォーレンの輝く才能は、ますます多くの人の目に留まるようになり、パートナーには著名人が増えていった。一九五九年二月、オマハでとりわけ名高い一族であるキャスパー・オファットとその息子のキャップ・ジュニアが、自分たちだけのパートナーシップを設立してほしいという話を持ちかけてきた。なにに投資するかは前もって知らせないことをウォーレンが説明すると、キャスパーは引き下がった。しかし、キャキャップ・ジュニアのほうは、弟のジョンと、チャック・ピーターソンに不動産管理を任せている実業家のウィリアム・グレンとともに出資者となった。三人はウォーレンの七番目のパートナーシップ、グレノフに五万ドルを投じた。

こんなふうにパートナーシップによる投資を開始した当初の数年、ウォーレンはけっしてベン・グレアムの原則《ルール》から逸脱しなかった。買うものはすべて並外れて割安なシケモク、ひと吸い分だけ残っている湿った安葉巻だった。しかし、それはチャーリー・マンガーに出会うまでのことだった。

第23章　オマハ・クラブ

——一九五九年　オマハ

黒人のドアマン、ジョージが地元の銀行や保険会社、鉄道会社の経営幹部を迎え入れると、銀行の地下金庫の鉄扉に似たオマハ・クラブのアーチ型の門扉が重々しく閉まる。男たちが正面玄関ホールのタイル張りの暖炉のそばで雑談しながらたむろしていると、やがて、イタリアルネッサンス様式の建物の正面にある別の入口から女たちがそこへやってきた。一同は湾曲したマホガニーの階段を上がり、渓流でマスを釣るスコットランド人の等身大の絵のかたわらを通って二階へと向かった。オマハ・クラブは、住民がダンスをしたり、資金をつのったり、結婚式を挙げたり、記念日を祝ったりする場所だった。そしてなによりも、ビジネスをしにくる場所だった。そこのテーブルにつけば、邪魔されずに落ち着いて話ができるからだ。

一九五九年夏のある金曜日、バフェットはふたりのパートナーと昼食をとるためにすたすたとオマハ・クラブの門をくぐった。ふたりのパートナーとは、ニール・デービスとその義理の兄弟リー・シーマンだった。ふたりはデービスの幼いころからの親友をバフェットに引き合わせるつもりだった。かつてデービス一家がパートナーシップにくわわったとき、バフェットに「きみはチャーリー・マンガーを思い起こさせるから」といったドクター・エディー・デービスが、ニールの父親だった。そのマンガーが、父親の遺産を整理するために帰省していた。(註1)

マンガーは、六歳年下のバフェットというクルーカットの若者については、二、三の事実しか知らなかった。ともあれ、人生全般においてそうであるように、今回の会合にも多大な期待を抱いていなかった。(註2) 落胆せずにすむよう、あまり期待しないのが習性になっていた。それに、チャールズ・T・マンガーは、人と会って話を聞いても、自分自身の話より楽しいと思うことがめったになかった。

マンガー家はもともと貧しかったが、一九世紀後半にチャーリーの祖父にあたる連邦裁判所判事T・C・マンガーの力で名家となり、バフェット家のように食料品の配達時に勝手口で応対されるのではなく、オマハのあらゆる家庭の応接間に迎え入れてもらえる立場になっていた。鉄のように厳格なマンガー判事は、規律を守ることで自然に打ち勝つありさまを描いた『ロビンソン・クルーソー』を家族全員に読ませた。中西部の判事のだれよりも陪審に長い説示をすることで知られていた（註3）。身内に対して節約の美徳や賭け事や酒場の悪徳についてよく説教した。

　マンガー判事の息子アルは、父親にならって法曹界に入り、新聞社のオマハ・ワールド・ヘラルドなどの地元大企業を依頼人とする、立派ではあるがあまり裕福ではない弁護士になった。父親と違って楽天的だったアルは、パイプをふかし、狩りをし、魚釣りをする姿がよく見かけられた。のちに、息子が父親について語ったところによると、アル・マンガーは「達成したいと思うことを、きちんと確実に達成する人だった……起こりもしない問題について長いこと思い悩む祖父や私よりも要領がよかった（註4）」。美しくて機知に富んだアルの妻フローレンス・〝トゥーディー〟・ラッセルが生まれ育ったのは、やはり義務と道徳的な清廉さを尊ぶ家で、「とても質素な暮らしと高潔な思想」で知られるニューイングランドの知識階級の進歩的な一族だったと、マンガーは語っている。

　アルとトゥーディー・マンガーは、チャールズ、キャロル、メアリーという三人の子供をもうけた。赤ん坊のころの写真を見ると、後年のマンガーに顕著な気短そうな表情が早くもうかがえる。ダンディー小学校時代のマンガーのもっとも際立った特徴は、大きな尖った耳と、自分が見せようと思ったときに見せる満面の笑みだった。妹のキャロル・エスタブルックによると、マンガーに対する周囲の評価は、頭がよく「活発で、独立精神が強すぎて恭順さがないと、一部の教師に受けとめられていた」というものだった。(註5)「知恵がまわって、それに小生意気だったわ」マンガー家の隣人ドロシー・デービスは、ごく幼いころのマンガーを思い出して語っている。(註6)デービス夫人は、息子のニールがマンガーから悪い影響を受けないように目を光らせていた。だが、なにがあろうと、マンガーは口を慎まなかった。たとえ笞《むち》を手にふたりのむきだしのふくらはぎを打とうと追ってくるデービス夫人の姿を見ても。

幼少時代の数々の屈辱に耐えるとき、バフェットはつかのま抵抗を試みるだけで、じきに惨めさを隠して巧みに対処するすべを身につけた。屈服を嫌う誇り高きマンガーは、痛烈な皮肉でやりかえしたがために、青春の悩みに苦しめられた。セントラル高校では、「秀才《ブレインズ》」という綽名《あだな》と、異常に活動的だという評判を得たが、お高くとまっているともいわれた。(註7)

学ぶことを尊ぶ家庭に育ったマンガーは、学問で名を成そうと望むようになり、一七歳でミシガン大学にはいって数学を専攻した。日本の真珠湾攻撃の一年後、二年生の途中で陸軍にはいった。軍務に服しながら、気象学の単位を取得するためにニューメキシコ大学とカリフォルニア工科大学に通ったが、卒業にはいたらなかった。ほかにもいくつかの課程を履修したあと、アラスカ州ノームで陸軍の気象予報官として働いた。後年マンガーは、一度も戦地勤務を経験しなかったとかならずいい添え、危険のないところに配置されたのは幸運だったと力説している。ただ、マンガーはお金の面では危険を冒していた。陸軍の給金をポーカーで増やしていたのだ。自分はなかなかの名手だと気づいた。バフェットにとっての競馬のようなものだった。勝算が低いときには早めにおり、勝算が高いときには大きく賭けることを憶え、その教訓をのちに人生で役立てたと、マンガーは語っている。

マンガーは戦後、強力な縁故を利用して、学部課程を終えていないにもかかわらず堂々とハーバード・ロースクールに進学した。(註8) そのころには、すでにナンシー・ハギンズと結婚していた。マンガーが二一歳、ナンシーが一九歳のときに、衝動的に結婚したのだ。マンガーは背が伸びて、中背の恰幅のいい青年になっており、短く刈った黒髪と鋭い目が洗練された印象をあたえた。しかし、もっとも際立っていたのは――すこしだけ突き出している程度になった耳は別として――疑い深そうな表情だった。ハーバード・ロースクールを駆け抜けたころ――なにひとつ学ぶことはなかった、と本人はいう――よくそういう表情をしていた。(註9) ナンシーは、娘のモリーにいわせると、「わがままで、甘やかされて育った人」だった。マンガーの気質を考えると、理想的とはいいがたい性格だった。(註10)数年もしないうちに、ふたりの結婚生活に波風が立った。それでも、ハーバード卒業後、一家は息子のテディーを連れてナンシーの故郷に帰って居を構え、そのカリフォルニア州パサデナでマンガーは弁護士として成功した。

三人の子をもうけ、性格の不一致と喧嘩と惨めさに八年間耐えたものの、一九五三年には、離婚が世間体の悪かった時代に離婚するという状況に置かれていた。夫婦仲は悪くても、マンガーとナンシーは、息子とふたりの娘に関して、きちんとした取り決めを結んだ。マンガーは大学クラブの一室に移り、「金目当ての女を寄せつけないために」塗装が剝《は》げたでこぼこの黄色いポンティアックを買って、土曜日だけ献身的に子供の面倒をみる父親になった。(註11)やがて、離婚から一年もたたないころ、八歳になったテディーが白血病と診断された。マンガーとナンシーは医者という医者を当たったが、ほどなく手の施しようがないとわかった。白血病の病棟で、症状の差はあれ衰弱する子供を見守っている父母や祖父母に混じって、じっと座っているしかなかった。(註12)

テディーは入退院をくりかえした。マンガーは見舞いに訪れてテディーを腕に抱き、泣きながらパサデナの通りを歩いた。結婚に失敗したうえ、息子が末期疾患であるという二重の試練に、耐えがたい思いだった。離婚して独り身で暮らす寂しさに焦りをおぼえていた。家族がそろっていないことを挫折と感じ、子供たちに囲まれて暮らしたいと思った。

物事がうまくいかないとき、マンガーはいつも、くよくよ思い悩まずに新しい目標を目指して足を踏み出す。[註13] たとえ功利的あるいは非情と受けとめられようとも、本人にとっては地平線を見失わないようにするためには必要だった。「信じがたい悲劇に直面しているとき、ぜったいに、意志の弱さのせいでひとつの悲劇をふたつやみっつに増やしてはならない」と、のちに語っている。[註14]

だから、死に瀕した息子を気遣いながらも、マンガーは再婚する決心をした。ところが、うまくいく結婚の確率を自分なりのやり方で分析してみると、悲観的な気分になった。

「チャーリーは、いい人と出会えるかどうかという点で望みを失いはじめていた。〝出会えるわけがない。カリフォルニアの人口二〇〇〇万のうち半数が女性だ。その一〇〇〇万人のうち適齢であるのは二〇〇万人にすぎない。そのなかの一五〇万人が既婚者として、残るは五〇万人。そのうち三〇万人は馬鹿で、五万人は賢すぎるから、残るは一五万人。そのなかでぼくが結婚したいと思える女性は、バスケットボール場に収まるくらいの人数しかいないだろう。そこからひとりを見つけ出すのだ。しかも、相手の考えるバスケットボール場にぼくもはいってなきゃならないんだから〞というぐあいだった」

期待を控えめに設定するというマンガーの習慣は、しっかりと根を張っていた。幸福への道に関してもおなじ考え方をしたのは、大きな期待をすると欠点ばかり目につくようになると思ったからだ。期待を控えめにしたほうが落胆せずにすむ。しかし、そうすると、逆説的だが、場合によっては成功を成功といえるのかがわからなくなる。

マンガーはやけになって、独り身になったばかりの女性を見つけようと、離婚・死亡広告を入念に調べはじめた。それが友人たちの注意を惹いた。哀れに思った友人たちが世話を焼きはじめた。法律事務所のパートナーのひとりが、やはりナンシーという名前で幼い息子ふたりがいる離婚歴のある女性を引き合わせた。ナンシー・バリー・ボーズウィックは、小柄なブルネットで、テニス、スキー、ゴルフを本格的に楽しむような女性だった。スタンフォード大学経済学部の優等学生友愛会ファイ・ベータ・カッパの会員でもあった。

はじめてのデートのとき、マンガーは、「私は説教好きです」と釘を刺した。やたらと説教したがる男だとわかっても、ナンシーは尻込みせず、それはふたりの関係にとって幸先のいいことだった。ふたりはたがいの子供をともなって出かけるようになった。

最初のころはテディーもついてきたが、やがて病気が悪化した。テディーが亡くなるまでの数週間、三一歳のマンガーは息子の枕元にほとんど付きっきりで過ごした。一九五五年にテディーが九歳で世を去ったときには、マンガーの体重は五キロないし七キロ減っていた。「人生においてわが子がじわじわと死んでゆくほどつらいものはない」とのちに語っている。(註15)

マンガーは一九五六年一月にナンシー・ボーズウィックと再婚した。ナンシーはすぐにマンガーの心の支えになった。ナンシーには気骨があり、マンガーの風船が熱気でふくらみすぎると、躊躇せずにそれを突っついて破った。やりくりが上手で、観察力が鋭く、穏やかで分別があり、現実的だった。たまにマンガーが我を忘れて感情を爆発させるようなときは、気を落ち着かせる役を果たした。時がたち、マンガーの前妻とのあいだの娘ふたり、ナンシーの前夫とのあいだの息子ふたりにくわえて、ふたりのあいだに息子三人、娘ひとりが生まれた。ナンシーは、家事とマンガーの世話をしながら、八人の子供を育てていった。(註16)マンガーは、科学と先人の偉業の研究に余念がなく、子供たちに〝脚が生えている本〟と呼ばれるようになった。同時に、法律事務所ミュジック・ピーラー＆ギャレットでの出世の道も考えたが、法律家では金持ちになれないと悟り、もっと儲けの大きい副業を探しはじめた。バフェットは語る。「マンガーはまだ若手の弁護士だったから、一時間当たりの報酬はせいぜい二〇ドルほどだっただろう。マンガーは考えた。〝ぼくにとっていちばん大事な顧客はだれだろう〟と。そしてそれは自分自身だと確信した。そこで、毎日一時間、自分のために働くことにした。早朝にそのための時間をもうけ、建設や不動産開発の仕事をしたんだ。だれしもこれを見習い、まず自分自身が顧客になり、つぎに他人のために働くべきだ。一日一時間を自分に充てるべきだ」

「私は金持ちになることに情熱を燃やした」とマンガーはいう。「フェラーリがほしかったからではない――自立したかったからだ。それを私は切に望んでいた。他人に請求書を送らなければならないなんて、みっともないことだと思っていた。どうしてそんな考え方をするようになったのかわからないが、とにかくそう思っていた」(註17)自分は紳士の法律家だと思っていた。金儲けを他人と競うつもりはなかった。しかるべき社会階層《クラブ》に所属したいとは思ったが、ほかのメンバーが自分より金持ちかどうかはどうでもよかった。マンガーは見かけこそ尊大だが、本物の偉業には深い敬意を抱き、相手を心から敬う気持ちを持っていた。それが、これから会おうとしている人物との結びつきで重要な役割を果たすことになる。

オマハ・クラブの個室でマンガーの向かいに座って話しはじめた男は、年上の紳士に保険を売りにきた若いセールスマンのような服装だった。すでに世慣れていたマンガーは、ロサンゼルスの実業界や社交界にすっかりなじみ、それらしい貫禄を備えていた。ところが、デービスとシーマンに紹介されるやいなや、マンガーとバフェットはすぐに打ち解けて話しはじめた。マンガーは、じつは短期間だけバフェット食料品店で「奴隷のように働いた」ことがあり、「夜明けから晩までめったやたらに忙しかった」と打ち明けた。(註18) そうはいっても、マンガーはお気に入りの常連客トゥーディー・マンガーの息子だったから、アーネスト・バフェットはほかの店員ほどにはびしびし叱りはしなかったはずだ。(註19) 冗談混じりの挨拶がすむと会話の速度が上がり、バフェットが投資とベン・グレアムについて話しはじめると、一同は一心に聞き入った。たちまちマンガーはその投資哲学を理解した。「そのときすでにマンガーは、投資とビジネスについてかなり時間をかけて勉強していた」とバフェットはいう。

バフェットはマンガーに、保険会社のナショナル・アメリカンの話をした。ハワードとヘイデンのアーマンソン兄弟は、マンガーと同時期にセントラル高校に通っていた。バフェットのようなカリフォルニア出身ではない人間が、アーマンソン家とその貯蓄貸付会社についてこれほど詳しく知っているのは驚きだった。そうこうするうちに、ふたりは同時にしゃべりはじめ、それでいてたがいの話を完璧に理解しているようだった。(註20)

しばらくしてから、マンガーは「ウォーレン、きみは具体的にどういうことをしているのかな?」ときいた。

これこれこういうパートナーシップを持っていて、こんなことや、あんなことをしている、とバフェットは説明した。一九五七年には、市場平均が八パーセント以上下落したのに、バフェットのパートナーシップは一〇パーセント以上の利益をあげた。翌年、パートナーシップの総資産は四〇パーセント以上増加した。(註21) 現時点では、パートナーシップから得たバフェットの手数料は、再投資の効果もくわえて、八万三〇八五ドルに達した。こうして運用した手数料のおかげで、当初の持ち分はわずか七〇〇ドルの出資金――七つのパートナーシップに一〇〇ドルずつ(註22)――だったのに、すべてのパートナーシップの資産価値の九・五パーセントを占めるまでに急増した。おまけに、一九五九年の運用成績はふたたびダウ平均を上回ろうとしているから、バフェットはいっそう金持ちになり、持ち分をさらに増やすことになる。いっぽうで、出資者たちも非常に喜んでいるし、新しいパートナーがつぎつぎとくわわっている。マンガーは、じっと聞いていた。やがて、「ぼくも、カリフォルニアでおなじようなことができるかな」といった。バフェットは、ちょっと間を置いてマンガーを見た。ふつうなら、ロサンゼルスで成功した弁護士の口からは出そうもない質問だったからだ。「そうだね、きっとできると思うよ」

と、バフェットは答えた。(註23)昼食が終わりに近づき、シーマンとデービスは、そろそろ引きあげようと思った。エレベーターに乗り込んだふたりが見たのは、まだテーブルにいて夢中で話し込んでいるバフェットとマンガーの姿だった。(註24)

数日後、バフェットとマンガーはそれぞれの夫人をともなって〈ジョニーズ・カフェ〉――赤い絨毯が敷いてある安いステーキ屋――へ行った。そこでマンガーは、自分の冗談に大受けしてボックス席からずり落ち、床で笑いころげた。マンガー夫妻がロサンゼルスに戻っても話は終わらず、ふたりは電話で一、二時間話をするのはざらで、その頻度は増すいっぽうだった。かつて取り憑かれたように卓球をしたバフェットは、それよりはるかにおもしろいものを見つけたのだった。

「どうしてそんなにあの人にかまうの？」ナンシーは夫にきいた。

「きみにはわからないだろうね」マンガーはいった。「あいつはふつうの人間じゃないんだよ」(註25)

第24章 機関車

――一九五八年〜一九六二年　ニューヨークとオマハ

バフェットとスージーはふつうの人のように見えた。目立とうとしなかった。住んでいる家は広いが、華美ではなかった。裏庭には子供たちのための丸太小屋があった。裏口はいつも鍵をかけず、あいたままなので、近所の子供たちが自由に出入りできた。家のなかでは、家族の面々がそれぞれの線路をスピードを増しながらガタゴト進んでいた。スージーは各駅電車のようにしょっちゅう停車し、バフェットはお金の山《ダラー・マウンテン》を目指してノンストップで突き進んだ。

一九五八年までは、バフェットは株を買ってシケモクに火がともるのを待つという単純な路線を走ってきた。火がともったら、ほかにもっと買いたいものを買うために、ときに名残を惜しみつつ株を売るというぐあいで、バフェットの野心はパートナーシップの資本の制約を受けていた。

しかし、いまや、七つのパートナーシップとバフェット&バフェット、ならびに個人的な資金をくわえて一〇〇万ドル以上を運用しているので、[註1]これまでとは桁違いの規模で動くことができた。スタンバックや、ナップ、ブラント、コーウィン、マンガー、シュロス、リューアンといった仕事仲間のネットワークは、ロイ・トールズの加入によってさらにひろがった。トールズは、ひょろっとした元海兵隊の戦闘機パイロットで、いつも穏やかな笑みを浮かべ、頭のなかでひらめく考えを口に出さずに内に秘めているような男だった。ただ、ときおり、ひとりの友人がいうように「バンドエイドを二、三枚貼りたくなるような」棘《とげ》のある冗談を口にした。バフェットは上手に受け流したりいい返したりすることができたから、トールズをコレクションにくわえた。このように自分の目的に賛同する志願者を集めるコツを心得ていたおかげで、組織こそゆるやかだが大がかりな支援機構ができあがった。バフェットは無意識のうちに例のトム・ソーヤー方式であやつり、支援者たちをいくつかの班に分けて、急速に拡大したためにひとりで万事を実行できなくなった事業を手伝わせた。

自宅の仕事部屋で座って『証券分析』や『ムーディーズ・マニュアル』から株を選んでいただけの日々は終わった。バフェットはしだいに、ナショナル・アメリカンの株を買い占めたときよりもずっと実行に時間と計画作成を要する、大規模で実入りのいい案件に取り組むようになった。こうした仕事が錯綜し、劇的な展開になって、何カ月あるいは何年も集中して取り組まざるをえなくなることもあった。複数の投資案件が同時に進行することもあった。以前からバフェットは家族の前にほとんど姿を見せないほど仕事に没頭していたが、事業規模の拡大によってその傾向がひどくなり、逆に友人との結びつきはいっそう強まった。

そういった複雑な案件の第一号は、サンボーン・マップという会社に関わるものだった。この会社は、アメリカのすべての都市の送電線、給水本管、建築技術、緊急避難階段を詳細に示した地図を発行し、おもに保険会社を相手に販売していた(註2)。保険会社の合併によって顧客は徐々にすくなくなった。しかし、一株四五ドルという株価は魅力的だった。サンボーンの保有有価証券だけで一株当たり六五ドルの価値があったからだ。だがバフェットがその保有有価証券を手中に収めるには、パートナーシップの資金だけでは足りず、外部の協力も必要だった。

一九五八年一一月から、バフェットはパートナーシップの資産の三分の一以上をサンボーンに注ぎ込みはじめた。同社の株を自分とスージーの名義で買った。叔母のアリス、父親、母親、姉と妹にも買わせた。サンボーンに関するアイデアを、コーウィン、スタンバック、ナップ、シュロスに告げた。何人かは、ありがたい話だとして仲間にくわわった。バフェットは、自分の資本を増やすために利益の一定割合の手数料を取った。最終的に、サンボーンの取締役に選出されるに足るだけの株数を掌握した。

一九五九年三月、バフェットは恒例のニューヨーク出張に出かけ、ロングアイランドにあるアン・ゴットシャルトの白い小さなコロニアル様式の家に泊まった。そのころにはゴットシャルト姉妹は、バフェットを亡くなって久しいフレッドにかわる息子のように受け入れていた。バフェットはその家に替えの下着とパジャマを置いておき、朝食にはハンバーガーをつくってもらった。そんな出張の際にはいつも、予定している一〇から三〇の用件を一覧表にしていった。調べ物をするため、スタンダード&プアーズの書庫へ行った。いくつかの会社と株式ブローカーを訪れ、ブラント、コーウィン、シュロス、ナップ、リューアンなど、ニューヨークでバフェットの人脈を形成している友人にもかならず会った。

今回の出張は、約一〇日間という長いものだった。パートナーシップにくわわってくれそうな候補者との食事のほかに、大事な約束があった。サンボーン・マップの取締役としてはじめて会議に出席することになっていたのだ。

サンボーンの取締役会は、ほぼ全員が有力顧客である保険会社の代表だったので、ビジネスというよりはクラブの会合のような段取りで進行した。取締役のだれもが、わずかばかりの株式しか所有していなかった。(註3)会議の席でバフェットは、会社は投資分を株主に分配すべきだと提案した。しかし、大恐慌と第二次世界大戦以降、アメリカ企業は資金確保を優先し、節約してきた。経済的根拠はとうの昔に消え失せたのに、なんの考えもなしにそう見なしていた。取締役会は、投資事業を地図事業から切り離すという提案を、荒唐無稽と断じた。そして、会議が終わりに近づいたころ、役員たちは葉巻ケースをあけて葉巻をまわした。バフェットはひとりはらわたが煮えくり返っていた。「この葉巻代は私の金から出ている」と思った。空港に戻る途中、血圧を下げるために札入れから子供たちの写真を取り出して眺めた。

憤激したバフェットは、ほかの株主のために役立たずの取締役たちをサンボーンから放逐しようと決心した。株主はもっと恩恵を受けるべきだった。そこで、バフェットのグループは株を買いつづけた。バフェットはあらたにパートナーシップにはいってくる資金も利用した。父親ハワードにも話をして、父親の証券会社のおおぜいの顧客にサンボーン株を買わせた。サンボーンを掌中に収める動きを進めているのにあえてそうしたのは、父親を金銭的に助けるためだったに違いない。

じきに、有名なマネーマネジャーのフィル・カレットなどバフェットと親しい人々が、

およそ二万四〇〇〇株を取得するにいたった。実質的な支配権を握ると、バフェットはそろそろ行動するときだと思った。（註4）

ふたたび取締役会が開催されたが、出資者の金がさらに葉巻の煙となって消えただけで、実りはなかった。またしてもバフェットは、空港に戻る車中で気を落ち着かせるためにわが子の写真を眺めた。三日後、一〇月三一日までに取締役会が行動を起こさなければ、臨時株主総会を招集して会社の支配権を握ると恫喝した。（註5）忍耐は限界に達していた。

結局、取締役会は降伏した。こうして、一九六〇年はじめ、行動力と組織力と意志の力によってバフェットは戦いに勝った。サンボーンはロックウッド社とおなじように、株主に対して、保有有価証券の一部を株式と交換すると申し出た。（註6）

サンボーンのディールは、あらたな頂点を築くものだった。バフェットは、卓越した頭脳とパートナーシップの資金を使って、頑固で反抗的な会社の針路さえ変えられるようになっていた。

バフェットはニューヨークとオマハを何度も往復してサンボーン案件に取り組み、支配権を握るための株式を調達する手段や、取締役会を屈服させる方策などを編み出しながら、同時にほかの投資計画についても検討していた。頭のなかでは、何千もの数字がカチカチと音をたてて回転していた。自宅では、資料を読み、考えをめぐらすために、二階にこもっていた。

夫の仕事は神聖な使命のようなものだとスージーは理解していた。それでも、なんとか夫を書斎からひっぱり出し、できるだけ外出させ、旅行やレストランでの食事といった家族の世界に引き入れようとした。スージーには、「父親にはだれでもなれるけれど、それだけじゃだめで、パパにならなきゃいけない」という持論があった。(註7)とはいえ、相手はそういうパパを持ったことのない人間だった。彼女はよく「〈ブロンコス〉に行きましょう」といい、近所の子供たちを車に詰め込んでハンバーガーショップへ連れていった。食卓ではバフェットはおもしろいことがあると笑い、心から楽しんでいるように見えたが、めったにしゃべらなかった。意識はどこか別のところにあったのだろう。(註8)カリフォルニアへ旅行に行ったときなどは、ある晩、何人かの子供をディズニーランドへ連れていき、子供たちが好き勝手に動きまわって楽しく過ごすあいだ、ベンチに座って本を読んでいた。(註9)

ピーターはもうすぐ二歳で、ハウイーは五歳、リトル・スーズ――専用階段を上がったところにある天蓋付きベッドを備えたピンクのギンガムチェックの王国に住んでいる

──は六歳半になっていた。ハウイーは、物を壊してはどれだけやれば両親が反応するかを試した。なかなかしゃべるようにならないピーターをいじめ、反応を見る科学実験をしているみたいにちょっかいを出した。(註10) リトル・スーズは、混乱が起こらないように弟たちを監督した。バフェットは、息子の爆発的なエネルギーの対処をスージーに任せっきりにしていた。ハウイーは、母親はほとんど「怒ったことがなく、いつもやさしく接してくれた」というように記憶している。(註11)

スージーは、こうした家のことを器用にやりくりしながら、一九六〇年ごろの標準的なアッパーミドルクラスの主婦の役割を果たした。毎日、明るい黄色を基調とした注文仕立てのワンピースかパンツスーツに、光沢のあるふんわりしたかつらというでたちで現われ、夫と家族の世話を完璧にこなし、地域社会のリーダーになった。〈スワンソン〉の冷凍食品をオーブンにほうり込むのとおなじように造作もないことと、優雅に夫の仕事仲間ももてなした。やがて、二階の風通しと日当たりのいいバスルーム付きの一室に、ベビーシッターが入れかわり立ちかわり住み込むようになった。新しいハウスキーパーのリーサ・クラークが、負担をいくらか軽くしてくれた。スージーはいつも自分のことを単純素朴な人間だといっていたが、彼女の生活はどんどん複雑で重層的になっていった。スージーは、オマハ大学で事務と水泳の指導を行なうボランティア事務局という組織を設立した。(註12) ひとりの人間が勇敢にも自己犠牲の精神を発揮して一国を救う姿を思い浮かべるように、〝あなたもポール・リビアになれる〟という標語を掲げていた。
スージーは、ポール・リビア同様、なにかあるとじっとしていられないたちだった。すぐに馬に飛び乗り、(註13) 家の仕事と、だんだん増えていく自分の助けを必要とする人々のあいだを、大急ぎで行ったり来たりした。ほとんどの相手が、なんらかの形で不利な立場に置かれているか、心に傷を負っている人たちだった。
親友のベラ・アイゼンバーグは、アウシュビッツ強制収容所の生還者で、収容所の解放後にアメリカへ渡ってオマハにたどり着いたという女性だった。もうひとりの親友ユーニス・デネンバーグは、まだ幼いときに父親が自殺した。バフェット家にはまた、野球界きっての鉄腕投手ボブ・ギブソンとシャーリーン夫人をはじめとする黒人の友人たちがいた。一九六〇年当時、黒人はたとえスポーツ界のスターであろうと差別されていた。「オマハで白人が黒人といっしょにいるところなど見たことがない時代だった」と、バフェットの少年時代の友人バイロン・スワンソンは語っている。(註14)
スージーは、分け隔てなく人々に手を差し伸べた。むしろ、大きな問題を抱えた人ほど喜んで手助けした。相手がほとんど知らない人であっても、その人の人生に深い関心を寄せた。スージーに会ったほとんどすべての人が、そんなふうに関心を寄せられたことに胸を熱くし、出会いに感激した。しかし、スージーのほうは、特に親しい友人に対しても、たいていは自分の悩みごとを打ち明けないように用心していた。

スージーは身内、ことに姉に対して、おなじように救いの天使の役割を果たした。ドティは、あいかわらず一族で一番の美人だったが、ぼうっとしていて、ある人物がいうには「悲壮なほど不幸」に見えた。うわべは愛想よくふるまっていたが、泣きはじめたら止まらなくなるから泣かないのだと、スージーに話したことがあった。夫のホーマーは、妻の殻を突き破れないことにいらだっているようだった。それでも、ロジャーズ夫妻は精力的な社交活動をつづけ、夜には酒杯と陽気な会話が交わされるなかで、ふたりの幼い息子、ビリーとトミーが足元をちょこちょこと歩きまわった。ときおり、ホーマーが息子たちを厳しく叱ったり、ドティが長男のビリーを冷たくいじめたりすることがあったので、スージーは母親がわりになってわが子といっしょに甥《おい》たちの世話をした。

スージーは、ハワードの健康問題とイデオロギーに苦しんでいるウォーレンの両親の力にもなった。アメリカ国民がハワードと肩をならべるくらい共産主義を妄執的に警戒するようになると、ハワードの反共主義はそれに輪をかけたものになった。彼は、結成されてまもないジョン・バーチ協会という偏執的な反共団体に参加した。この組織は、ハワードがいう「共産主義が明日阻止されたとしてもアメリカの倫理的、精神的問題は依然として残る」という懸念と反共を巧みに組み合わせていた。(註15) ハワードはオフィスの壁いっぱいに、恐るべき共産主義の赤いひろがりを示す地図を貼った。ハワードは、共和党のリバタリアンのあいだでは、超脱した純粋主義者として尊敬されていたが、ジョン・バーチ協会に関わり合うものは警戒されるどころか馬鹿にされるのがつねだった。地元の新聞社に出向いてジョン・バーチ協会に所属することの正当性を主張すると、ハワードはますます奇人として疎んじられるようになった。尊敬する父親がオマハ市民の冷笑を浴びているのは、バフェットにとってつらいことだった。

しかし、バフェットは、父親のことではもっと大きな心配があった。ハワードは不可解な症状があるためミネソタ州ロチェスターのメイヨ・クリニックで診察を受けたが、一八カ月ものあいだ医師は診断を下すことができなかった。(註16) 一九五八年五月に、ようやく結腸癌と判明し、即刻手術を要すると告げられた。(註17) バフェットは診断結果を聞いて動転し、それよりも診断が言い訳の立たないくらい遅かったことに腹を立てた。その後スージーは、ハワードの病気についての詳細をバフェットの耳に入れないようにした。(註18) 夫の頭を撫で、家の用事を滞りなくこなした。ハワードの手術とその後の長い回復期のあいだ、リーラを支えることにも心を砕いた。スージーは快活に万事をさばき、この難局において、平安と慰めの拠り所としてだれからも頼られる存在になっていった。年長の子供に病気のことを理解させ、幼いピーターを含む子供たち全員が定期的に祖父を見舞うようにした。ハウイーは、ときどき午後に祖父のハワードといっしょにアメリカン・フットボールの大学対抗試合を観戦した。そんなとき、ハワードはリクライニングチェアーにもたれ、試合中たびたび立場を変えて劣勢なほうを応援した。ハウイーが理由をたずねると、「いまはこっちが負けているからだよ」と答えた。(註19)

父親が病いと闘っているあいだ、バフェットは仕事で気をまぎらそうとした。現実から目をそむけるかのように《アメリカン・バンカー》や《オイル&ガス・ジャーナル》を読みふけった。

そして、彼はだんだん世に知られる存在になっていた。バフェットが発散する権威は、蓄えられた電気エネルギーのように聴衆に伝わった。「どこへ行っても、それがにじみ出ていた」とチャック・ピーターソンはいう。(註20)チャーリー・マンガーの心を強くとらえた男は、何度となく投資とパートナーシップについて説得力ある話をつづけた。話せば話すほど、どんどん資金が集まった。それでもバフェットの投資のペースには追いつかなかった。

マンガーは、毎日のようにかけ合う電話で、バフェットの投資と資金調達の手柄話を聞きながら、それほどうまく自分を売り込むことのできる生来の販売手腕に感嘆した。

ヘンリー・ブラントが見込み客探しを手伝うようになったため、バフェットのニューヨーク行きの頻度は増した。パートナーシップの金庫に現金がとめどなく流れ込み、一九六〇年は転機の年となった。

チャック・ピーターソンの家の向かいに住んでいた、キャロルとビルのアングル夫妻をはじめとする医者のグループの前でバフェットは話をし、結局、一一人の医者のため、一一万ドルを元手に、エムディー・パートナーシップが発足した。大損することを心配した一二人目の医者はくわわらなかった。

懐疑的な人々は、ほかにもいた。ウォーレン・バフェットにまつわる話を、オマハの住民すべてが好意的に受けとめたわけではなかった。嫌われる原因は、バフェットの秘密主義だった。あの大物ぶっている若僧はゆくゆくは失敗すると思い、バフェットが発散する権威をなんの根拠もない傲慢さだとけなすものもいた。オマハのある名家の出の男が、ブラックストーン・ホテルで五、六人の集団と昼食をとっていたとき、バフェットの名前が出た。「一年もすればやつは破産する」とその男はいった。「一年様子を見よう。そのときにはやつは消えているさ」(註21) 一九五七年にハワードの証券会社と合併したカークパトリック・ペティスのパートナーのひとりは、何度も「バフェットについての評価はまだわからない」とくりかえした。(註22)

その年の秋、すでにうずうずしていた株式市場が一気に騰勢に転じた。それまで景気はゆるやかな下り坂で推移し、軍拡競争と宇宙開発競争においてソ連が優勢と見られたため、国全体が暗い雰囲気に包まれていた。しかし、ジョン・F・ケネディが大統領選挙で辛勝すると、まもなく活力旺盛な若い世代の大統領に政権が委ねられるという期待から国民の意気があがった。相場は急上昇し、またしても一九二九年との比較がなされた。バフェットは投機的な市場を乗り切った経験がなかったが、落ち着き払っていた。まるでこの一瞬を待っていたかのようだった。グレアムなら手控えただろうが、そうはせず、驚くべき行動に出た。パートナーシップへの資金集めを加速させたのだ。

バフェットは、妹バーティとその夫、アルバカーキにいる伯父ジョージ、従兄弟のビルを、最初のパートナーシップであるバフェット・アソシエーツに引き入れた。友人のジョン・クリーリーのパートナー、ウェイン・イブスもくわわった。そしてついに、フレッド・クールケンの母親とおばであるアン・ゴットシャルトとキャサリン・エルバーフェルドを、パートナーシップに引き入れた。この女性ふたりを参入させたのは、きわめて都合のよい安全な時機が到来したとバフェットが判断したことを示している。

バフェットは、オマハの名家の女性エリザベス・ストーズのために、九番目のパートナーシップとしてアン・インベストメンツを結成した。さらに、街一番の高級婦人服店の店主マティー・トップと、ふたりの娘、娘婿たちのために、二五万ドルの資金で一〇番目のパートナーシップであるバフェット・TDを設立した。いっぽう、多くの新たなパートナーが、バフェット・アソシエーツとアンダーウッドにくわわった。

法律では、SECに投資顧問として登録せずにバフェットが集めることができるパートナーの数は、わずか一〇〇人だった。パートナーシップの急速な拡大にともない、バフェットは非公式なチームを組んで代表者ひとりだけをパートナーにするように勧めた。やがて、自分でパートナーをグループ分けし、彼らの資金をひとまとめにするようになった。(註23)後年、問題のある戦術だったと認めているが、それでうまくいった。もっと金を集めたい、もっと金を儲けたいという強い欲望が、バフェットを突き動かし、躍起になって猛スピードでニューヨークとオマハを往復した。やがて、ストレスによる腰痛に悩まされるようになった。飛行機に乗っているときにしばしば痛みがひどくなり、それを和らげるためにありとあらゆる方法を――家でじっとしている以外のあらゆる方法を――試した。

そのころには、バフェットの名前は、秘密が伝わるように口づてでひろまっていた。「金持ちになりたかったらウォーレン・バフェットに出資しろ」とささやかれていた。ただし、基本的な条件に変更があった。一九六〇年には、ドアをあけてもらうには最低八〇〇〇ドルが必要だった。それに、もうバフェットのほうから出資を頼むことはなくなっていた。出資する側がお願いしなければならなかった。自分たちが提案しなければならなかった。バフェットがすることをまったく知らずにいるだけでなく、そういう立場をみずから望まなければならなかった。* その結果、出資するのはバフェットの信奉者ばかりとなり、バフェットのやることに苦情が出るおそれがすくなくなった。バフェットは頼みごとをするのではなく、頼みごとを聞いてあげる側であり、出資者はお金を受け取ってもらえたことに感謝した。相手から頼んでくるように仕向けることで、バフェットは心理的にも優位に立った。それ以降ずっと、人生のさまざまな場面でおなじ手法を多用するようになった。そうすると望むものが手にはいるだけではなく、他人の運命に責任を負うことへの根強い不安が軽くなるように思えた。

　自分に自信がないのはあいかわらずだった。仕事の成功とスージーの気遣いと指導のおかげで、バフェットはすこしばかり洗練され、垢抜けた。見かけも弱々しくはなく、力強い風貌が備わってきた。おおぜいが喜んで投資を依頼した。一九六一年五月一六日に、友人のディックとメアリー・ホランド夫妻のために、一一番目にして最後のパートナーシップ、バフェット・ホランドを結成した。ディック・ホランドがパートナーシップに出資する決心をしたとき、家族は思いとどまるよう迫った。オマハの住民が依然としてバフェットの野望を「陰で笑っていた」としても、自分にはバフェットの能力がはっきり見てとれたと、ホランドは語っている。(註24) その言葉どおり、一九五九年にパートナーシップは、市場平均を六ポイント上回る成績をあげた。一九六〇年には、市場平均を二九ポイント上回ったことにより、資産を一気に一九〇万ドル近くに増やした。年ごとの利益よりはるかにすばらしかったのは、持続的に成長する複利運用力だった。二番目のパートナーシップであるバフェット・ファンドへの当初の出資金一〇〇〇ドルは、四年たって、二四〇七ドルになった。ダウ平均の採用銘柄に投資していたら、一四二六ドルにしかならなかったはずだ。(註25) 市場平均より高いこうした利回りを、市場平均に投資するより低いリスクで達成した。

バフェットが取得して再投資した手数料は、一九六〇年の終わりには二四万三四九四ドルにふくらんでいた。パートナーシップの総資産の一三パーセント以上が、バフェットの持ち分だったことになる。パートナーシップにおけるバフェットの持ち分が増えても、パートナーたちは膨大な利益にあずかったため、おおいに喜んだばかりか、大半が畏敬の念を抱くようになった。

＊　もっともダン・モーネンなどの有能な代理人が、志望者に必須条件をたびたび教えていた。

エムディーに属するパートナーのビル・アングルが、その最右翼だった。アングルはみずから、前の住人が舞踏室として使っていて現在は物置がわりになっているバフェット家の三階に、HOゲージの鉄道模型の巨大なジオラマをつくるというバフェットの計画の〝パートナー〟になった。毎年クリスマスに、〈ブランダイス百貨店〉の店先で、手の届かない大きな列車の模型をほしがってうろうろしていたウォレニー少年が、大人になったバフェットのなかで目覚めた。そして、子供のころの夢を実現する作業をすべてかわりにやってくれるアングルを〝監督〟した。

バフェットは、チャック・ピーターソンもトム・ソーヤー方式で口説いて出資させようとした。「ウォーレン、頭がどうかしているよ」ピーターソンはいった。「きみが所有する列車をぼくが半々で負担する気になるはずないだろう」ところが、バフェットは納得しなかった。それほどまでに、列車とその付属品への情熱で我を忘れていた。「きみもうちに来て使えばいいよ」バフェットはいった。(註26)

遅ればせながら少年時代の興奮に照り映えている鉄道模型は、オマハの鉄道の歴史を感じさせる古色を帯び、バフェットにとってはまさに崇拝の対象だった。子供たちは近寄ることを禁じられた。そのころには、バフェットのお金への飽くなき執着と家族に対する放任は、友人のあいだで、いつも冗談の種になっていた。「ウォーレン、あの子たちはきみの子供だよ――顔が見分けられるかい?」と、友人たちはからかった。(註27) 出かける用事がなくて家にいるときのバフェットは、年次報告書を読みふけりながら家のなかをうろうろしていた。家のなかは、バフェットとその神聖な職業を中心に――朝の食卓ではよれよれのバスローブ姿でくつろぎ、ひたすら《ウォールストリート・ジャーナル》に目を注いでいる心ここにあらずの無言の人間を中心に――まわっていた。

四〇〇万ドル近い資産、一一のパートナーシップ、一〇〇人をゆうに超える出資者を擁するまでに拡大した複雑な帝国の運営に必要な帳簿の作成、銀行取引、貸金庫管理、郵送の仕事量は、手に負えないほどになっていた。驚くべきことに、バフェットはいまだに、資金の管理も事務もすべて自分でさばいていた。自分で所得税申告書を作成し、手紙をタイプし、配当や出資の小切手を銀行に預け入れ、〈スペア・タイム・カフェ〉に食事に立ち寄り、株券を貸金庫に詰め込んだ。

一九六二年一月一日、バフェットは、すべてのパートナーシップを解散し、バフェット・パートナーシップ――BPL――という一社にまとめた。一九六一年のダウ平均の上昇率は二二パーセントだったのに対し、パートナーシップは四六パーセントという輝かしい成績を収めていた。一月一日にパートナーが追加出資をしたため、新生バフェット・パートナーシップの年初の純資産は七二〇万ドルになった。わずか六年で、バフェットのパートナーシップはグレアム‐ニューマンより大きくなったのだった。しかし、ピート・マーウィック・ミッチェル会計事務所による監査のとき、会計監査人のバーン・マッケンジーがバフェットとならんで作業をしながらBPLの書類を精査したのは、ウォール街の会議室ではなく、バフェット家二階の夫婦の寝室の奥にある小部屋だった。

パートナーシップ外の投資で築いた資産――総額五〇万ドルをゆうに超えていた――を含めると、バフェットは三〇歳にしてすでに百万長者だった。(註28) 彼はキューイット・プラザに事務所を借りた。キューイット・プラザは、自宅からファーナム通りを二〇ブロックほど進んだところにあり、街の中心まで三キロメートルと離れていない、新しい白い花崗岩の建物だった。バフェットは、長年の夢をかなえて、そこを父親との共同事務所にした。しかし、ハワードは見るからにぐあいが悪かった。こわばった足取りで軍人のように勇ましく事務所にやってきたが、無理をしていた。父親の健康がかんばしくないことを知ると、バフェットは表情を曇らせたが、ふだんはなるべく詳しいことを知らないままでいようとした。

バフェットは、キューイット・プラザに移るすこし前にUSナショナル銀行の信託係だったビル・スコットを雇っていた。スコットは、昔バフェットが《コマーシャル＆ファイナンシャル・クロニクル》誌に寄稿した、あまり知られていない保険会社に関する記事を読んだことがあった。バフェットの投資講座に申し込み、それからは「仕事をもらうまでごまをすることにした」(註29)とスコット本人が打ち明けている。スコットは、バフェットを補佐して、届いた郵便物をふたりで迅速に読み、それとともにパートナーシップの資金も増えていった。バフェットは、はじめて母親をパートナーにくわえ、それ以外にも、スコット、ドン・ダンリー、ブリッジ仲間のラス・ローリングの未亡人マージ・ローリング、さらには、家業があるため特定の計画のときにだけバフェットと協働していたフレッド・スタンバックも参加させた。(註30)そしてはじめて、自分の資金——およそ四五万ドル全額——をパートナーシップに投じた。(註31)その結果、パートナーシップにおけるバフェットとスージーの持ち分は、六年間の努力の末に一〇〇万ドルを超え、ふたり合わせるとBPLの一四パーセントを占めることになった。

時機もまた最高だった。一九六二年三月中旬、株式相場がついに急落した。六月末まで下落しつづけた。株価は突如、この何年間かで一番の割安水準になった。そのとき、バフェットが一本化して運営していたパートナーシップには、投資できる現金が山とあった。そのポートフォリオは、この相場下落からはあまり痛手を受けていなかった——「従来型の投資（しばしば〝保守的な〟という言葉も使われますが同義ではありません）に比べると、私たちの手法にともなうリスクはかなりすくないと思われます」と、パートナーへの手紙にバフェットは書いている。(註32)バフェットは大急ぎで相場欄を読みあさった。グレアムの言葉をわかりやすくいいかえて「他人が貪欲になっているときはおそるおそる、まわりが怖がっているときは貪欲に」と日ごろからいっていた。いまは貪欲になるべきときだった。(註33)

第25章 風車戦争

——一九六〇年〜一九六三年　オマハとネブラスカ州ビーアトリス

一九五〇年代末から一九六〇年代はじめにかけてサンボーン・マップの件で奮闘し、パートナーシップを統合し、父親との共同事務所に移ったころ、バフェットはオマハからすこし離れた場所で、もうひとつのプロジェクトに乗り出した。支持してくれる人々と力を合わせた大がかりな仕事としては二番目となるその取り組みで、バフェットははじめてじっさいにひとつの会社を支配した。そして、サンボーン・マップのときよりもはるかに、時間と体力を消耗するはめになった。

デンプスター風車製造は同族経営特有の問題を抱えた会社で、ネブラスカ州ビーアトリスで風車と灌漑設備を製造していた。ビーアトリスは風の吹きすさぶ草原地帯の町で、デンプスターが町の唯一の大企業だった。バフェットの投資人生においてこの出来事は、例によってスロットマシンに二五セントを入れて一ドルを得るような筋書きではじまった――いや、最初はそう思えた。株価は一八ドルで、一株当たり純資産は着実に伸びつづけて七二ドルに達していた（「純資産」とは、会社の資産から負債を引いた額。住宅価格からローンを差し引いたり、銀行預金からクレジットカードの未払い残高を差し引いたようなもの）。デンプスターの資産は風車、灌漑設備、そしてそれらを製造する工場だった。

デンプスターはよくあるシケモクであり、ゆえにバフェットは、株価が純資産価値より低いうちは株を買いつづけるというシケモク手法を使った。なんらかの理由で株価が上がったら、売って利益を得る。株価が上がらず、買いつづけて会社の支配権を握れるほど大量の株式を所有するにいたったら、資産を売却して――つまり清算して――利益を得る。（註1）

数年かけて、バフェットとウォルター・シュロスとトム・ナップは、株式の一一パーセントを握ってデンプスター一族につぐ大株主となり、バフェットは取締役になった。一九六〇年はじめ、取締役会はバフェットの留保意見を斥《しりぞ》けて、かつて鋳型製造会社ミネアポリス・モールディングで購買担当部長をしていたリー・ダイモンを、デンプスターのゼネラル・マネジャーに雇った。（註2）バフェットは巧みに働きかけて議長のクライド・

デンプスターを名目だけの社長にし、株を買いつづけた。(註3)手が届く株すべてを自分のものにしたかった。ニューヨークのシュロスに電話をかけ、「ウォルター、きみの株を買いたい」といった。

「ええっ、売りたくないよ」シュロスは答えた。「いい感じの小さな会社だからね」

「なあ、この計画の一切を取り仕切っているのはぼくだよ。きみの株がほしいんだ」とバフェットはいった。

「ウォーレン、きみは友だちだ。ほしいなら——やるよ」とシュロスはいった。(註4)

ドリスの自転車をちょろまかした事件を大人になって再現するかのごとく、バフェットはそれを頂戴した。なにかをほしいと思ったら、それがほしくてたまらなくなり、どうしてもその欲求を満たさずにはいられないというのが、バフェットの弱点だった。しかし、それをやってのけるのに、悪意や傲慢さを感じさせなかった。むしろ、その逆で、ひたすらほしくてたまらないのだった。シュロスのような人たちは、バフェットのことが好きだったし、ほしがっているものがなんであれ、自分よりバフェットのほうがそれをほしいと強く思っているのが明らかだったから、たいてい、いいなりになった。

株をどんどん買いつづけ、バフェットはデンプスター一族の持ち分も買いあげた。その結果、バフェットは支配権を握り、クライド・デンプスターをやんわりと辞任させ、

ほかのすべての株主たちにもおなじ条件で売却するように申し入れた。(註5)
そのときはじめて、バフェットは微妙な立場に立たされることになった。取締役会長になったいま、自分が買いつづけているのにほかの投資家におおっぴらに売却を迫るのはおかしい。そこで、逆の態度をとり、デンプスター株はよくなると思うと忠告した。それでも、金と人間の性《さが》が、しかるべき働きをしてくれる心強い味方になった。人々は、出来高がすくなく価値のはっきりしない株よりも現金を手にしたほうがいいに違いないと考えた。ほどなくして、デンプスター株はパートナーシップ資産の二一パーセントを占めるまでになった。
一九六一年七月、バフェットはパートナーへの手紙で、社名を伏せて、パートナーシップは「短期的には成績が鈍るかもしれないが、数年後にはすばらしい結果をもたらす見込み大な」会社に投資したと書いた。(註6)一九六二年一月の手紙では、すでにパートナーシップの支配するところとなったデンプスターの名を明かし、短い訓話をしたためた。(註7)やがて、「短期的には成績が鈍る」という部分が予想以上に的を射ていたことが判明する。
一九六二年を通じてバフェットはリー・ダイモンを指導し、在庫管理の要領を教えようとした。しかし、ダイモンは、かつて購買担当部長を務めた経験から購入のしかたは心得ていたので、それを実行した。倉庫は風車の部品でいっぱいになり、(註8)デンプスターは現金を吸いあげられていった。一九六二年はじめには、デンプスターの取引銀行が操業停止をにおわせる発言をするほどに警戒を強めていた。

バフェットは、あと数カ月もすればデンプスターが破産すると見てとった。そうなれば、一〇〇万ドルもの資金を注ぎ込んだ会社が破産したとパートナーに報告しなければならなくなる。バフェットは、めったに人に助言を求めない人間だったが、とうとうその年の四月、友人のマンガーに現状について相談した。マンガーは企業再生《ターンアラウンド》を専門とするハリー・ボトルの名前を出した。

六日後、五万ドルの契約金に惹かれてハリー・ボトルがビーアトリスに到着した。これでバフェットは、だれかを解雇しなければならなくなった。それも、町で唯一の大企業であるデンプスターのだれかを。

バフェットは対立を極端に怖《おそ》れる。本能的にまず対立を避けようとし、母親リーラのようにだれかが自分に向かって怒りを爆発させる様子を見せると、毛を焼かれた猫さながらに逃げ出した。しかし、爆発の危険に直面したときに感情を閉ざすすべも身につけていた。「当該の事柄について自分のまわりに殻をつくり」つつ、頑迷にならないように、「その事柄を超えたところまでは殻をつくらないようにする」のがコツだった。

リー・ダイモンを解雇したときの状況がどうであったかはともかく、後日、彼の妻のハリエット・ダイモンからバフェットに手紙が届いた。「突然の解雇で倫理にもとる」冷酷な仕打ちで夫の自信を打ち砕いたと非難する内容だった。三二歳を目前にしたバフェットは、まだ、思いやりのある態度で人を解雇する方法を習得していなかった。

数日のうちにバフェットは雇ったばかりのビル・スコットをビーアトリスに送り、ハリー・ボトルのもとで部品管理部門を徹底的に調査して、捨てるべきものは捨て、価格変更すべきものは変更する手伝いをさせた。(註9) 彼らは、ゾウムシの群れが綿花を食い尽くすように隅々まで調べて在庫を大幅に減らし、設備を売り払い、五カ所の支店を閉鎖し、部品の修理代を値上げし、採算のとれない製品ラインを打ち切った。従業員を一〇〇人レイオフした。トップの解雇直後、よそ者の経営陣による大幅な事業の縮小が行なわれたことで、ビーアトリスの住民は、しだいにバフェットに対する不信感を強め、冷酷な清算人ではないかと疑うようになった。

一九六二年末には、ボトルはデンプスターを黒字転換させていた。バフェットはパートナーへの手紙で、デンプスターを一年間でもっとも成功した仕事と呼び、ハリー・ボトルを一年でもっとも活躍した人物に選んだ。(註10) 取引銀行は喜んだ。バフェットは自分で直接デンプスターを売ろうとしたが、提示金額では買い手が見つからず、会社を売りに出すことを八月に株主に通知し、《ウォールストリート・ジャーナル》に広告を出した。
バフェットは公売の前に、買い手が値をつけられる期間を一カ月もうけた。見込みのありそうな買い手には、すでに話をしてあった。

ビーアトリスの町は、また新しいオーナーが町で最大かつほぼ唯一の会社にレイオフや工場閉鎖を強いるのかといきり立った。戦後の好景気で、工場は開設こそすれ閉鎖されることのない時代だった。大恐慌の終わりから四半世紀足らずしかたっておらず、大量失業の可能性は、列をなしてスープの配給を受ける暗い顔の人々、国民の四分の一の失業、政府による仕事のための仕事、といった消すに消せない記憶をよみがえらせた。ビーアトリスの住民は、干草用のフォークを手に立ちあがった。(註11) バフェットは愕然とした。自分はつぶれかけた会社を救ったのだ。それがわからないのか？　自分がいなかったら、デンプスターはつぶれていた。(註12) このような野蛮な人身攻撃を受けることなど予期していなかった。

町の人々は、ビーアトリスに会社の所有権を取り戻すために三〇〇万ドル近い資金を集めて、バフェットを失脚させる運動に乗り出した。(註13) 来る日も来る日も《ビーアトリス・デイリー・サン》紙は、唯一の工場を救うために町を挙げた戦いが終結する所定の日までのカウントダウンを、緊張感たっぷりに報じた。その日、消防署のサイレンと鐘が鳴り響くなかで、町長がマイクに歩み寄り、バフェットが敗れたと発表した。会社の創業者の孫にあたるチャールズ・B・デンプスター率いる投資家の一団が、工場を閉鎖しないことを約束した。(註14)二〇〇万ドルを超える儲けを手にしたバフェットは、それを株主に分配した。(註15)しかし、このときの経験は傷跡として残った。そして、敵意にぶつかったことでふてぶてしくなったりはせず、二度とおなじ事態を引き起こしてはならないと心に誓った。町中の嫌われ者になることには耐えられなかった。

それからまもないある日、バフェットはウォルター・シュロスに電話をかけた。「なあ、ウォルター。五つの会社の株をすこしずつ持っているんだが、きみに売るよ」「いくらで売ってくれるんだ、ウォーレン？」とシュロスはきいた。「現時点の株価で売るよ」とバフェットはいった。「いいだろう、買うよ」シュロスは即答した。

「私は、〃なあ、ひとつずつ調べて、それぞれどのくらいの価値があるのか確認してくれよ〃とはいわなかった」とシュロスは回想している。「ウォーレンを信頼していたからね。もし私が〃現時点の株価の九〇パーセントの値段なら買ってもいい〃といったら、ウォーレンはきっと――〃もういいよ！〃といっただろうね。私は頼みを聞いてやったわけだが、ウォーレンのほうも私のために役立とうとしていた。そのついでに向こうが利益を得たのなら、それはそれでよかった。それに結局、どの株もすばらしい動きを見せたしね。〝前にデンプスターの株を売ってくれてありがとう〟と言うかわりなのだろうと思った。ほんとうにそれが理由かどうかはわからないが、ともかく、そういう誠実な男なんだ」

第26章 黄金の干草の山

――一九六三年〜一九六四年　オマハとカリフォルニア

バフェットは百万長者になりたいといったかもしれないが、それが終着点だとはぜったいにいわなかった。後年、この時期の自分のことを「やりたくないことをなんでもやった惨めな気のいいやつ」と評している。やりたいのは投資だった。子供は下が五歳、上が一〇歳になり、友人のひとりはスージーのことを「シングルマザーみたい」だといっていた。バフェットは頼まれれば学校の行事に出席したり、フットボールのボールを投げてやったりしたが、自分から遊んでやることはなかった。スージーは子供たちに、父親の特別な使命を尊重しなければならないと教え、「お父さんはとにかくすごい人なの。だから、それ以上を求めてはだめ」といい聞かせた。それはスージーにもあてはまることだった。バフェットは見るからに妻にべた惚れで、人前でもそれを隠さず愛おしそうに「スージーちゃん」を撫でた。とはいえ、バフェットはスージーの献身に慣れきっていて、あいかわらず家事に無頓着だった。あるときなど、吐き気をもよおしたスージーに洗面器を持ってきてくれと頼まれたのに、水切りボウルを手に戻ってきた。スージーに穴があいていることを指摘されると、キッチンを引っかきまわして、今度は得意顔で、クッキーを焼くプレートにその水切りボウルを載せて持ってきた。それ以降、見込みはないとスージーはあきらめた。

だが、バフェットの癖は想定の範囲内だったし、スージーは、はいはい、ちょっと待ってね、といってそれを包容していたので、バフェット家はけっこう安定していた。バフェットは自分の父親の日課をなぞるかのように、毎晩おなじ時刻に帰宅し、ガレージの扉をばたんと閉め、「ただいま！」と声をかけてから新聞を読みに居間へと歩いていった。周囲に無頓着なわけではなく、しばしば手を休めて会話に応じた。しかし、だいたいにおいて、やりとりの台詞には、どことなく用意されたような、あるいはリハーサルまでやったように思えるふしがあった。バフェットはたえず頭のなかで、つぎの言葉を発する前に考えていた。無言のとき、機知のひらめきを見せるとき、特定の話題からおじけづいて逃げるとき、それが伝わってきた。感情が幾層ものベールの下で揺れ動いているせいで、ほとんどの場合、本人にもそれが知覚できていないようだった。

そのころにはもう、スージーもあまり手が空いていなかった。父親とおなじくらい、いつも忙しく立ち働き、人々に囲まれ、ひとりで時間を持て余すことなどなかった。劇場の後援組織の副会長を務め、共同社会奉仕団に参加し、白人の社交の集まりに出るよりはるかに長い時間を、ユダヤ人や黒人の友人といっしょにすごした。

スージーは、公民権運動を熱烈に支持するオマハの女性グループでも突出した存在になり、パネル・オブ・アメリカンズのオマハ支部結成に力を貸した。パネル・オブ・アメリカンズは、ユダヤ人、カトリック教徒、白人プロテスタント、黒人プロテスタントを一名ずつ派遣して、市民団体や教会などに自分たちの経験を語らせる講師派遣団体だった。そこでのスージーの役割は、友人のひとりが皮肉をこめて語ったところによると、「ワスプであるのを謝る」ことだった。だが、南部の多くの地域で「黒人」が「白人専用」の公衆トイレを使用できなかった時代に、黒人の女性が白人の女性とおなじ舞台に同等の立場で座している光景は、聴衆の心を強く揺さぶった。(註1)

午後には、しばしばリトル・スーズを連れて、貧しい黒人が住む地区の劣悪な生活状態というオマハ市最大の難問に取り組むべく、街の北部での会合や委員会を飛びまわった。(註2)何度か警官に呼びとめられ、「なぜこの地区にいるのか」と質問された。

「ハニー」ドク・トンプソンはむっつりと、リトル・スーズにいった。「おまえの母さんはいまに命を落としてしまう」そして、母親と車で出かけるときはかならず携帯するようにとホイッスルを渡し、「いまにおまえは誘拐されてしまう」といった。(註3)

スージーは問題を解決する人で、心の掃除人だった。だから、人々は困ったことがあれば、いつでもどんな相談事でも電話してきた。スージーはバフェットのことを「患者第一号」と呼んだが、(註4)ほかにも患者を抱えていた。姉のドティの物事を処理する能力が衰え、酒量が増えると、以前にも増して頻繁に様子を見にいくようになった。義姉ドリスがトルーマンと離婚するときには相談に乗り、ヴィクトール・フランクルの『夜と霧』という本をあげた。惨めさのなかにも希望を見つけようとドリスは何度もそれを読みかえした。(註5)

バフェットの書斎を除けば、バフェット家に俗塵《ぞくじん》を避けて安らぐ場はどこにもなく、ひとりになれる機会はめったになかった。だが、子供たちは自由と規律をバランスよく身につけ、しっかりとした倫理観を両親に叩き込まれ、最高の教育を施され、さまざまな経験をすることの大切さを教えられて成長した。バフェットとスージーは、裕福な家庭において、子供が特権意識を持つのではなく自立した人間になるようにするには、どういう育て方をしたらいいかということについて、何度も長い話し合いをした。

子供たちに不足しているのは、両親にかまってもらうことだった。子供たちは、そんな育て方にそれぞれの形で順応した。リトル・スーズは、成長するにつれ、母親にかまってくれと要求しなくなり、弟たちに睨みをきかせようとした。

〝竜巻〟のハウイーは、裏庭のいたるところに穴を掘り、階段の手すりから飛び降り、カーテンにぶらさがり、家中を引っかきまわした。屋根からベビーシッターのフィリスにバケツの水を浴びせた。ハウイーがコップに入れて差し出すものはだれも飲まなかった。けれども、ハウイーは傷つきやすくもあった。母親に似て心やさしく、母親には満たしきれないほど、かまってほしがった。スージーは我慢の限界に達すると、ときどきハウイーを自室に閉じこめた。(註6)

生来おとなしいピーターは、姉と兄が口喧嘩で覇権争いをくりひろげ、親分風を吹かすリトル・スーズがハウイーの巻き起こすつむじ風を押さえ込もうと躍起になっているのを尻目に、自分は目立たなくてよかったと思っていた。ピーターは、まわりの風力があまりに激しくなると、自分のなかに逃げ込んだ。気分がふさいでいるときは、気持ちを言葉で表わすのではなく、哀調をこめてピアノで〈ヤンキー・ドゥードゥル〉を弾いた。(註8)

バフェットは、妻の世界がどんどんひろがるのを好ましく思い、スージーの寛容さとオマハでの指導的な役割が自慢だった。おかげで、自分は仕事に集中できた。バフェットも、やるべき用事をひとつ、またひとつと増やしつづけていったが、スージーとは違い、けっして自分の限界以上のことはやらなかった。新しいものが生活にくわわると、なにかほかのものが出ていった。ただし、金と友人だけは別だった。

そのふたつのおかげで、一九六三年には、バフェットの評判はひろまっていた。バフェットはもはや呪文を使う必要もなければ、鉱脈を掘り起こす必要もなかった。人々の資金を引き受ける際の条件を決めるだけでよかった。

オマハの外の人々のほうが、えてして隣人たちよりバフェットのことをよく知っていた。リトル・スーズの友だちのひとりが、家族で一九六四年のニューヨーク万国博覧会に行ったときのことだ。両親がガソリンスタンドに寄ったとき、隣で給油していた女性が母親の高校時代の先生だとわかり、両親は彼女と話をはじめた。その女性はニューヨーク州エルマイラからオマハへ、ウォーレン・バフェットに出資する一万ドルを持っていくところだった。バフェットのことを知っているか、出資しても大丈夫だろうかと、彼女はきいた。バフェットなら近所に住んでいるし、大丈夫ですよと、両親は答えた。一家は車に戻り、それきりそのことは忘れて、万国博覧会の会場を目指した。五人の子供を抱え、家を買ったばかりだったので、自分たちも出資しようという考えは浮かばな

かった。(註9)

また別のパートナー志望者――兄弟ふたりでニューヨークに一大ホテル帝国を築いていたローレンス・ティッシュ――は、チャーリー・マンガー宛に三万ドルの小切手を送った。バフェットはティッシュに電話をかけ、パートナーシップにくわわってもらえるのはうれしいが、次回からは「私宛に小切手を書いてください」といった。

マンガーはその金を使いたかったかもしれない。ローレンス・ティッシュがどう考えていたにせよ、一九六三年の時点では、マンガーとバフェットはパートナーではなかった。マンガーはちょうど、不動産投資でそこそこの資金――約三〇万ドル――が貯まるのを待って、独自のパートナーシップを設立したところだった。とはいえ、バフェットからすれば、それははした金で、バフェットとスージーの資産のごく一部にすぎない額だった。

「チャーリーには早くからおおぜいの子供がいた。それがすくなからず独立の妨げになった。足かせのない状態で出発できることは、大きな強みだ」

バフェットは、はじめて会ったときからマンガーに弁護士の副業に不動産投資をやるのもいいが、大金を稼ぎたいのなら私のパートナーシップのようなものをはじめるべきだと説いた。(註10)一九六二年、マンガーは、ポーカー仲間のジャック・ホイラーとパートナーシップを結成した。ホイラーは、パシフィック・コースト証券取引所でトレーダーをしていた。また、ホイラーは、ホイラー・クルッテンデン&カンパニーという投資パートナーシップを所有しており、それを通じて、トレーダーが立会場でブローカーの注文を受けて株を売買する場所〝スペシャリスト・ポスト〟も二カ所持っていた。ふたりはパートナーシップをホイラー・マンガー&カンパニーと改称し、トレーディング部門を売却した。

マンガーは弁護士業をつづけたが、ロイ・トールズやロッド・ヒルズなど数人の弁護士といっしょに、元の法律事務所を飛び出した。そして、新しい事務所、マンガー・トールズ・ヒルズ&ウッドを設立した。(註11)マンガーはその性格からして、他人の経営する法律事務所のルールにずっと抵抗していた。

新しい法律事務所では、マンガーとヒルズは、とりわけ聡明で野心的な人々を惹きつけるため、あえてエリート主義と、時代に適応できるものが生き残るという精神を前面に打ち出した。三年もたたないうちに、四一歳のマンガーは、フルタイムで投資をするため、法律の仕事からきれいに身を引いた。といっても、その後も事務所のコンサルタントとして自分のオフィスを残し、事務所の精神的支えでありつづけた。トールズも、関心を投資へと大きく移した。

マネーマネジャーというあらたな役割を担った以上、マンガーは運用する資金を調達しなければならなかった。バフェットは、出資者をつのるのにおおわらわであっても、ゆったりした控えめな雰囲気ですばらしい実績をあげていると見せかけるために、プロモーター――出資候補者を見つけてお膳立てしてくれるビル・アングルやヘンリー・ブラントのような人々――を利用していた。しかし、どれだけ優雅にやってのけようと、あくせくしていたことに変わりはなく、いまもおなじ状況だった。マンガーは、そういうやり方は品位に関わると思った。それでも、どうにか、弁護士の経験を投資パートナーシップに生かし、バフェットのものより規模は小さかったが、ロサンゼルス実業界の強力な人脈から資金を調達することができた。

ジャック・ホイラーは、取引所の会員になれば取引所の規則によって投資資金一ドルにつき九五セントの借り入れができると、マンガーに説明した。(註12)その投資で二五パーセントの利益をあげた場合、マンガーの元金に対する利益はその二倍近くになる。(註13)借り入れによるリスクも同様にほぼ二倍だ。二五パーセントの損失を出せば、元金の半分近くを失うことになる。しかし、勝算に自信があるのなら、マンガーは、バフェットとは違って――いや、バフェットとはまったく違って――多少の借金を背負ってもいいという覚悟があった。

マンガーとホイラーは、取引所にある、ラジエーターのパイプが張りめぐらされた「粗末な安っぽい」オフィスに腰を据え、路地を見下ろす狭い奥の一室に秘書のビビアンを配置した。(註14)羽振りをきかせた暮らしが好きな浪費家のホイラーは、股関節置換手術を受けたばかりだというのに、毎朝のように仕事だといってはゴルフに精を出すようになった。(註15)マンガーは、毎日判で押したように東部市場がひらく前の午前五時に出勤し、相場表を調べた。(註16)以前バフェットから、グレアム‐ニューマンの出資者で、原子力委員会で働いた経験があり切れ者と評判の男、エド・アンダーソンを引き合わされていて、アシスタントに雇った。

証券取引所のトレーダーの大半は、マンガーのことを黙殺したが、そのなかでJ・パトリック・ゲリンだけが目を留めた。ゲリンは、ホイラーのパートナーシップのトレーディング部門を買収していた。ゲリンは身を立てるためにがむしゃらに這いまわっている荒くれで、セールスマンとしてIBMで働き、それから、二度ほど小さな証券会社で株式ブローカーの仕事をした。その証券会社は三流株を売っていた。それは株式ブローカーの手法のなかでもバフェットが嫌っていた部類に属するものだったし、ゲリンも、〝薬剤師〟の生活から抜け出せたらせいせいすると思っていた。

マンガーと知り合ったころには、痩身で端正な顔立ちのゲリンは、糊のきいたシャツの袖を、刺青が見えないように日に焼けた前腕まできちんと下ろすようになっていた。トレーダーとしてホイラー・マンガーの仕事をしているうちに、たちまちマンガーが金儲けに敏《さと》いことに気づいた、とゲリンはいう。そして自前の投資パートナーシップを立ちあげるために、マンガーとバフェットを手本にしはじめた。(註17)

マンガーは、シケモクを買い、裁定取引をし、小さな会社を買収することもあった——大部分がバフェットとおなじやり方のようでいて、バフェットとは若干異なる方向へ進んでいた。たびたび、アンダーソンに、「とにかく優れた会社が好きだ」と話した。コンタクトレンズ液のメーカーであるアラーガンなどの会社について、詳細な情報を書いてまとめるよう、アンダーソンに指示した。アンダーソンは意図を読み違え、貸借対照表を重視したグレアム式のレポートを書いた。マンガーはそのことで叱りつけた。マンガーが知りたかったのは、経営の力強さ、ブランドの永続性、どこが競合するかなど、アラーガンの無形資産の特質だった。

マンガーは、キャタピラー社のトラクターの販売代理店をクライアントにしたことがあった。そのビジネスでは、成長するためにトラクターを仕入れる必要があり、金がどんどん飲み込まれていった。マンガーは、持続的な投資を必要とせず、使うよりも多くの金を吐き出す会社を所有したいと思った。では、そういう会社が持ちうる特質とはどういうものか？　なにが、そうした会社にとって、永続的な競争力となるのか？　マンガーはよく人に、「これまで話を聞いたなかで最良の会社はどこか？」とたずねた。しかし、マンガーはあまり辛抱強いほうではなく、相手に自分の考えを読んでもらいたがる傾向があった。(註18)

マンガーの性急さは、彼の頭から生まれる理論より際立っていた。一刻も早く押しも押されもせぬ金持ちになりたいと思っていた。マンガーとロイ・トールズは、どちらのポートフォリオが一年に一〇〇パーセント以上増えるかという賭けをしていた。また、バフェットが一度も巨額の借り入れをしたことがないのに対し、マンガーは大儲けをするためなら借金をしてもいいと考えていた。通いつめていたユニオン・バンク・オブ・カリフォルニアで、あるとき、「三〇〇万ドル借りたい」といった。「ここに署名してください」と銀行側は応じた。(註19)マンガーは途方もなく大きな取引に乗り出した。一九ドル前後で売られていて、カナダ政府に二二ドル強で買い取られる予定のブリティッシュ・コロンビア電力の株があった。マンガーは、パートナーシップの全資産のみならず、自分の有り金すべてと、借りられるだけ借りた金すべてを、このたった一種類の株の裁定取引に注ぎ込んだ(註20)——失敗する可能性がほとんどない取引だというだけで。売買は滞りなく進み、このディールでたっぷりと儲けることができた。

取り組み方に違いがあるとはいえ、マンガーはバフェットを投資の王者と見なし、自分はその王位を友好的に狙っているだけだと考えていた。(註21)「ビビアン、ウォーレンとつないでくれ！」ビビアンにかわってだれが秘書になっても、一日に数回そう叫んだ。(註22)マンガーは、菜園の作物を育てるように、バフェットとの友情をはぐくんだ。バフェットは自身の理念を説明する際、「人に便乗するべし」といった。(註23)しかし、友人が自分に便乗するのは気に入らず、便乗されると倫理に反する行為と見なした。だから、友情をはぐくもうとしているマンガーが隠し立てせず自分の取引について話した――ブリティッシュ・コロンビア電力の投資にはバフェットも誘った――のに対し、バフェットは、パートナーといっしょに計画に取り組んでいるときは別として、つねに取引の内容を自分ひとりの胸に納めておいた。

一九六〇年代はじめには、バフェットがグレアムとマンガーに会えるよう、バフェット家はカリフォルニアで休暇を過ごすようになった。バフェットとスージーが子供たちを連れてのんびりと海岸沿いに旅したことも一度あったが、それ以外のふだんの旅行ではサンタ・モニカ・ブールバードに泊まり、バフェットはマンガーと何時間も株の話をした。たがいの理念の違いが長話のひとつの原因だった。バフェットは、リスクがあまりにも大きい場合はいつでも儲けるチャンスを見送るつもりでいた。資本を維持することが神聖な使命であるとさえ思っていた。マンガーのほうは、すでに財を成しているのでなければ、金持ちになるために——勝算があれば——ある程度のリスクを冒しても差し支えないという考え方をした。自分の考えを図々しくぶつけるというのは、バフェットと親交を深めようとする人間のなかでは異色だった。マンガーは自分を高く評価していたので、バフェットへの敬意にもおのずと限界があったのだ。

　偉大な会社の探求にいそしんでいたマンガーは、バフェットがベン・グレアムに心酔していることが理解できなかった。「ウォーレンはベン・グレアムのことを説明するのが、それはもう上手だった」と、後年マンガーは書いている。バフェットは「まるで、ふつうの会話をしているときに数分ごとに〝ドカーン、ドカーン！　ゲティスバーグの戦いを思い出すぜ〟といい出す南北戦争の帰還兵のようだった」という。(註24)

　マンガーが思うに、グレアムの欠点は、未来が「好機に富んでいるのではなく危険に満ちている」と考えるところだった。(註25)マンガーは、腰をかがめてシケモクを拾って最後のひと吸いをする単純作業に潜むグレアムの暗い悲観論から、バフェットを引き離そうとした。

　バフェットは、アメリカ企業の長期的な見通しについては、上昇機運にあると楽観的に見ていた。だからこそ、父親とグレアムの助言に反して、株式市場に投資することができたのだ。ただ、投資手法ではいまだに、清算価値にもとづいて企業を観察するというグレアムの不吉きわまりない習慣を踏襲していた。マンガーは、バフェットに安全マージンの定義を見直し、数値データ以外も考慮に入れるよう仕向けようとした。バフェットは問題の解決を理論的に考えるとき、しばしば破滅的な予想に陥りがちだが、マンガーはそれを改めさせようとした。父親のハワードは、つねにあたかも一刻の猶予もないとでもいうように、ドルが無価値になる日に備えていた。それに比べれば、バフェットははるかに現実的だった。そうはいっても、確率的に長い目で見たときに、悪化する可能性のあるものはいずれ悪化するという結論に達する傾向があった（また、それがしばしば的中した）。こうした考え方は諸刃の剣だった。おかげでバフェットは、最後の審判の日を想定に入れた先見の明のある経営者になった。複雑にもつれた問題をときほぐすのに、ときにはかなりおおっぴらに、この剣を振るうことが増えてゆく。

その数年前のことだが、店頭銘柄専門のトレーディング会社ニューヨーク・ハンゼアティックに勤務するバフェットの友人ハーブ・ウォルフが、金儲けの妨げとなっているバフェットのもうひとつの性格上の弱点を矯正するのに一役買った。公益事業を請け負うアメリカン・ウォーター・ワークスに投資していたウォルフは、一九五〇年代はじめに《コマーシャル&ファイナンシャル・クロニクル》に載ったIDSコーポレーション

についての記事を読んで、バフェットの存在を知った。(註26)

「ハーブ・ウォルフは、ニュージャージー州ハッケンサックでだれかが入浴した場合、それがアメリカン・ウォーター・ワークスの収益にあたえる影響をはじき出すことができたんだ。あるとき、ハーブは私にこういった。〝ウォーレン、きみは黄金でできた干草の山から黄金の針を見つけ出そうとしているけど、針にこだわってどうするというんだ〟。私は、見つかりにくいものほど好きだった。宝探しのように考えていたんだね。ハーブは、そんな考え方から抜け出させてくれた」

一九六二年には、バフェットは宝探しのような考え方を捨てていた。しかし、ウォルフとおなじように細部への情熱は持ちつづけていた。それに、補佐役をもうひとり雇わなければならないほど、バフェットの事業は拡大していた。その補佐役に対しては、自分が給料を支払わなくてもすむようにうまく手配した。どんな場合でもバフェットは間接費をきりつめようとした。その手段として、必要に応じていつでも支払いを打ち切れる形をとるか、あるいは、できれば――今回のように――実質的にゼロになるような形で経費をまかなった。

バフェットの友人で、ヘンリー・ブラントというウッド・ストラザーズ&ウィンスロップの株式ブローカーがいた。ＢＰＬのための調査をパートタイムで行なっていた。バフェットは、ウッド・ストラザーズ経由の株式売買の手数料を、ブラントの働きに対する報酬に充てていた。いずれにせよだれかしらに売買手数料を支払うのだから、ブラントには実質的に無料《ただ》で調査してもらっていたわけだ。(註27)

そのブラントが、ほぼ一〇〇パーセントの時間をバフェットの仕事に充てるようになった。バフェットは、その報酬として、ブラントにはパートナーシップの手数料を免除し、歩合を取らずにパートナーシップ外の取引にも参加させた。ふたりには、企業の細部をとことん知ろうとする共通点があった。ブラントはつっこんだ質問をすることも怖《おそ》れなかった。バフェットとは違い、必要とあれば嫌われることもためらわなかった。相手にしつこくつきまとっては質問して、細かすぎるほどの調査を大量にこなした。だが、ブラントは黄金の針を見つけるまでやめることができなかった。そこで、バフェットは、宝探しと化すことがないよう、方針を決め、舵を取った。ブラントが提出するメモや報告書の山は、三〇センチほどの厚みがあった。(註28)

ブラントの仕事のひとつは、投資ライターのフィル・フィッシャーがいうところの〝ゴシップ〟を聞き込むことだった。フィッシャーは、売上を持続的に伸ばす力や、優れた経営陣、研究開発といった質的要素が、投資の確実な条件となると主張している。(註29)マンガーが偉大な会社に求めているのとおなじ特質である。こういった要素が株の長期的な潜在力の評価において有用だというフィッシャーの概念が、しだいにバフェットの思考に入り込み、やがて、根を下ろすことになる。

バフェットは、マンガーが知ったら喜ぶに違いないと、ある構想についてブラントにつっこんだ調査をやらせていた。この一件はその後、バフェットのキャリアにおける輝かしい瞬間のひとつとなる。このビジネスチャンスをもたらしたのは、商品取引の大実業家で、大豆油の世界最大の業者だったアントニー・〝ティノ〟・デアンジェリスの謀略である。一九五〇年代後半、デアンジェリスは大豆油で儲ける最高の方法を見つけたと確信した。

デアンジェリスは大豆油を、五一の銀行から金を借りるときの担保にしていた。(註30)タンクの大豆油の量はだれにもわからないのだから、数字をちょっと水増しすれば借り入れを増やせることに、彼は気づいた。

タンクはニュージャージー州ベイヨーンの倉庫にあり、倉庫の管理は巨大なアメリカン・エキスプレス帝国のほんの片隅にあるような小さな子会社が行なっていた。倉荷証券、すなわち、タンクにどれだけの大豆油があり、どれだけの量を売買できるかを証明する書類を、この子会社が発行していた。アメリカン・エキスプレスが、その倉荷証券に裏書きされている油の在庫の保証人だった。

タンクはすべてパイプとバルブでつながれているという仕組みだった。デアンジェリスは、タンクからタンクへと大豆油を流し込めばいいと考えた。そうすれば、一ガロンの大豆油を担保に、本来の二倍、三倍、四倍の融資を受けることができる。やがて、倉荷証券を担保として融資をとりつけるのに使われる大豆油のじっさいの量は、どんどん減っていった。

そのうちにデアンジェリスは、大豆油がほとんどいらない妙案を思いついた。検査担当者をごまかせる量だけあればいい。そんなわけで、タンクは海水で満たされ、検査担当者が計量棒を挿し入れるのに使う小さい管のなかにだけ大豆油がはいっていた。検査担当者たちは違いに気づかず、管以外からサンプルを採取して検査しようとも思わなかった。[註31]

一九六三年九月、デアンジェリスは、さらに大儲けできる機会がめぐってきたと見た。ソ連でヒマワリが不作になり、油の原料を大豆に替えざるをえないだろうという風説がひろまったのだ。デアンジェリスは大豆油を買い占め、ソ連に法外に高い値段で買わせようと思い立った。彼は先物取引を始めた。先物契約では、大豆油の価格が現在の価格より高くなると見込んで、将来の所定の日を決済日として大豆油を買うことができる。大豆の先物には特に購入の上限はなく、いくらでも買うことができた。それどころか、地球上に存在するより多くの大豆油を手中に収めることも可能で、デアンジェリスはそれを実行した。(註32) その際、ブローカーから多額の借り入れをした。

ところが、突如としてアメリカ政府がソ連の買い付けを阻む可能性が出てきた。大豆油の価格は暴落した。なんの値打ちもなくなった倉荷証券を手にしたデアンジェリスの債権者たちは、人を雇って調査させ、倉荷証券の振出人であるアメリカン・エキスプレスを相手取って一億五〇〇〇万ドルないし一億七五〇〇万ドルの損失を取り戻そうとした。やがてなんの価値もない海水だけが詰まったタンクをいくつも抱えていることが判明して、アメリカン・エキスプレスは株価急落に見舞われた。事件の内容が新聞に掲載されはじめた。

その二日後、一九六三年一一月二二日金曜日、ジョン・F・ケネディ大統領がダラスで自動車パレードの最中に暗殺された。

ケネディが撃たれたという知らせを聞いたとき、バフェットは、キューイット・プラザ一階のカフェテリアで昼食をとっていた。階上の事務所に戻ると、株が売りに売られてどんどん下落しているのを目にした。つづいて、大恐慌以来はじめて立会時間の最中に取引が緊急停止になった。(註33)

全国民が茫然として、激しい悲しみと怒りと恥辱に打ちひしがれた。バフェットは、ほかのすべての国民と同様に、家に帰り、週末のあいだずっと、流れるテレビの報道を見ていた。いかにもバフェットらしく感情の高ぶりを一切見せず、むしろ超然としていた。テレビというメディアを通して、衝撃と悲しみが世界をひとつにした。しばらくのあいだ、アメリカは暗殺以外のことを考えられなかった。

新聞各社は、劇的な見出しが優先される数日間は、アメリカン・エキスプレスのスキャンダルを紙面の片隅に追いやった。(註34)しかし、バフェットは目を離さずにいた。アメリカン・エキスプレスの株価は、市場が閉じた金曜日の衝撃からいっこうに回復せず、下り坂を滑り落ちていた。投資家たちは、アメリカ屈指の権威ある金融機関の株から群れをなして逃げようとしていた。(註35)アメリカン・エキスプレスが生き残れるかどうかさえ疑わしかった。

しかしアメリカン・エキスプレスは、金融業界で台頭しつつある会社だった。同社のトラベラーズ・チェック五億ドル相当が世界中で流通していた。五年前にはじまったクレジットカード事業は大成功を収めた。同社の価値は、そのブランド名にあった。アメリカン・エキスプレスは信用を売っていたのだ。その名声についた汚れは、もはや同社の名前が信用されなくなるほど顧客の意識に染み込んでしまったのではないか？　バフェットは、アメリカン・エキスプレスのカードとトラベラーズ・チェックを取り扱っているオマハのレストランや店を調査することにした。(註36) 調査はヘンリー・ブラントに任せた。

ブラントは、アメリカン・エキスプレスが競合他社と比較して優位にあるかどうかを判定するため、トラベラーズ・チェックの利用者、銀行の窓口係、レストラン、クレジットカードの所有者に探りを入れた。(註37) 例のごとく、厚さ三〇センチほどの書類の山ができあがった。それを整理・分類してバフェットが下した判断は、顧客はアメリカン・エキスプレスというブランドの利用に問題を感じていないというものだった。ウォール街の汚れは、小都市の中産階級までひろがってはいない。(註38)

バフェットが数カ月かけてアメリカン・エキスプレスの調査を行なっているあいだに、父親の健康状態が急変した。数回の手術にもかかわらず、ハワードの癌は全身にひろがっていた。一九六四年はじめ、バフェットは実質的に一家の長としての役割を引き継いだ。間に合ううちに父に話して、遺言書から自分の名前を消し、姉ドリスと妹バーティーの信託財産の持ち分が増えるようにした。相続金の一八万ドルは、バフェットとスージーの純資産から見ればごくわずかだったから、自力でたやすく稼げるのにそれを受け取るのは理に適わないと思ったからだ。それから、子供たちのために別個に信託をつくり、ドルの価値がなくなったら一家の避難先にしようと考えていた例の農場がハワードの孫たちに受け継がれるようにした。バフェットがこれら信託の受託者になる予定だった。ハワードの遺言書には、平凡な木の棺と金のかからない葬儀という記述があったが、家族が説得してその部分を削除させた。(註39) バフェットがなによりも躊躇したのは、父親に自分はもう心からの共和党員ではないと打ち明けることだった。(註40) 理由は公民権だと述べている。(註41) しかし、驚くべきことに、ハワードの存命中は、共和党員としての有権者登録を変更する気にはならなかった。(註42)

「そんなふうに父に恥をかかせようとは思わなかった。というより、父が生きているあいだにそんなことをしたら、私もひどくやりづらくなっただろう。表向きは、父と対立する政治的立場をとるつもりはなかった。父の友人たちに、ウォーレンもひどい仕打ちをすると思われてしまう。だから私にはどうしてもできなかった」

家ではだれも迫りくるハワードの死を話題にしなかったが、(註43) スージーはリーラにかわってハワードの世話のおおかたを引き受けていた。子供たちを病院の窓の外に立たせ、〝おじいちゃん大好き〟というカードを掲げさせた。スージーはさらに、いかなる状況でも病気と正面から向き合うのが苦手な夫を、毎日病院に見舞いにいかせるようにした。

父親の容態が悪化するあいだも、バフェットはアメリカン・エキスプレスに注意を集中していた。バフェットが蓄えたパートナーシップの運用資産は、過去最高額になっていた。一九六四年の年初のBPLの資本は、一七五〇万ドル弱だった。自分の資金も爆発的に増え、バフェットは一八〇万ドルの資産を所有していた。ハワードが亡くなる前の数週間、バフェットはアメリカン・エキスプレスに投資しはじめ、作業を首尾よく進めて、できるだけ手早く取引した。株価を押しあげない範囲で、多くの株を買い集めた。ほんの五年前は、ナショナル・アメリカンを買う数万ドルを工面するために、あちこちから金をかき集めなければならなかった。これほど莫大な額をこれほどすばやく動かすのは、生まれてはじめてだった。

ハワードの末期《まつご》の数日は、スージーがひとりで何時間もぶっとおしで付き添うことが多かった。スージーには痛みがわかっていたし、そのことを気遣っていた。スージーは死を怖れず、周囲の人間がつぎつぎと参ってしまっても、ハワードを看病する気力を失わなかった。打ちのめされていたリーラからすべてを任された。死というものに間近に接して、自分と他人のあいだの境界が消えてなくなるのを感じた。「多くの人は避けようとするけれど、私にとっては自然なことだった」とスージーは語る。「大好きな人と身体的にも感情的にもあんなにぴったりと寄り添えたのは、すばらしい経験だった。相手が欲しているものが、私にははっきりとわかったんですもの。頭の向きを変えてほしいとか、小さい氷がほしいとか思っていることがわかるの。わかるの。感じるのよ。私は義父《ちち》のことが大好きだった。義父《ちち》がくれた贈り物は、そういう経験をさせて、それをどう感じるかを私がみずから知り、悟るようにしてくれたことなの」(註44)

リトル・スーズ、ハウイー、ピーターが、ある晩、キッチンテーブルを囲んで座っていたとき、それまで見たこともないほど沈んだ表情をした父親が部屋にはいってきた。「おばあちゃんの家に行ってくる」とバフェットはいった。「どうして？　病院には行かないの？」と子供たちはたずねた。「今日おじいちゃんが亡くなった」とバフェットはいい、それ以上一言もいわずに裏口から出ていった。

妻スージーが一家を代表して葬儀の手配をし、その間、バフェットは呆然と押し黙ったまま家でじっとしていた。リーラはひどく取り乱していたが、天国で夫とふたたびいっしょになれることに望みを託していた。スージーはバフェットに父親の死に対する感情を吐き出させようとしたが、バフェットは文字どおり考えることができずにいた。思いつくかぎりのほかの物事でやり過ごそうとしていた。しまいには、バフェットの根幹をなす金銭的保守主義が顔を出し、スージーが業者の口車に乗せられてハワードの棺にお金をかけすぎたと文句をいった。

五〇〇人の人たちが父親の死を悼んだ葬儀のあいだじゅう、バフェットは口をきかなかった。ハワード・バフェットの政治観は生きているあいだはさまざまな議論を呼んだが、人々は最後には敬意を表しにやってきた。その後数日、バフェットは家から出なかった。(註45)よからぬ考えを払おうとするかのように、テレビで歴史上注目すべき公民権法が議会で討論されるのを眺めた。ふたたび事務所に通うようになると、猛烈な勢いでアメリカン・エキスプレスの株を買いつづけた。ハワードの死から二カ月たった一九六四年の六月末には、同社の株に投じた資金は三〇〇万ドル近くに達し、パートナーシップにおける過去最大の投資となった。バフェットは見た目には悲しんでいるようすをまったく見せなかったが、(註46)やがてデスクの向かい側の壁に父親の大きな肖像写真を掛けた。そして、葬儀から数週間たったころ、頭の横に禿《はげ》がふたつできた。精神的打撃で髪の毛が抜け落ちたのだ。

第27章　愚挙

オマハとマサチューセッツ州ニューベッドフォード
——一九六四年〜一九六六年

父の死の六週間後、バフェットは思いもよらない行動に出た。もはや金だけの問題ではなかった。アメリカン・エキスプレスは大豆油のスキャンダルで間違ったことをしたのだから、償いをすべきだと考えた。アメリカン・エキスプレスは、道義的な責任を感じていると述べ、銀行の要求に応じて六〇〇〇万ドルの和解金を支払うことを申し出ていた。ところが一部の株主が、会社は金を支払わず法廷で争うべきだと主張し、告訴していた。バフェットは、経営陣が選んだ和解案を擁護するために、自費で証言することを申し出た。

しかし、アメリカン・エキスプレスは、模範になるために金を払おうとしているのではなかった。株価に悪影響を及ぼす裁判を避けたいだけだった。アメリカン・エキスプレスの顧客もまったく気にしていなかった。そもそも、大豆油のスキャンダルなど顧客はたいして憶えていなかった。

バフェットは、同社が銀行に六〇〇〇万ドルを支払うほうが、「子会社の不始末に責任をとらない場合よりもはるかに大きな価値がある」と書いている。(註1) また、六〇〇〇万ドルの支出は、長い目で見れば、「郵送中に紛失した」配当小切手のように些細なものだと形容した。

バフェットが、郵送中に紛失した六〇〇〇万ドル分の配当小切手を磊落《らいらく》に些事だと斥《しりぞ》けたことを知ったら、かつて焼却炉に配当小切手をほうり込み、回収したもののその出来事を夫に打ち明ける勇気が湧かなかったスージーは、肝をつぶしたかもしれない。(註2) それに、なぜバフェットは、アメリカン・エキスプレスが「ふつうの営利企業よりもはるかに財務面で誠実かつ廉直で責任感が強い」ことに関心を持つようになったのだろう？　正直で信用できるという世評が、会社として「きわめて大きな価値」になるという概念は、どこから生まれたのだろう？　なぜ、証言しようと思ったのだろう？　バフェットはもともと父親と同様に正直であろうと努めてはいたが、いまや信条の問題について唯我独尊に説教するハワードの性向を受け継いだようにも思える。

バフェットはつねに、投資した会社の経営陣に影響をあたえようとしていた。しかし、その会社を、献金皿をまわしながら説教する教会に変えようとしたことはなかった。
倫理面で廉直であることには投資価値があるというバフェットの意見を裏付けるかのように、アメリカン・エキスプレスは和解金を支払い、乗り越えるべき試練を乗り越え、いっとき一株三五ドルを下回った株価は上昇して四九ドルを超えた。一九六四年一一月には、バフェットのパートナーシップは、アメリカン・エキスプレス株を四三〇万ドル以上保有していた。ほかにも、テキサス・ガルフ・プロデューシングに四六〇万ドル、ピュア・オイルに三五〇万ドルを大きく投資していた。この三社がポートフォリオの半分以上を占めた。(註3)一九六五年には、アメリカン・エキスプレスだけでパートナーシップのポートフォリオのほぼ三分の一を占めるようになった。
集中的な賭けをすることを怖《おそ》れないバフェットは、一九六六年になっても買いつづけ、ついに一三〇〇万ドルをアメリカン・エキスプレスに注ぎ込んだ。そして、パートナーに新しい〝基本原則〟を知らせ、資産の四〇パーセントを一種類の株に投じることもあると告げた。(註4)
バフェットは、師であるベン・グレアムの世界観から遠く離れたところへ果敢に足を踏み入れていた。グレアムが提唱した冷徹な〝定量的〟手法は、馬の速さに目を向けるスピード予想屋の世界、純然たる統計分析にもとづいてシケモクを拾い集める人間の世界だった。朝に出勤して『ムーディーズ・マニュアル』やスタンダード&プアーズの週報をめくり、とぼしい数値データをもとに割安銘柄を探し、トゥイーディー・ブラウン&ナップのトム・ナップに電話して株を買わせ、市場がひけたら帰宅し、夜はぐっすり眠る。これはバフェットの好みの手法で、本人がいうように「明白な定量的判断に従ったほうが確実に金が稼げる」。しかし、この手法には、欠点がふたつあった。データから見た掘り出し物はゼロにひとしいほど減っていたし、シケモクは小さい会社であることが多いので、大金を投入するときには功を奏さなかった。

そういった手法を引きつづき駆使しながらも、バフェットはアメリカン・エキスプレスについては、のちに本人が〝実現可能性の高い予見〟と呼ぶ考えを採用したが、これはベン・グレアムの発想とはかけ離れている。アメリカン・エキスプレスの主な資産は顧客の信用だった。バフェットは、パートナーの資金――家族や友人の金――をチャーリー・マンガーが〝偉大な会社〟について語るときによく触れる競争力に賭けたのだ。この手法は、フィル・フィッシャー流のクラス予想屋のやり方で、定量分析ではなく定性分析で質を見る必要がある。

のちにバフェットはパートナーへの手紙に書いている。「適正な会社（将来性があり、業界固有の強みを持ち、優れた経営陣がいる、など）」を買えば、「株価はおのずと上がります……そういうものこそ、キャッシュレジスターを景気よく鳴らすのです。とはいえ、正しい予見というものはめったにひらめかないし、そういう好機は稀にしか訪れません。いうまでもなく、定量的なやり方のときには予見する力は不要です――数字が野球のボールみたいに頭の上をどんどん飛び越し、ヒットにはなります。でも、しっかりと定性的な判断をする投資家のほうが、大きな儲けを出しやすいのです(註5)」。

こういった定性的な見方を重視した新手法が功を奏し、一九六五年末、バフェットはパートナーに信じがたいほどの好成績を発表することができた。パートナーへの年次報告で、この莫大な利益を、ダウ平均を年一〇ポイント上回るという以前の予測と比較し、この輝かしい成績について、こう書いた。「筆者としてはむろんこのような間違いを犯しておおっぴらに恥をかくのはごめんこうむりたい。このようなことは十中八九、二度と起こらないでしょう(註6)」むろん皮肉をこめてそう表現したのだが、バフェットはパートナーの過大な期待に予防線を張ることを忘れなかった。すばらしい運用成績がつづくにつれて、パートナーへの手紙には、成功と失敗の判定に強くこだわる表現が見られるようになる。そのパターンに読み手が気づきはじめ、バフェットが自分たちをあやつろうとしていると考えたり、謙虚なふりをしていると非難したりする人間が現われた。バフェットの心に潜んでいる自信のなさなど、知る由もなかったからだ。

ハワードの死の翌年、バフェットは、父親を偲ぶ記念事業をなんらかの形でやりたいと考えはじめた。どこかの大学に記念講座を開設することも検討した。しかし、これぞという手段を思いつかなかった。スージーと共同で、教育運動に少額の助成をするバフェット財団を設立してはいた。だが、それはバフェットが父親のためにやりたいと思うこととは違っていた。それに、バフェットには慈善家になる気はこれっぽっちもなく、金を分けあたえたり、財団を運営したりするのはもっぱらスージーだった。そこでバフェットは片時も気を抜くことなく仕事に専念した。アメリカン・エキスプレス株でホームランを打ったあと、一九六五年四月にオマハ・ナショナル銀行の信託部門に勤めていたジョン・ハーディングを、事務を任せるために雇った。ただし、ハーディングには、「私がずっとこの仕事をつづけるとはかぎらない。私がやめたらきみは失業する」といい渡した。(註7)

しかし、バフェットがやめる気配は微塵もなかった。ハーディングは投資を学びたいと思っていたが、その野望はたちまち潰《つい》えた。「自分で投資をしようと考えるたびに、バフェットの手腕を見てその気を失《な》くした」とハーディングは語っている。そのかわり、パートナーシップに有り金の大半を投じた。

ＢＰＬのために何百万ドルものアメリカン・エキスプレス株をかき集めるいっぽうで、

バフェットは、もっと大きな獲物を狙いはじめた。それは巨大なシケモクであると同時に、自宅でバスローブ姿で『ムーディーズ・マニュアル』をめくる作業とはかけ離れた〝定性的〟なクラス予想屋を必要とするディールだった。バフェットのつぎの標的、つぎのシケモクは、オマハから遠く離れた場所にあった。

バフェットのネットワークに属していたグレアム門下生は、つねにアイデアを模索していた。そのひとりのダン・コーウィンが、マサチューセッツ州ニューベッドフォードにある清算価値以下の株価で売られている繊維会社の話を持ってきた(註8)。そこを買って清算し、事業をばら売りするというのがコーウィンの構想だった。社名はバークシャー・ハザウェイ。父親を亡くしたショックで抜け落ちた頭の毛がふたたび生えるころには、バフェットはその新しい構想に本腰を入れて取り組んでいた。

バフェットは、まず上空を旋回するように会社を観察した。ゆっくり時間をかけてバークシャー・ハザウェイの株を買っていった。今回選んだのは、いいか悪いかは別として、マサチューセッツ州ほどにも気宇壮大な人物が経営する会社だった。

バークシャー・ハザウェイのシーベリー・スタントン社長は、不本意ながら過去一〇年に一〇カ所以上の工場を、ひとつずつ閉鎖していた。ニューイングランド沿岸部の静かに衰えゆく町々を流れる川に沿い、広大な工場の廃墟が、遠い昔にすたれた宗教の赤煉瓦の神殿さながらにたたずんでいた。

シーベリー・スタントンは、会社を陣頭指揮するスタントン家の二代目で、運命を切り拓く気概に満ちていた。グラント・ウッドの絵画〈アメリカン・ゴシック〉から抜け出した人物をニューイングランド風にしたようなスタントンは、来訪者を一九〇センチ近い長身から冷ややかに見下ろした——といっても、彼に会えるかどうかが問題だった。スタントンは、騒々しい織機の音の聞こえない奥の院にこもっていた。そのペントハウスのオフィスへ行くには、長く狭い階段を上がり、何人もの秘書を通さなければならなかった。

スタントンの本拠地ニューベッドフォードは、その昔、ニューイングランド地方の王冠を飾るダイヤモンドだった。一時期はマッコウクジラの捕鯨船が出る港があり、アメリカ北部でもっとも豊かな町だった。(註9)捕鯨船の船長だったスタントンの祖父は、その都市——世界一蛮勇に満ちた産業の中心地——の有力な一族の長だった。ところが、マッコウクジラの数が減ると、中国茶の貿易に代々携わっていた一族のホレイショ・ハザウエイと、(註10)その会計係のジョセフ・ノウルズは、産業界の趨勢に乗り遅れまいと、パートナーを集めて会社を設立した。アクシュネット・ミル・コーポレーションとハザウェイ・マニュファクチャリング・カンパニーという繊維工場二社が発足した。(註11)パートナーのなかには、ニューベッドフォードで育った海運業者の女相続人で、ホーボーケンにある家賃の安い集合住宅からフェリーに乗ってニューヨークへ行っては金を貸し、投資していた有名な〝ウォール街の魔女〟ヘッティ・グリーンがいた。グリーンは、古風な黒いアルパカのドレス、肩に巻きつけたケープ、年老いたこうもりを思わせる色あせたベール付きの帽子というしいでたちでマンハッタン南部を闊歩した。一九一六年に他界するまで、グリーンは世界一裕福な女性だった。(註12)

こういった投資家たちから資金の提供を受けて、南部から来た船からニューベッドフォードの波止場に荷揚げされる大量の綿花を梳《す》き、紡ぎ、織り、染色する工場が、つぎつぎと建った。新設された工場の命名式のためにときおり当地を訪れた下院歳入委員会委員長ウィリアム・マッキンリー下院議員は、海外の輸入品から織物工場を保護するための関税をかけることを提起した。その時点ですでに、繊維製品は外国で製造するほうが安価だったからである。(註13)つまり、出だしから、北部の織物工場は政治的な後押しがなければ生き残れなかったのだ。二〇世紀はじめには、空調技術によって、繊維工場に革命的な変化がもたらされた。湿度だけではなく空気中の浮遊物も適切に処理できるようになったため、労働力の安い南部から寒冷なニューイングランド地方まで綿花を船で輸送するのは経済的にも無用になった。ノウルズの後継者ジェイムズ・E・スタントン・

ジュニアの目の前で、競合他社の工場の半数が南部へと逃げていった。(註14) ジェイムズ・スタントンは「事業不振で先が見通せないときに設備投資に株主の金を費やす気になれなかった」のだ、と息子のシーベリー・スタントンは述べている。(註15) 先代は会社の資本を削って配当支払いにまわした。

息子でハーバード大卒のシーベリー・スタントンが一九三四年に跡を継いだころには、老朽化したハザウェイの工場はわずかな反数の綿布を織る毎日だった。それでもスタントンは織物工場を救う英雄気取りでいた。弟オーティスとともに、五年かけて近代化する構想を抱いた。(註16) 綿から絹の代用品である廉価な人絹、レーヨンに切り替え、戦時中はパラシュート用のレーヨン生地をつくって一時的に急成長した。年を追うごとに、足元の岸辺に打ち寄せる波――海外からの安い繊維製品、さらなる自動化を遂げる他社、安価な南部の労働力――は、スタントンの工場をますます脅かすようになった。

一九五四年、ハリケーン・キャロルが襲来し、四メートルを超える津波が、コーブ通りのハザウェイの本社に流れ込んだ。だれの目にも、とるべき対応策は工場の再建ではなく、南への行進にくわわることだと思われた。ところが、シーベリー・スタントンは、高波を防ぐ防波堤を築こうとして、ハザウェイを別の織物会社バークシャーと合併させた。(註17)

バークシャーの社長のマルコム・チェースは、近代化には一銭たりとも金を使おうとしなかった。チェースは当然ながらシーベリー・スタントンの計画に反対したが、新会社バークシャー・ハザウェイは、運命を切り拓こうとするスタントンの気概に支配されていた。スタントンは製品ラインを一本化してレーヨンに的を絞り、アメリカ国内の男性用スーツの裏地の半分以上を生産した。(註18) 彼は「執拗な」近代化を進め、さらに一〇〇〇万ドルを工場に注ぎ込んだ。

そのころには、弟のオーティスは、いつまでもニューベッドフォードにとどまっていられないのではないかという疑いを持ちはじめていたが、シーベリーは織物工場を南部に移す時機はとうに過ぎたと考え、(註19) 工場復興の夢をあきらめようとしなかった。(註20)

一九六二年にダン・コーウィンがバークシャーの話をバフェットに持ちかけたとき、バフェットは、すでにバークシャーのことを知っていた。企業価値は――会計士の計算では――二二〇〇万ドル、一株当たりにすると一九ドル四六セントだった。(註21) ところが赤字が九年もつづいたために、株価はわずか七ドル五〇セントに沈んでいた。バフェットは買いはじめた。(註22)

シーベリー・スタントンも、二年に一度、自社株買いをしていた。スタントンは今後もタイミングを見計らって、株価が下がるたびに買い、上がれば売るに違いないというのが、バフェットの読みだった。

バフェットとコーウィンは株の買い集めに取りかかった。バフェットが買っていることが人に知れると株価が上がるおそれがあったので、トゥイーディー・ブラウンのハワード・ブラウンを通して買った。トゥイーディー・ブラウンはバフェットがお気に入りの証券会社だった。口の堅い人間がそろっていたからだ。バフェットにとって、それはことに重要だった。トゥイーディー・ブラウンでは、バフェットのパートナーシップの勘定にはBWXという暗号名がつけられていた(註23)。

かつてベン・グレアムの仕事場でもあった、ウォール街五二番地のアールデコ様式の建物に小さなオフィスを構えているトゥイーディー・ブラウン社へ行くと、バフェットは一昔前の理髪店に足を踏み入れたような気がした。床に市松模様の白と黒のタイルが張ってあるからだ。トレーディング室の中央には、捨てられる寸前でもらってきた長さ六メートルほどの木のテーブルが置いてあった。学校で何世代にもわたってペンナイフを構えた生徒に使われたことを示す跡が、天板のあちこちに残っていた。数字を書きとめるときは便箋を一冊、その紙の下に敷かなければならなかった。さもないと、〝トッドはメアリーが好き〟といった文字の浮き彫りができてしまう。

生徒の落書きがあるテーブルのいっぽうの側では、ハワード・ブラウンが温和だが権威をもって采配をふるっていた。ブラウンとそのパートナーの向かい側には、トレーダーがひとり座っていて、ご多分に漏れず売買の用件で電話が鳴るのをそわそわしながら待ち構えていた。その隣の空いている部分が、〝来客用のデスク〟だった。壁ぎわには、とんでもなく安物の木の書類棚がならんでいた。

トレーディング室の先の、ウォータークーラーとコート掛けで半分ふさがっている賃貸用の小部屋——実質的には物置のようなもの——には、ウォルター・シュロスがおり、使い古されたデスクで自分のパートナーシップを管理していた。グレアムの手法をすこしも逸脱することなく活用していたシュロスは、グレアム・ニューマンを辞めてからずっと、年平均二〇パーセントを超える利回りを確保していた。トゥイーディー・ブラウンへ株の売買を発注する際の手数料が家賃がわりだった。売買の件数はすくなかったから、家賃ではかなり得をしていることになる。それ以外の支出といえば、《バリュー・ライン・インベストメント・サーベイ》に払う購読料、紙と鉛筆、地下鉄に乗るためのトークンくらいのものだった。

ニューヨークでバフェットが落ち着ける場所は、トゥイーディー・ブラウンの来客用のデスクを措《お》いてはなかった。この会社は、裁定取引や、ワークアウト（もうほとんど死んだも同然だが、ほんのすこしだけ儲ける余地が残っている）、〝スタブ〟（買収され、切り売りされる）といった、バフェット好みの取引を扱っていた。取引対象の有価証券としては、（ニューヨーク市クイーンズ区の）ジャマイカ水道という会社の一五年満期の株式買付権証書《ワラント》などもあった。これは、水道会社の株を買う権利で、ニューヨーク市がいずれ水道設備を買いあげるという憶測が飛び交うたびに値上がりした。憶測が静まると、また価格が下がった。トゥイーディー・ブラウンは、価格が下がると買い、上がると売るということを何度も何度もくりかえした。

トゥイーディー・ブラウンは、隠れた価値を掘り起こすために、サンボーン・マップのように、市場で過小評価されている目立たない会社の経営陣とやりあうのも得意だった。「うちはいつも訴訟を抱えていた」と、パートナーのひとりは語っている。[註24] なにもかもが昔日のグレアム－ニューマンのにおいに満ち、アメリカン・エキスプレスのような巨大な取引とは無縁だったが、バフェットは社内の雰囲気を気に入っていた。トム・ナップは大きな物置を勝手に自分のものにし、そのなかに、バフェットといっしょに買い占めに失敗して処置に困っている四セント切手と、メーン州沿岸部の地形図を詰め込んでいた。ナップは株で得た現金をメーン州沿岸地帯の買収に注ぎ込んでいたため、地図の山は着々と大きくなった。[註25] 山積みの四セント切手のほうは、トゥイーディー・ブラウンが週に一回、毎週一束ずつバフェットに送付している《ピンクシート》に貼ったので、すこしずつ減っていた。

ニューヨーク証券取引所に上場されていない《ピンクシート》銘柄の価格は、印刷された時点ではもう古い情報だった。バフェットにとって《ピンクシート》は、取引成立までブローカーとの頻繁な電話のやりとりを必要とする値引き交渉の糸口にすぎなかった。ブローカーを通してうまく事を運ぶことにかけては、バフェットは達人だった。最新の株価がわかりにくいおかげで、競争相手はすくなかった。マーケット・メーカーにつぎつぎと電話をかけて容赦なく絞りあげられるものが、意欲の劣るものや弱気なものに勝つことができるのだ。

たとえば、ブラウンがバフェットに電話をかけ、某社の株が一株当たり五ドルの売り指値で出ていることを知らせる。

「ふうん。買い指値は四ドル七五セントだ」バフェットは躊躇せずに答える。〝釣糸の投げ入れ〟というこの作戦で、売り手の空腹の度合いを探るのだ。

ブラウンは、電話で相手が値下げに応じるかどうかを確かめてからバフェットに電話して、「残念だが、五ドルより下にはならない」と伝える。

「論外だな」とバフェットは答える。

数日後、ブラウンがまたバフェットに電話をかけてくる。「あの株が四ドル七五セントになった。四ドル七五セントの買い指値を出すぞ」

するとこ今度は、「悪いが、四ドル五〇セントだ」と、バフェットは間髪をいれずに答える。

ブラウンがふたたび売り手に電話をすると、相手はこういう。「なんだって。四ドル七五セントはどうなったんだ」

「いったとおりだ。買い指値は四ドル五〇セントだ」

さらに何度か電話でのやりとりがつづき、ようやく一週間後、ブラウンがバフェットにまた電話をかけてきて、「オーケー、四ドル五〇セントでいこう」という。

「悪いが、四ドル三七・五セントだ」と、バフェットは値段をさらに一二・五セント下げる。

こうして、〝押しの一手《バフェッティング》〟で攻めてどこまでも値切った。買い指値を上げてまで株をほしがることは、めったに――ほとんどといっていいくらい――なかった。(註26)

一九六二年一二月一二日、バフェットはトゥイーディー・ブラウンを通じてバークシャー・ハザウェイの買い注文をはじめて出し、一株七ドル五〇セントで二〇〇〇株を買い、二〇ドルの仲介手数料を払った。(註27)トゥイーディー・ブラウンには買いつづけるよう指示した。

ーヴィンは、バークシャーのトップセールスマンで取締役でもあるスタンリー・ルービンに、バークシャーに関する聞き込みをした。ルービンは好都合なことに、取締役のオーティス・スタントンの友人でもあった。オーティスは、兄のシーベリー・スタントンが現状を把握していないと感じていた。〝象牙の塔〟で秘書たちに匿《かくま》われているシーベリーは、自分の崇高な理想と現実の食い違いが大きくなるにつれ、ますます酒におぼれるようになっていた。(註28)そのころには兄弟の不和は決定的になっていた。(註29)オーティスは、シーベリーが賃上げ要求に折れるのではなくストライキを受けて立つべきだったと思っていた。(註30)また、シーベリーが後継者として息子のジャックを選んだことも不満に思っていた。オーティスは、後継者には製造担当副社長のケン・チェースがふさわしいと考えていた。

シーベリー・スタントンは、バフェットの買い攻勢を受けて、買収の脅威が迫っているとばかりに、数回、自社株公開買い付けを行なった。それこそ、まさにバフェットの思う壺の展開だった。バフェットは、いずれスタントンがこちらの保有株を買い取ろうとするだろうとの読みで、買い増していた。バフェットがバークシャーの株をほしがったのは、保有するためではなく売るためだった。とはいえ、取引にはかならず買い手と売り手がいる。シーベリー・スタントンは、安い海外の繊維製品やハリケーン・キャロルという外敵に持ちこたえてきたような人物だった。シーベリーがバフェットに値切られるのではなく、バフェットがシーベリーに値切られる可能性もあった。

ほどなくバフェットは、自分の目で現地を見るために車でニューベッドフォードへ行った。そのときばかりは、ふらりと立ち寄るというわけにはいかなかった。シーベリーに厳として忠実な秘書のミス・テイバーが、来訪者に対し、ガラスの扉の向こうの狭い階段を上がってスタントンのペントハウスの事務室にはいっていいかどうかを決定する権利を握っていた。

ふたりは、隅にあったガラスの会議用テーブルを挟んで座った。バフェットはスタントンに、つぎの株式公開買い付けについての考えをきいた。スタントンは、鼻の先に乗せた金属縁の眼鏡ごしに見つめ返した。そのときのことを、バフェットはこう語っている。「向こうはまあまあ友好的だったんだが、そのとき、〝おそらく近いうちに株式公開買い付けをすると思うが、バフェットさん、いくらなら売ってくれるか〟とかそういう意味のことをいった。そのころ、同社の株は九ドルか一〇ドルで売られていた。

私は、そちらが株式公開買い付けをするなら、一一ドル五〇セントで売りますといった。すると彼は、〝では、公開買い付けをしたら、引き渡すと約束してくれるか〟といった。

私は、〝そうですね、そう遠くない将来であれば。二〇年後となると約束できませんが〟といった。でも、〝いいですよ〟と同意したんだ。

その時点で、私の行動は停止した。スタントンの出方がはっきりしたわけだから、これ以上株を買い集めるべきではないと考えた。そして、家に帰っていくらもたたないうちに、ファースト・ナショナル・ボストンの一部門であるオールド・コロニー・トラスト・カンパニーから、バークシャーの持ち株を一株当たり一一ドル三七・五セントで買うという株式公開買い付けの案内状が届いた」合意した値段より一二・五セント低い数字だった。

バフェットは憤激した。「ほんとうに激怒したよ。スタントンは取引成立だといって握手をしたも同然の値段から、一二・五セント削りとろうとしたんだ」

バフェットは〝押しの一手《バフェッティング》〟で攻めて値切ることに慣れている。そのバフェットからスタントンはくすねようとした。バフェットはダン・コーウィンをニューベッドフォードに派遣し、スタントンに約束に違反しないよう説得させた。議論の末、スタントンはバフェットと口頭で取引を行なったことを否定し、自分の会社なのだから好きなようにやらせてもらうとコーウィンに告げた。とんでもない間違いだった。ウォーレン・バフェットから騙しとろうとしたことを、シーベリー・スタントンは心から後悔するはめになる。バフェットは、売るのではなく、買うことを決意した。

バフェットは、バークシャーを手に入れる、買い占めると誓った。なにもかもすべて、株も、織機も、錘《つむ》も自分のものにする。バークシャー・ハザウェイが利益の出ない倒産しそうな会社であっても、ひるみはしなかった。安いし、心底ほしいと思った。なにより、シーベリー・スタントンに所有させておけないと思った。自分やほかの株主たちのほうが所有者にふさわしい。肚《はら》をくくると、バフェットはデンプスターの件で学んだ教訓をすべて放棄した――ただひとつを除いて。それを忘れなかったのは正解だった。

バフェットは偵察に人を送り、議決権株式の多くを所有している少数株主を探させた。コーウィンは、バークシャーの取締役会にくわわれるだけの株式を押さえた。ところが、まわりの人間たちも気づきはじめた。バフェットのコロンビア大学時代からの旧友であるジャック・アリグザンダーは、クラスメートのバディ・フォックスと投資パートナーシップを結成していた。「ある日、ウォーレンがバークシャー・ハザウェイという会社の株を買っていることを知った。それで、私たちも買いはじめた」とアリグザンダーは語っている。ふたりはコネティカット州のオフィスからニューヨークへ行ったときに、おなじ株を買っていることをバフェットに話した。「ウォーレンはひどくうろたえて、〝いいか、きみらはぼくに便乗している。それはいけない。手を引け〟といった」

フォックスとアリグザンダーは面くらった。なにがいけないというのか。バフェットは、自分は支配権を握ろうとしているのだとふたりを納得させた。しかし、支配権が絡んだ状況であろうと、グレアム門下生のあいだでは便乗は人気のある遊びのひとつだった。公正な行為と考えられていた。結局、バフェットは彼らの株を取りあげた形になった。きみらよりぼくのほうがずっと必要としているのだと、バフェットはいった。ふたりは株をそのときの市場価格で売ることに同意した。バフェットにとって重大事であるのが明白だったからだ。バフェットはバークシャー・ハザウェイに説明しがたい愛着のようなものを抱いているように見えた。「私たちにとっては、そんなに大事なものではなかったしね。ウォーレンにとっては明らかにとても大事なものだった」とアリグザンダーはいう。

フォックスとアリグザンダーのほかにも、少数の人間がバフェットの動静を見張り、北西部山中に出没するといわれる猿人ビッグフットの足跡を探すように、その足跡を追いはじめていた。その結果、バークシャー株をめぐる争奪競争が生じた。バフェットはグレアムの門下生に、バークシャーに手を出してはいけないことを納得させた。ヘンリー・ブラントだけは例外で、日ごろさまざまな仕事をしてくれることに対する報酬として、八ドルを下回る値段で買うことを許された。バフェットはいくぶん高飛車な態度をとるようになり、なかにはそれを不快に思う人もいた。それでも、バフェットの足どりの確かさ、つねに当を得たことをやっているという印象が、人々の心をつかみつづけた。締まり屋の性格さえも、そういう独特の雰囲気に寄与していた。ニューヨークで頻繁に仕事をしているのに、何年も滞在費を無料《ただ》ですませている（ロングアイランドにあるフレッド・クールケンの母親アン・ゴットシャルトの家に泊まっている）うえに、（トゥイーディー・ブラウンで）無料《ただ》の仕事場をも確保していたのは、バフェットぐらいのものだっただろう。

しかし、ときどきスージーが同行するようになってからは、スージーのたってての頼みで、亡くなった学友の母親の家からプラザ・ホテルの部屋へと、宿泊先のグレードを上げた。プラザ・ホテルは商用に便利なだけではなく、スージーの立場からすれば、〈バーグドルフ・グッドマン〉や〈ベスト&カンパニー〉〈ヘンリ・ベンデル〉といった百貨店も近くにあった。すると、バフェットの友人のあいだで、ある噂がひろまった。かつてベビーベッドを買わずに娘を鏡台の引き出しに寝かせておいたという噂が流れたように、バフェットのまわりにたえず渦巻いているたぐいのものだった。バフェットがプラザ・ホテルでいちばん宿泊費の安い、コロンビア大学時代に使っていたメイド用の部屋みたいな窓のない小部屋を見つけ、ひとりでニューヨークに来たときには、わずかばかりの宿泊料でその部屋を使えるよう取引をしたというものだった。(註31)噂の真偽はともかく、プラザにチェックインするたびに、もうニューヨークの滞在費が無料《ただ》ではないことを嘆いてバフェットが胸を痛めたことは間違いない。

〈バーグドルフ・グッドマン〉での買い物も、ニューヨークでの過ごし方が大きく変わったことを示す一面だった。スージーは、日中は外で昼食をとったり買い物をしたりして過ごし、晩は夫婦で夕食に出かけ、それからブロードウェイやキャバレーのショーを観にいった。バフェットは妻が楽しんでいるのを見るとうれしかったし、スージーは高級な店で買い物をすることに慣れていた。しかし、スージーが財布のひもをゆるめさせる力を持つようになったとはいえ、使える金額をめぐるふたりの駆け引きはつづいた。浪費を正当化するために、スージーはだれかほかの人のために買うという手を使った。よく恩恵を受けたのはスーザン・アリスで、彼女のクロゼットは〈バーグドルフ・グッドマン〉で買った服でいっぱいになった。あるとき、スージーはニューヨークからアーミンの毛皮ジャケットを携えて帰ってきた。滞在中、向こうで会ったバフェットの友人に、毛皮職人の店に案内された。「なにか買わなきゃいけないような気がしたの」スージーはいった。「お店の人がとても親切だったんですもの」つまり、毛皮職人のために買ったのだった。

スージーがこれからもアーミンの毛皮ジャケットを着られるようにするには、ただバークシャーの株を便乗から守るだけではだめで、バークシャーを経営して利益があがる方法を見つけなければならない。バフェットはふたたびニューベッドフォードへ行き、後継者候補のジャック・スタントンに会うために工場に寄った。シーベリーの手から会社をもぎ取ったあとはだれかが経営していかなければならない。バフェットにはその人物を見きわめる必要があった。

ところが、ジャック・スタントンは、忙しくて手が離せないといって、ケン・チェースをよこして工場を案内させた。* 叔父オーティスがシーベリーの後継者の有力候補としてチェースの名を挙げたことを、ジャックは知る由もなかった。

ケン・チェースは四七歳で、大学では化学工学を専攻していた物静かで落ち着いた実直な人物だった。自分が経営者候補に挙がっていることを知らなかったが、二日間かけてバフェットに繊維事業の手ほどきをした。それを受けてバフェットはつぎつぎと質問し、チェースは会社が抱えている問題を説明した。バフェットは、チェースの率直さに

＊　バークシャー・ファイン・スピニングとハザウェイ・マニュファクチャリング・カンパニーが合併したときに取締役会長になったマルコム・チェースの血縁ではない。

感動し、物の考え方にも大きな感銘を受けた。チェースは、泡と消えようとしている事業にスタントンが金を注ぎ込むのは馬鹿げたことだといって、旗幟《きし》を鮮明にした。(註32)見学が終わると、バフェットはチェースに「また連絡します」といった。(註33)

一カ月ほどたつと、スタンリー・ルービンが、競争相手の繊維会社からの引き抜きに応じないようチェースを説得する任務に就かされた。それと並行して、バフェットは大急ぎで株を買い足し、マルコム・チェースの親類が所有していた分も買い取った。

バフェットが最後に狙いをつけたのは、兄を引退させたがっているオーティス・スタントンだった。オーティスはシーベリーの息子のジャックを信頼しておらず、なおかつシーベリーが今後も支配権を手放さないのではないかと疑っていた。

オーティスと妻のメアリーは、ニューベッドフォードの〈ワムスッタ・クラブ〉でバフェットに会うことに同意した。(註34)かつてのニューベッドフォードの栄光の名残をとどめている優美なイタリア風の館で昼食をとりながら、オーティスは、バフェットがシーベリーに同等の申し入れをすることを条件に、株を売ってもいいといった。バフェットは承諾した。すると、メアリー・スタントンが、一族の人間の心情として、売る二〇〇〇株のうちほんの数株を手元に残したいがかまわないかとたずねた。ほんの数株だけでいい、と。

バフェットは断った。すべてか無かのどちらかしか認めなかった。(註35)

オーティス・スタントンから買った二〇〇〇株により、バフェットは、バークシャー・ハザウェイの所有権の四九パーセント――実質的な支配権を握るに足る量――を取得した。目的のものを手に入れたバフェットは、四月のある午後、ニューヨークでケン・チェースに会い、五番街とセントラルパーク・サウス通りの十字路にあるにぎやかな広場に彼を連れ出し、アイスキャンディーを二本買った。一口か二口かじったところで本題にはいり、「ケン、あなたにバークシャー・ハザウェイの社長になっていただきたい。どう思いますか」ときいた。自分が会社の支配権を握ったから、つぎの取締役会で経営陣を変えることができる、とバフェットはいった。(註36)チェースは、他社の仕事を引き受けないようルービンに説得されたときにすこしほのめかされていたとはいえ、指名を受けて呆然となり、とにかく取締役会の日まで他言しないことに同意した。

すでに運命が決まったことを知らないジャック・スタントン夫妻は、バフェット夫妻と朝食をともにするために、ニューベッドフォードからプラザ・ホテルに駆けつけた。夫より積極的なキティ・スタントンは、ジャックの言い分を代弁した。バフェットの心に響くような弁論をしようとして、本人としては決定打のつもりだったに違いない言葉を発した。よもやあなたは、ニューベッドフォードで何代にもわたって事業を切りまわしてきた上流階級の一族の世襲をくつがえして、ケン・チェースのような工場のネズミを経営者に据えたりはしないだろうといったのだ。キティとジャックは、ニューベッドフォードの〈ワムスッタ・クラブ〉に似つかわしい田舎の名士だった。キティは、スージーと同様、女子青年連盟の会員だった。(註37)
かわいそうに、キティがそんな口説き方をした相手は、アクサーベンへの入団を拒み、オマハの支配者たちを愚弄した人物だった。
ジャックにはもう手の打ちようがなかった。独裁者として君臨し取締役会に味方がいなかったシーベリー・スタントンも同様だった。取締役会長のマルコム・チェースさえ、シーベリーを嫌っていた。支持者たちがバフェットを取締役に指名する手はずが整うと、一九六五年四月一四日、臨時取締役会でバフェットは多数の賛成を得てすみやかに取締役に選任された。(註38)
数週間後、バフェットが飛行機でニューベッドフォードへ行くと、「外部勢力」によるバークシャーの乗っ取りを報じる《ニューベッドフォード・スタンダード・タイムズ》の見出しが目にはいった。(註39)その悪意のあるやらせ記事に、バフェットは激怒した。唯一忘れなかったデンプスターの教訓は、ぜったいに清算人の汚名を着せられないようにすること、そして町全体から嫌われるはめに陥らないようにすることだった。バフェットは新聞紙上で、従来と変わりなく事業を継続すると断言した。買収によって工場を閉鎖するようなことはしないと述べた――公の場でそういう誓約を認めたのだ。

一九六五年五月一〇日、ニューベッドフォードにあるバークシャー本社で取締役会がひらかれた。引退する販売担当副社長が銀の盆を贈られ、前回の会議の議事録が承認され、五パーセントの賃上げが決定された。それが終わると、通常なら思いもよらない展開が訪れた。

ほとんど禿《は》げあがった頭に斑《はん》の浮いた七〇歳のシーベリー・スタントンが、一二月に引退してジャックに跡を継がせるつもりだったと主張した。しかし、「おのれの権限が隅々まで及ばない組織」の長でいるわけにはいかない、といった。(註40)持ち前の尊大さをふりしぼり、すでに反乱者に船を乗っ取られた身にしてはかなり尊大に、みずからの偉業の数々をたたえる短いスピーチをした。つづいて、辞表を提出した。ジャック・スタントンが、嫌味をこめた結びの言葉として、一二月に自分が社長になっていたら、間違いなく「さらなる躍進と高収益の経営」につながっただろうといい添えた。取締役たちは辛抱強く話を聞き、ジャックの辞表も受理した。

そこでジャック・スタントンがペンを置いて、ふたりのスピーチが記された議事録の記入をやめた。スタントン親子は大股で部屋を出ていった。

取締役会は急いでつぎの行動に移り、バフェットを取締役会長に選び、バフェットが——一瞬の愚挙に及んで——奮励努力の末に獲得した滅びゆく運命の会社を経営する職務にケン・チェースが就くことを承認した。数日後、バフェットは新聞社のインタビューで、繊維産業についての考えを説明した。「私たちは賛否いずれかの立場をとっているわけではありません。ビジネスとして決断したまでです。私たちは企業の評価をします。値段は投資において決断を左右する重要な要素です。バークシャー・ハザウェイは適切な値段で買えました」(註41)

バフェットはのちに、つぎのように見解を改めている。

「こうして私はシケモクを見つけて買い、吸おうとした。通りを歩いていたらシケモクが落ちていて、すこし湿って気持ちが悪くて嫌だけれども、ともかく無料《ただ》だ……それにひと吸い分だけ残っているかもしれない、というわけだよ。バークシャーには、一服できる分は残っていなかった。つまり、湿ったシケモクを口にくわえただけで終わりだった。それが一九六五年のバークシャー・ハザウェイだった。あのシケモクにかなりの資金をまわしてしまったものだ。(註42)

バークシャー・ハザウェイの名前を耳にしなかったら、いまごろ私はもっと裕福だっただろうね」

原註について

原註には本書で直接引用や背景情報を使用したインタビュー対象者の氏名や、一次情報もしくは二次情報として使用した調査資料（バフェットとの会話、バークシャー・ハザウェイの資料、バフェット家の記録、新聞記事、雑誌記事、書籍）について言及している。原註には事実の前後関係やその委細について、またいくつかについては引用資料の事実認識の齟齬について、バフェット自身の言葉や筆者のコメントを掲載している。

アリス・シュローダー

原註はインターネットの日本経済新聞出版社のサイト
（http://www.nikkeibook.com/snowball/）から無料でダウンロードできます。

写真クレジット（上巻）

Alpha Sigma Phi Fraternity National Archives　22

Buffalo News　第3部扉, 36

Doris Buffett　5, 6

Susie Buffett Jr.　1, 3, 7, 9, 13, 15, 17, 23, 28, 29, 33, 34, 38, 39, 41

Warren Buffett　第2部扉, 2, 4, 8, 10, 11, 12, 14, 16, 19, 21, 25, 26, 30, 37, 40, 43, 45, 46

Capp Enterprises, Inc.　18：© Capp Enterprises, Inc. Used by permission

Katharine Graham Collection　42

Margaret Landon　20

Munger family　35：Courtesy of the Munger family

Museum of American Finance/Graham-Newman Collection　31

The Nebraska Society of Washington, D.C.　27

Omaha World-Herald　第1部扉, 44, 47：Reprinted with permission from *The Omaha World-Herald*

Stark Center for Physical Culture and Sports　24：The image of Pudgy Stockton on the cover of *Strength and Health* magazine was provided by the Stark Center for Physical Culture and Sports at the University of Texas in Austin-where the Pudgy and Les Stockton collection is housed.

〔ヤ・ラ・ワ〕

〔ハ〕

〔ナ〕

〔サ〕

〔カ〕

索引

本書は二〇〇九年十一月に日本経済新聞出版社から刊行された
同名書を改訂、文庫化したものです。

日経ビジネス人文庫

スノーボール 改訂新版《かいていしんぱん》 上《じょう》
ウォーレン・バフェット伝《でん》

2014年6月 2 日 第1刷発行
2025年5月27日 第7刷

著者
アリス・シュローダー

訳者
伏見威蕃
ふしみ・いわん

発行者
中川ヒロミ

発 行
株式会社日経ＢＰ
日本経済新聞出版

発 売
株式会社日経ＢＰマーケティング
〒105-8308 東京都港区虎ノ門4-3-12

ブックデザイン
金澤孝之

印刷・製本
TOPPANクロレ株式会社

Printed in Japan ISBN978-4-532-19733-9